JN411637

한 번 해병은 영원한 해병
귀신잡는 해병

근면 자조 협동하면 된다
자랑스런 새마을지도자

제왕국적
帝王國賊

정찬동 수필집

시와사람

국립중앙도서관 출판시도서목록(CIP)

제왕국적 : 무법 정치꾼 : 정찬동 수필집 / 지은이: 정찬동.
-- 광주 : 시와사람, 2016
p. ; cm

한자표제: 帝王國賊
ISBN 978-89-5665-465-2 03810 : ₩20000

한국 현대 수필[韓國現代隨筆]

814.7-KDC6
895.745-DDC23 CIP2016023285

제왕국적
帝王國賊

정치농사

좋은 세상을 만드는 것은 정치요
좋은 세상을 망치는 것도 정치입니다
좋은 정치는 국민 행복하게 살아가게 하는 것이며
신바람나게 열심히 일한 만큼 대가를 받도록
환경을 조성해 주는 것입니다
정치농사꾼은 국회의원입니다
국회의원은 국가와 국민을 위해 존재하는 것으로
국회의원을 위해서 존재하는 것이 아니라는 것을 안다면
좋은 세상 만드는 국회, 국회의원이 되어야 하지요

나는 태어나 80평생 동안 많은 세상을 경험하고 살았습니다.

일제강점기 식민지시대에 태어나 자라면서 해방을 맞이한 다음 미군정(美軍政)하에서 2년을 살다가, 10대가 되어 학교를 다니는 동안 대한민국 건국과 함께 이승만 정권하에 6·25 전쟁 중에 인민군 세상을 3개월 살다가 3년 전쟁 만에 휴전을 맞이하였습니다.

20대에는 해병대 입대하여 4·19 혁명으로 초대 이승만 대통령이 하야하고, 장면 정권 1년 만에 5·16군사쿠데타로 물러나자 박정희 군사 정권에서 군대생활을 하였습니다.

30대, 40대, 50대에는 박정희 대통령 18년 정권이 부하에 의하여 시해되어 군사정권이 끝날줄 알았습니다. 12·12 신군부쿠데타로 최규하 대통령을 전두환 군부세력이 가로채는 바람에 또 다시 군사정권하에 살다가 60대, 70대에는 6·10민주항쟁으로 민주화시대를 맞았습니다.

나의 인생 전반기는 군사정부에서 살았지만 후반기는 민주화시대 민주정치에서 살았습니다. 하지만 해가 갈수록 좋은 정치로 더 좋은 세상을 만들어 가야 하는데도 거꾸로 더 나쁜 정치로 더 나쁜 세상을 만들어가고 있기 때문에 좋은 정치 하도록 하기 위하여 이 글을 세상에 내놓는 것입니다. 사람마다 다른 생각과 판단을 갖고 있는 것은 사실이므로 의견차이가 있을 것입니다.

보릿고개의 굶주렸던 세상보다 풍요로운 세상에 더 죽겠다고 하니 하는 말입니다.

2016년 9월

촌놈 정 찬 동

제3부 구국의 혁명

제4부 사람구실

제5부 노동

제6부 대통령 하늘의 몫

第7부 안보

第8부 민주주의 선거

제9부 평화통일

제10부 제왕국적

제1부

보릿고개 인생

보릿고개 인생, 정의에 불타는 해병 정신과 근면, 자조, 협동 새마을정신으로 바른말하며 당당하고 행복하게 살아갑니다.

• 벼락치기 결혼 •

• 신혼 꿈 망친 5.16 •

• 유학 놓친 결핵과 별난 제대 •

• 미친놈이 드나드는 청와대 •

• 내가 본 민정의 수난 •

• 하동정씨 시조 통일론 •

• 너 이새끼 죽어봐 •

벼락치기 결혼

신병훈련을 마치고 진해에서 2년간 근무하고 있을 때입니다. 군인으로서 단기교육이지만 미국에 갈 기회가 있다하여 해병참모학교 군사영어반 제1기생에 지원하여 선발되었습니다. 장교 15명과 사병 15명이 함께 3개월 동안 교육을 받았습니다. 수료 이틀을 앞두고 미국유학 제1차 시험을 보게 되어 있는데 '아버지 사망'이란 전보를 받고 말았습니다. 담당교수님께서 나의 결정대로 해주겠다고 했습니다.

슬픔에 가득찬 나는 당장 집에 가 봤자 3일 출상(出喪)이 끝난 후가 되기 때문에 묘소에 인사밖에 올릴 수 없다는 것을 알고, 3개월 동안 열심히 공부한 노력을 헛되지 않기 위하여 시험을 보고 가겠다고 교수님께 전했습니다.

굳은 표정으로 필기시험과 회화능력시험을 끝내고 경상남도 진해역에서 오후 5시경에 출발하는 군용열차를 16시간을 타고 학교역(지금의 전남 함평역)에서 내려 6㎞ 떨어진 들길 산길을 걸어 집에 도착했습니다. 큰아들이 나타나자 어머님, 할아버지, 할머니와 동생들이 에워싼 채 눈물바다가 되었습니다.

고등학교에 다니는 동생의 안내로 곧장 아버지의 묘소에 도착했습니다. 칼바람까지 부는 겨울 날씨에 이틀 전에 쓴 묘라 흙과 잔디가 마치 꽁꽁 얼어붙은 아버지의 시신으로 보였습니다. 봉분에 손을 댈까 말까 망설이다가 두 손바닥으로 힘줘 만졌습니다. 얼음덩어리 같은 손끝의 느낌은 이상하게도 생전에 아버지가 손을 잡아준 것 같은 느낌이었습니다. 아버지께서 큰아들을 보지 못하고 떠나는 아쉬움이 나보다 더 길게 깔려 있을 거라고 생각하니 눈물이 확 쏟아지기 시작했습니다.

어둠이 깔리자 묘소에서 집으로 돌아와 저녁식사를 끝내고 온 식구가 슬픔에 잠긴 채 호롱불을 가운데 두고 앉았습니다. 어머니께서는 아버지가 나를 기다렸다는 것과 초상을 치룬 과정을 상세히 설명해 주셨습니다. 나는 가족은 물론 친척과 마을사람들이 고생을 많이 했음을 알고 그분들에게 감사한 마음을 보냈습니다.

어머니의 말씀이 끝난 후 나는 기차에서 계획한 말을 꺼냈습니다.

"나 결혼해야겠습니다. 어머니 혼자서 할아버지 할머니와 동생들 육남매에다 사촌동생까지 열 식구를 먹여 살리려면 힘드시니 며느리가 있어야 도움이 될 것 같습니다."

뜻밖의 나의 폭탄선언에 모두가 어리둥절하고 놀랐습니다. 여러 말을 하다가 내 말에 모두 찬성을 했습니다.

일주일 휴가를 받아 집에 오는데 이틀이 걸렸으니 오늘밤이 지나면 3일째가 되므로 결혼하고 부대에 복귀하려면 나흘밖에 없었습니다. 휴가 3일째 되는 날, 결혼을 약속한 신부댁에 중매인을 통해서 신랑쪽 사정을 이야기하여 쾌히 승낙을 받았습니다. 결혼준비기간이 단 하루 뿐이라 신부댁이 더 급했습니다. 식만 올리기로 했지만 구색을 갖추는데 집안 친척, 마을사람이 총동원되었습니다.

결혼식 날, 지난 밤부터 내리던 눈이 아침에 일어나보니 30㎝ 이상 쌓였습니다. 신랑이 타고 갈 말과 할아버지 상객(上客)이 타고 갈 말을 취소했습니다. 할아버지와 나, 동생과 아저씨 두 명 모두 다섯 명은 신발을 새끼줄로 감고 무릎까지 빠지는 12㎞가 되는 눈길을 네 시간 동안 걸어서 신부댁에 도착했습니다. 준비해놓은 대기실에서 젖은 양말을 새것으로 갈아신고 사모관대(紗帽冠帶, 혼례복)을 입고 신부댁에서 준비한 말을 타고 마당 가득 메운 신부측 하객의 환영을 받으며 마당에 입장했습니다. 신랑신부가 혼례를 올리는 동안 하늘이 축하를 하는 것처럼 하얀 눈꽃이 뿌려지고 있었습니다. 신랑신부가 예물교환을 못 했지만 뜨거운 마음을 교환했습니다.

밤이 되어 마을 청년들에게 신고식을 하는데 발바닥이 애를 먹었으나 뜻 깊은 추억을 만들어주어 감사하게 생각을 했습니다.

신부가 신랑의 집으로 가야 할 운명의 시간이 재촉하고 있었습니다. 눈이 내립니다. 다행히 신부의 당숙(堂叔, 아버지 사촌형제)님께서 4톤 트럭을 갖고 있기에 신랑신부와 신부의 두 분 오빠, 그리고 기씨문중 하인 내외분이 차를 이용해 신랑댁 마을 뒤에서 내렸습니다. 일행은 150m 걸어서 일백여 명이 되는 하객의 환영을 받으며 신랑집에 왔습니다. 잔치는 밤늦게까지 계속되었습니다.

나는 밤이 길어지자 급한 생각이 들었습니다. 내일이면 부대에 복귀해야 하므로 가족회의가 필요한 것입니다. 밤 12시가 될 무렵에서야 기회가 주어졌습니다.

"어머님. 며느리라 생각 말고 딸로 받아주십쇼. 시집 온 첫 날부터 친정에서는 생전 해보지 못한 시아버지의 영호(靈戶, 혼을 모신 집)에 세끼 밥상을 차려 올리는 일을 2년 동안 한다는 것부터가 쉽지 않는 일입니다. 맘에 안 드는 일이 있어도 타일러주십쇼. 동생들도 형제자매처럼 생각하고 서로 사이좋게 도와주기 바란다."

가족에게 이런저런 이야기를 하다 보니 새벽닭이 울었습니다. 신랑신부는 기쁨을 함께할 시간조차 시간에 쫓겨 엄두도 못냈습니다.

말만 결혼이지 남자가 여자집에 가서 여자만 데려다가 놓고만 가는 가련한 운명을 타고난 신랑신부는 얼굴 본 지 이틀만에 헤어져야할 순간이 닥쳤습니다. 군복을 입은 늠름한 해병대는 6㎞를 여동생과 신부의 배웅을 받으며 학교역까지 나왔습니다. 신랑을 태운 군용열차가 떠나는 순간까지 손을 흔들어주는 아내와 여동생이 보이지 않자 나는 아내에게 죄지은 사람같이 가슴이 아팠습니다. 귀염 받으며 살아온 처녀를 데려다가 나 대신 지옥같은 농촌생활에 끌어들인 것이 내 욕심만 채운 것만 같았습니다.

1961년 1월 16일(음 1960년 12월 4일) 정찬동(26살) 기정자(21살)가 혼례를 치룬 날입니다.

임종 때에 자식을 보고 떠나려고 하는 부모의 마음과
부모의 임종을 지켜보는 자식의 마음은
부모와 자식 간의 맺어진 끈끈한 핏줄의 정인 것을
나는 군인이란 신분으로
아버지의 임종을 지키지 못한 불효자식이기에.

일생에 한번뿐인 혼례식을
계획도, 준비도, 좋은 날 선택의 기회도 얻지 못하고
사흘 만에 벼락치기로
차가운 눈꽃가루 축복을 받으며 치룬 후

신혼의 단꿈도 꿔보지 못하고
이틀 만에 떨어져야 할 운명을
보릿고개 인생이라 생각했지만
80년 세월을 살아왔기에
남들이 갖지 못한 추억이
기쁘기만 합니다.

신혼의 꿈을 망친 5·16

5·16. 이 숫자가 머리에서 떠오르면 26살 때 결혼하여 54년이란 세월이 흘러가 80살이 되었어도 그 때 신혼의 아쉬움이 사라질 줄 모릅니다. 5·16하면 박정희 육군소장이 1961년 5월 16일 쿠데타를 일으켜 성공한 날로 다들 기억하고 있으나 나에게는 평생을 두고 신혼을 망친 날로 기억에 남아있습니다.

귀신 잡는 해병대로 포항에 주둔한 해병대 제1상륙사단 해안대대에서 근무하고 있을 적에 최종유학시험(미주 위탁교육)을 보라는 지시에 따라 특별휴가 10일을 받았습니다. 1차 시험은 3개월 전 진해에서 보아 합격을 했으므로 사령부에서 실시하는 최종시험에 합격만 하면 유학을 갈 수가 있습니다.

군인으로서, 특히 사병이 6개월이든 1년이든 상관없이 미국에 가 무상 교육을 받는다는 자체가 나에게는 커다란 영광일 수밖에 없습니다. 전우들은 내가 유학시험을 본다니까 부러운 눈으로 나를 바라보았습니다. 전우들은 꼭 합격해서 뜻을 이루라는 격려를 해주었습니다.

무난히 시험을 끝내고 남은 휴가를 정든 고향에서 가족과 함께 보내려고 전남 함평을 향해 용산역에서 호남선 야간 군용열차에 몸을 실었습니다. 친절한 해병대 헌병의 안내로 자리를 잡았습니다. 차 안에는 통로까지 군인들만이 꽉 차 있어서 서로 비키지를 못할 정도였습니다.

유리창 쪽에 앉아있는 나는 앉아있는 군인과 서로 몸을 비비며 서있는 군인들의 얼굴을 살펴보았습니다. 서있는 군인과 앉아있는 군인들의 표정이 영 다를 것이라고 생각한 나의 판단은 착각이었습니다. 서있는 군인들이 괴롭다든가 짜증난다는 등 고통스런 기색은 찾아볼 수가 없었습니다. 앉았거나 서있거나 내 집에 가서 사랑하는 가족을 만난다는 기쁘고 행복한 표정들이었습니다.

군용열차 안에는 대부분이 육군이었고, 종종 여기저기에 해군, 공군, 해병대가 눈에 띄었습니다. 해병대 복장을 한 군인은 나 혼자였습니다. 그런데 저만치에 해병대가 눈에 띄어 함께 앉아 가야하겠다는 욕심이 생겼습니다. 옆에 앉아있는 육군에게 저기 있는 해병대와 자리를 바꿔 앉으면 어떠냐고 양해를 구했습니다. 이유여하를 막론하고 대답은 "예" 였습니다. 해병대의 위력은 절대적이었습니다.

기적소리와 함께 휴가를 떠나는 군인들의 마음속에는 이미 사랑하는 가족들로 채워져 있는 듯해 보였습니다. 나 역시 눈을 감고 따뜻하고 오붓한 가족의 모습 속으로 빠져들어가고 있었습니다. 제일 먼저 눈에 들어온 것은 아내의 얼굴이었습니다. 자식을 낳아주신 부모와 핏줄이 같은 형제를 외면하고 아내를 먼저 챙긴다는 것은 불효요, 형제우애를 저버린 사람으로 취급을 받아야겠지만 어쩔 수 없는 사연이 이렇게 만들어버렸습니다.

아버지의 사망전보를 받고 특별휴가 7일을 받아 가고 오는 날 이틀을 빼고 나머지 5일만에 생각지도 못한 벼락치기 결혼식을 올린 뒤 하룻밤만 집에서 자고 곧바로 원대복귀를 한 나의 혼례, 결혼을 했지만 솔직하게 나는 아내의 얼굴을 정확하게 알 수가 없었습니다. 예상치 못한 결혼 때문에 홀로 된 어머니께서 11식구를 감당해야할 가정사에 집중하는 바람에 시간상 신부의 얼굴을 똑똑히 보지 못했습니다.

야간열차 속에서 눈만 감으면 자연스럽게 떠올랐습니다. 오동포동한 얼굴정도만 보일 뿐 생김새 몸짓을 전혀 알 수가 없으니 이렇게도 상상해보고 저렇게도 상상해보다가 그만 고개를 흔들어버리고 다시 반복하다보니 아내의 얼굴이 어떻게 생겼을까 보고 싶은 생각이 앞서고 있었습니다. 정신은 시간이 갈수록 맑아지듯 덜컹덜컹 소리내는 기차바퀴가 나를 귀찮게 할 정도였습니다. 다른 사람들은 나와 같은 결혼을 하지 아니했기에 내 마음을 모르게 뻔합니다.

밤새도록 12시간이나 기차 속에서 벼락치기 결혼과 아내의 얼굴만이 떠올라 한숨도 잠을 자지 못한 나는 오전 10시경에 그토록 보고 싶고, 오고 싶은 따뜻한 내 집에 도착했습니다.

보릿고개 철이라 제대로 먹지 못해 바싹 마른 동생들만이 반갑게 나를 맞이해 주었습니다. 첫째 여동생이 어머니와 언니가 고래논에서 못자리 준비를 하고 있다는 말을 던지고서 신발도 신지 않은 채 내가 왔다는 것을 전하려고 집 밖으로 뛰쳐나간 것이었습니다. 나에게 반갑다고 달려드는 동생들의 손을 잡고 작은 방 쪽 외양간에 들어가 우리 집 재산 1호인 어미소 등을 한번 힘차게 손바닥으로 쳤습니다. 큰 암소도 내가 미워서 등을 치는 것이 아니라고 눈치를 챘는지 반갑다고 머리를 흔들어대니 목에 걸린 핑경소리가 마굿간을 가득 채웠습니다. 소는 건강하게 보였습니다. 논갈이가 한창 시작되기 때문에 잘 먹고 건강해야만 쟁기질하는 농부의 마음이 흐뭇해질 것입니다.

외양간에서 소와 잠시 인사를 하고 나오자 어머니와 아내가 나란히 집안으로 들어오고 있었습니다. 나는 빠른 걸음으로 다가가 어머니께 허리 굽혀 인사를 올렸습니다. 그리고 똑바로 선 나는 아내에게 달려가 어머니에게 인사하듯 하려고 했으나 용기가 없는지, 아니면 남편 위세라도 부리는지, 좀 부끄러워서인지 간에 하여튼 아무런 생각도 못하고 멍하니 아내의 얼굴만 지켜볼 뿐이었습니다. 살짝 아내의 눈과 내 눈이 마주쳤습니다. 그러한 아내의 행동은 부끄러운 듯이 나를 정면으로 보지 않고 슬그머니 마루 쪽으로 발걸음을 옮기기 시작했습니다. 손목이라도 한번 잡아보고 힘껏 안아보고 싶었지만 어머님 때문에 솔직히 못하고 아쉬운 순간을 스쳤습니다. 아내 역시 결혼식 올리고 하룻밤만을 겨우 함께하고 헤어졌다가 처음 만났는데 남편이 안아주길 분명히 바랐을 것입니다.

군에 간 큰아들이 집에 왔으니 동생들은 기뻐 날뛰었고 할아버지 할머니들까지 숨을 크게 쉬면서 말소리까지 크게 내시었습니다. 집안에 생기가 돌듯이 동생들은 장난에 열중하며 간간히 나를 안아보기까지 했습니다. 아내는 점심준비로 분주했습니다. 한참동안 방안에서 집안일에 대한 대화를 하고 난 후에 슬그머니 빠져나가 부엌에 있는 아내에게로 갔습니다. "고생이 많습니다." 하며 나는 아내의 손을 덥석 잡았습니다.

4개월 전 잡아본 손이 아니었습니다. 그토록 부드럽고 하얗던 피부가 까맣게 타고 까실까실 거칠게 변해 있었습니다. 내 눈에 번쩍하는 느낌이 내 몸을 오싹하게 만들어버리기 시작했습니다. 어머니와 함께 논밭에 나가 일을 해야 할 아내의 속마음이야 얼마나 타고 있는지를 모르면 남편이 아니라고 내 스스로 반성을 했습니다. 결혼 후 하룻밤을 함께 하고 떠나보낸 남편을 원망과 후회가 몇 번이고 하면서도 미래의 희망을 바라보며 시간을 보냈을 것이라고 생각했습니다.

나와 아내는 결혼식을 올린 신부집에서 첫날밤을 보냈고, 신부와 평생 동안 살아가야 할 신랑 집에서 하룻밤을 보낸, 이틀 밤을 함께 한 잠자리는 만족스럽고 즐거운 밤이 아니었습니다. 첫날밤의 기쁨보다 무사히 정해진 날짜에 부대로 돌아가야 한다는 걱정과 홀로된 어머니와 아내를 혼자 놔두고 바로 헤어진다는 걱정이 앞서 있었기 때문입니다.

다행히 걱정으로 보낸 첫날밤을 보상이라도 하는 것처럼 행복한 신혼부부의 밤이 넉 달 만에 찾아왔습니다. 누구보다 어머니께서 아들 며느리의 사정을 잘 알고 있었습니다. 저녁준비를 다른 때보다 빨리 준비하라고 새댁인 며느리에게 지시하고 직접 밥상을 차리기 시작했습니다. 나는 눈치를 챘습니다. 첫날밤을 다른 신랑신부처럼 보내지 못했기에 오늘밤만은 남부럽지 않은 잠자리를 만들도록 이끌어주는 어머니의 사랑에 감사할 뿐이었습니다.

해가 떨어지며 어둠이 찾아든 무렵에 저녁밥상을 끝내고 우리 신혼부부는 결혼 3일째 잠자리를 맞이했습니다. 이제야 아내의 얼굴을 자세히 보았습니다. 아내는 어색한지 나의 눈에서 벗어나더니 금방 되돌아왔습니다. 밤은 우리 신혼부부를 기쁘게 만들었습니다. 앞으로 휴가가 끝나는 날이 7일 밖에 남지 아니했을지라도 남보다 더 행복한 신혼생활을 달콤하게 보내자고 우리는 눈으로 약속을 했습니다.

신혼의 단꿈을 치른 나는 7일간의 계획을 다잡아놓고, 결혼하고 첫 인사를 못한 죄책감이 들어 첫 번째로 처갓집에 가서 모든 분들에게 인사를 올리기로 했습니다. 아침 식사를 일찍 끝낸 후 처갓집에 가려고 서두르고 있는 판에 집안 옥채 아저씨께서 숨을 헐떡거리면서 급한 목소리로, "조카야! 군인들이 쿠데타를 일으켰다고 라디오 방송에서 야단이다."고 하셨습니다. 나는 믿기 어렵다기보다는 우리 동네에는 라디오가 한 대도 없다는 것을 생각했습니다.

아저씨에게 어디서 들었느냐고 물었습니다. 아저씨께서는 "내 몸이 아픈 데가 있어서 약을 구해달라고 부탁했더니 그걸 아침 일찍 가지고 온 읍내 친구가 말하고 방금 떠나보내고 이리로 왔네." 하고 말씀하셨습니다. 그래도 나는 믿지 않았습니다.

어머니께서는 방안에서 처갓집에 가려고 물품 등을 준비하다말고 마당에서 대화하는 말을 듣고 뛰쳐나와 무슨 일이 생겼느냐고 나에게 물으셨습니다. 나는 아무렇지 않게 별일이 아니라고 태연하게 대답을 했습니다. 아저씨께서 거짓말을 하지 않는 것이 분명하여 확인해야겠다고 생각했습니다.

군인은 명령에 죽고 명령에 산다는 사명은 군인으로서 반드시 지켜야 할 도리입니다. 휴가나 출장이라 할지라도 국가에 사태가 발생하여 계엄령이 선포되면 이유여하를 막론하고 즉시 원대복귀를 해야 한다는 것을 나는 배웠고 명령도 받았습니다. 나는 지금 군인입니다. 군인 중에도 귀신 잡는 해병대입니다.

모처럼 7일 동안만이라도 신혼의 단꿈을 꾸도록 일생에 한번뿐인 기회를 하늘에서 내려준 것으로 알고 기뻐했습니다만 5·16 군사쿠데타가 망쳐버렸습니다. 나는 이미 가정과 가족보다는 국가에 충성할 것을 맹세하였습니다. 막상 부대를 향하게 되니 행복한 신혼의 단꿈이 산산조각 난 순간을 맞이한 설움을 나는 위로조차 못하고 죄지은 사람이 된 것 같았습니다. 아무리 국가에 충성을 다한다 해도 가족사랑과 내 핏줄이 그 충성 속에서 꿈틀거리고 있는 것이 사람의 본심입니다. 비록 5·16이 우리 신혼을 망쳤지만.

5·16쿠테타에 신혼의 단꿈을 날려버려
누구도 세월도 기회도 보상해 주지 못하는
돌아올 수 없는 행복한 순간을
1년에 꼭 한 번 찾아오는 5월 16일이면
머리 속에서 상상으로만 평생을 두고 그려보는 나의 운명
영원히 추억으로 남아 있답니다.

유학 놓친 결핵과 별난 제대

1.

미국에 갈 소원이 이루어졌습니다. 나는 미국에 갈 욕심으로 군대생활 3년의 만기를 눈앞에 두고 제대 신청을 하지 않고 있었는데, 다행히 미국 위탁교육 입교 날짜가 잡혔으니 최종적으로 신체검사를 하라는 명령이 떨어졌습니다.

고등학교밖에 안 나온 가난한 농부의 아들이 미국에 가서 미군해병대와 함께 기술교육(병과, 공병)을 받는 것은 나의 영광이요, 가문의 영광이라 기뻐했습니다. 사병인 내가 미국유학을 간다하니 대대창설 이래 처음이라며 대대장님 이하 전우들이 나를 부러워하고 축하를 해주었습니다. 정말 하늘을 나는 기분으로 해병대 지원을 참 잘했구나 생각했습니다.

신체검사를 받았습니다. 군대생활에 아무런 지장이 없기에 건강을 자신만만한 나였습니다. 하늘이 무너졌습니다. 난치병인 결핵(폐병)이란 판정을 받았습니다. 나는 믿지 않았습니다.. 의무대대(해군병원)에서 군의관님이 잘못 판정했다고 단정하고, 포항시내에 나가 민간병원에서 흉부촬영을 해야겠다는 생각이 들었습니다.

외출허가를 받아 민간병원에 가서 흉부촬영을 했습니다. 결핵이 확실했습니다. 그렇게 원하고 노력했던 미국유학은 물거품이 된 보릿고개 운명이 되어버렸습니다. 내 팔자에 무슨 미국유학이란 말인가.

1961년 10월경 경상남도 진해 해군결핵병동으로 이송되어 결핵환자로 낙인찍혀 입원생활에 들어갔습니다. 폐병환자는 유전이라는데 아버지께서 폐병으로 돌아가신 생각이 떠올랐습니다. 나도 폐병으로 죽는단 말인가. 좌절감에 빠졌습니다. 할아버지, 할머니, 어머니, 동생들 여섯, 사촌동생 하나, 열한 식구에다 9개월 전 결혼한 아내와의 단 하룻밤의 사랑을 남겨두고 장남으로서 책임짓지 못하고 죽는다는 슬픈 생각이 자신을 원망하도록 만들어주고 있었습니다.

진해와 인천 결핵병동에 입원한지 12개월 만에 퇴원을 하여 원래 근무지인 해안대대에 복귀했습니다. 이날부터 내 인생에 한 가지 변화를 만들었습니다. '나는 영어와 완전 이별이다'라는 다짐을 실천해 나갔습니다. 군의관님의 말씀대로 재발되지 않기 위하여 잘 먹여주는 해병대 생활을 1년 동안 하다가 이상이 없으면 제대할 계획을 세웠습니다. 왜냐하면 농촌은 찢어지게 가난하여 보릿고개로 굶는 게 밥 먹듯 하니 재발이 뻔할 것이기 때문입니다. 해병대 밥상과 우리집 밥상은 하늘과 땅 차이였습니다.

2.

군대생활 속에 2년 동안 결핵치료라는 허송세월이 안타깝게 생각되어 제대를 하려고 했으나 받아주지 않았습니다. 그러나 나는 7년 동안 청춘을 더 이상 희생할 수 없다는 결심을 했습니다. 당시 군대에서는 상상할 수 없는 행동이었습니다.

'법정 소송이라도 걸어서 제대해야하겠다.'

1차, 2차, 3차에 걸쳐 해병대 사령관님께 편지를 올렸습니다. 내용이야 간단합니다. 동기생 중 제대한 사람이 있었고, 7년 동안 복무 중 2년의 결핵치료 기간을 빼고도 5년을 복무한 사연, 미국유학길에 오르기 전 결핵으로 못간 사연, 군 복무 중 가장인 아버지의 사망으로 열한 식구가 굶주리는 보릿고개 사연, 휴가 중 3일 만에 벼락치기 결혼한 사연, 장남으로서 해병정신으로 가정과 농촌을 살려야 하겠다는 사연 등 이었습니다.

나의 소원대로 성공을 했습니다. 직접 해병대 사령부로 올라오라는 명령을 받았습니다. 직속상관이신 대대장님께 사령부로 올라간다는 신고를 마친 후에 곧바로 출발하여 후암동에 있는 해병대 사령부 사령관 부속실에 들어가 도착 신고를 했습니다. 신고를 받은 해병대 사령부 선임하사관 박병화 상사님께서 반갑게 맞아주었습니다.

"해병대 창설 이래 개인사병제대 안건으로 사령부참모회의를 개최한 것은 처음이다. 찬반이 있었으나 자네의 편지 내용을 보고 눈물 흘릴 정도로 감동하여 제대를 결정하여 사령관님 결제를 받았네."

선임하사관님께서 참모회의에 대한 경위를 나에게 말해준 다음 「전(면)역증서. NO 82779. 하사 정찬동.(을 제92호) 1966년 2월 28일. 해병대사령관 해병중장 공정식」 전역증서를 직접 나에게 주셨습니다. 곧바로 선임하사관님 안내로 사령관님께 직접 전역신고를 했습니다.

선임하사관님께서 베풀어준 점심 대접을 받고 헤어지는 마당에 "대한민국 육·해·공군, 해병대 4군 역사상 사병 개인이 소속군 최고사령관에 전역신고를 하고 참모회의를 했다는 기록은 정찬동 자네 뿐일걸세." 하고 내 손을 놓아주셨습니다.

세월이 흘러 80살을 넘게 살고 보니 젊었을 적의 감정적인 행동이 부끄럽게 느껴졌습니다. 유학의 기회가 결핵을 초기에 발견케 하여 공짜로 군대에서 잘 먹여주고 치료를 해주어 건강한 신체를 만들어 제대를 하기까지 보릿고개 인생을 완전히 벗어나게 살 수 있도록 하늘이 정해준 순리라는 것을 깨달았습니다. 이제와서 생각하니 젊은 패기만 가지고 일시적 감정으로 행동할 것이 아니라 미래에 대한 꿈까지 한번쯤 깊이 생각하는 것이 바람직한 인생이라는 생각이 들었습니다.

한번 해병은 영원한 해병.
정의로운 충성과 용기와 단결
강인한 훈련으로
해병정신을 무장시키는 귀신 잡는 해병대에 입대해
7년 동안 몸과 마음을 갈고 닦아준
해병정신을 잘 살아보자는데 원동력인 새마을정신에 접목시켜
새마을운동에 청춘을 바친 덕택에
대대로 이어온 보릿고개 인생을
풍요롭고 행복한 인생으로 바꾼 나
한번 해병은 영원한 해병으로
살아갑니다 하면서도
기막히게 화난다고
영어세상이 올지 모르고 영어를 내 인생에서 버렸다는 것이
가끔 후회됩니다.

촌놈새끼

"동생. 청와대가 어딘줄 알고 가려고 하는가." 한 살 아래인 작은 처남이 나에게 두려운 표정으로 말을 건넸습니다. "걱정 말고 차나 태워 주십쇼." 나는 청와대에 빨리 가고 싶어서 높은 사람과 만나기로 되어 있다고 낮은 목소리로 말했습니다.

강남에서 살고 있는 작은 처남의 고급승용차는 뒷좌석에 탄 나를 싣고 청와대로 향했습니다. 누가 보면 사장이나 고급공무원으로 착각할 것 같았습니다. '참 차 좋구나' 감탄사가 나올 뻔한 나는 앞거울에 비친 처남의 얼굴이 굳어져있는 것을 보았습니다. 더 이상 아침부터 처남의 기분을 우울하게 만들면 안되겠다 생각하여 처남에게 대통령비서실장을 만나게 되어있다고 말했습니다.

1968년 1월 말일 경. 눈발이 내리는 날에 정식으로 접수를 마치고 청와대 정문 대기실 의자에서 면회순번을 기다리고 있었습니다. 갑자기 고약한 양복쟁이가 내 앞에 나타났습니다. 양복쟁이 신사가 앉아있는 나의 한복바지 다리 쪽을 거칠게 만지기 시작했습니다. 청와대 오면 검사를 하는구나 생각했습니다. 그 사람이 하는 대로 반항도 하지 않고 가만히 있었습니다.

"무어하러 여기 왔어." 신사는 고개를 갸우뚱하면서 거친 말로 나를 쏘아봤습니다. "접수했으니 접수대에 가서 보십쇼." 나는 정중하게 대답했습니다.

"촌놈새끼." 나의 말이 떨어지기 무섭게 신사는 큰소리로 나를 협박을 하는 것이었습니다. 나는 한번 죽어 볼 생각을 했습니다.

"촌놈새끼, 돌아가." 신사는 나를 사람 취급하지 않고 나의 옷고름을 잡아당겼습니다. 의자에 앉아있던 나는 일어섰습니다. 신사는 나에게 빰을 한 대 치고는 반항하지 않는 나의 정강이를 발길로 차는 것이었습니다.

나는 수모를 당했습니다. 면회실에서 말없이 밖으로 나왔습니다. 신사는 나를 따라왔습니다. 나의 눈이 번쩍했습니다. 해병대에서 제대한지 2년 밖에 안 된 나의 젊음은 아직 해병대 정신이 살아있었습니다. 나를 보잘 것 없는 촌놈으로 생각했던 것입니다. 흰 한복에 검정고무신을 신고 있었으니 우습게 본 것이었습니다.

나는 기회가 왔다고 생각했습니다. 무방비상태로 뒤따라온 신사의 윗양복저고리를 죽을 힘을 다해 움켜잡았습니다. "앗!" 나의 기합소리와 함께 업어치기 한판이 성공을 했습니다. 청와대 경비원인지 경호원인지 안내원인지 몰라도 합바지의 기습작전에 눈 깜짝할 사이에 당했습니다. 기고만장했던 신사는 보기 좋게 뒹굴고 있었습니다.

대기실에 있던 사람들이 밖으로 나와 이 광경을 보며 큰일났다는 듯한 표정들이었습니다. 면회접수 한 사람들에게 창피를 당한 신사가 일어서자마자 "이걸 보십쇼. 나 허락받고 온 사람이오." 나는 이후락 비서실장의 직인이 금물로 찍힌 서류를 내밀었습니다.

신사는 그때서야 나에게 공손히 말했습니다. “선생님 죄송합니다.” 그러자 “나는 선생님이 아니라 농민입니다.”라고 응수했습니다.

바로 정문에서 떨어진 사무실로 안내를 받아 나와 신사 두 사람이 대화를 했습니다. “선생님 죄송합니다. 근무하다 보니까 매일 10여명 이상이 방문해 대통령 비서실장 비서를 만나야하고, 취직시켜 달라, 돈을 달라, 억울한 일 당해 진정하려고 왔다 소리치고 악쓰고 울고불고 야단을 칩니다. 그래서 이런 사람들을 청량리 정신병원으로 데리고 가면 모두 정신이상자라고 말했습니다. 실은 선생님도?”

나는 ‘미친놈만 찾아오는 청와대’라고 제목을 붙였고 ‘촌놈’이란 말을 내 것으로 만들었습니다. 나의 한복은 엉망이 되었습니다. 도저히 면담할 수 없는 복장이 되었습니다.

이후락 비서실장님! 생전이나 천당에 계시나 잊지 않고 존경스럽게 마음 속으로 모시고 있습니다. 나의 면담을 검토하여 비서실장과 면담하도록 도와주신 경찰공무원(전남경찰국장 역임)님께 감사드리며 약속대로 죽을 때까지 이름 밝히지 않겠습니다.

한복은 백의민족을 상징하는
자랑스런 옷
빛나는 전통을 이어가는데
임금님 계신 청와대 안내실에
정식으로 절차 밟아
민정수집한 보따리를 바치려고
임금모시는 제일 높으신 어른 만나려고

하얀 한복 차림에 검정고무신 신고
얌전히 앉아있는 나를 촌놈이라며 손찌검하기에
귀신 잡는 해병대서 배운 요술로
찍소리 못하게
궁궐을 감시하는 신사를 넘어뜨리니
촌놈소리 꿀꺽 삼키고
그 입에서 '선생님' 존댓말이 튀어나와
촌놈 기분 통쾌했습니다.
청와대라도 찾아오는 손님에게
손찌검에 앞서 고운말 쓰면 좋은 세상인걸
사람을 함부로 대하면
백의민족 욕보이는 행동이란다.
나는 미친놈만이 드나드는 청와대에서
촌놈이란 별명을 갖게 되었습니다.

내가 본 민정의 수난

「절망과 기아선상에서 허덕이는 민생고를 시급히 해결하고 국가 자주경제재건에 경주한다.」

나는 혁명공약 제4항을 환영했습니다. 절망과 기아선상에서 살다가 군에 자원입대했고 군대생활을 하다 집에 휴가 와서도, 제대한 후에도 직접 느끼고 살았습니다. 정부는 1차 경제개발 5개년 계획을 성공하여 국민소득도 올라가고 수출 100% 초과달성을 했다고 자랑했으나 농촌은 어떠한 변화도 없이 인생 4등급 말단취급을 받고만 있었습니다.

굶주림에 허덕이다 못해 무턱대고 화가 난 나는 전국농촌을 틈틈이 다니면서 실태와 비정(秕政, 나쁜 정치)을 수집하여 「내가 본 민정」이라는 글을 모았습니다. 다행히 지인의 협조를 얻어 1968년 1월경 대통령 비서실장 이후락씨와 면담이 결정되었으나 면담 2시간 전에 청와대 정문에서 불미스런 일로 내가 스스로 취소하고 집으로 돌아왔습니다.

나는 면담을 통해 「내가 본 민정」을 자세히 설명하지 못한 점에 후회하지 않고 새롭게 보완하여 원고를 팔려고 작정했습니다. 신문 광고비가 없어서 광고지를 작성하여 한 장씩 신문사에 보내는 한

편, 나보다 20살이 적은 집안 아저씨를 통해 서울거리에 내 원고 2천만 원에 팔겠다는 광고지를 벽에 붙이다가 정보기관에 의하여 잡혀갔습니다. 내가 시켜서 했다고 말을 했습니다. 1968년 11월 28일이었습니다.

날아가는 새도 떨어뜨린다는 무시무시한 중앙정보부가 시골 촌놈 정찬동이를 가만히 둘 일이 없었습니다. 바로 그날 초저녁, 나는 마을 앞 공터에서 조(서숙)을 기계로 탈곡하고 집에 가려는 순간에, 아내가 겁에 질린 말투로 "무슨 일이 있나요? 집에 신풍 사시는 정만채 아저씨께서 모르는 사람 세 명과 함께 기다리고 있어요." 하고는 경찰들이 앞뒤로 지키고 있기도 한다고 말했습니다.

나는 올 것이 왔다고 짐작했습니다. 아내와 집에 와 큰방으로 들어가서 아저씨에게 인사 올렸습니다. 아저씨도 무표정으로 "경찰서에 조카가 가야할 것 같네." 말하였습니다. 옆에 앉은 세 사람은 말 한 마디 없었습니다. "예. 가겠습니다."

윗방에 가서 옷을 갈아입고 집을 나와 마을 뒤로 걸어가 대기하고 있던 검정 지프차에 사복경찰과 함께 올라탔습니다. 잠시 후 경찰서에 도착했습니다. 사무실로 들어가 난로 옆에 의자를 가져와 나를 앉게 해주었습니다. 사복한 두 사람과 작업복을 입은 두 사람이 함께 있었습니다. 이상했습니다. 잡아다 놨으면 취조를 해야 하는데 어떤 말도 질문이 없었습니다. 저녁에 내 잠 한숨도 안 자고 날을 샜습니다.

나는 깜작 놀랐습니다. "선생님! 식당에 가서 아침식사 하시고 끝나면 우리 차로 집에까지 모시겠습니다. 어젯밤에 죄송했습니다. 어젯밤에 압수한 원고는 상부에 바로 보냈습니다." 사복경찰이 나에게 말했습니다. 나는 무슨 말인지 알아차렸습니다. 원고를 압수당하는구나 하고.

나중에 알았지만 처음에는 나를 대간첩으로 오인하고 경찰에서는 붙들고만 있으라는 상부지시였고 친동생인 찬술이가 지인에게 잡혀간 것을 바로 연락해주어 정보기관에서 검토한 후에 알고 있는 사실이라 잘 모시라는 지시였습니다.

나의 의지는 끝이 아니었습니다. 나는 책으로 발간하려고 「내가 본 민정」을 1970년 12월 30일까지 원고지 7천장에 정리하여 김의태 국회의원님의 지도와 보호를 받아 신민당 정책연구실 금고에 보관했습니다. 불행하게도 제7대 대통령선거에 박정희 후보와 김대중 후보와의 선거전이 한창인 1971년 4월 11일 밤에 신민당 정책연구실 금고에 도둑이 와서 정책 자료와 나의 원고를 가져가버렸다고 4월 13일 중앙지에 보도가 나갔습니다. 1971년 4월 27일 대통령선거 16일 앞두고 제1야당 금고에 도둑이 들다니……. 나는 통곡을 했습니다. 당시 나는 신민당 이진연 군위원장과 함께 함평군 선전부장으로 김대중 후보를 대통령으로 만들려고 목숨 내놓고 운동을 하고 있었습니다.

이렇게 5년 동안 정성들인 나의 원고는 수난을 세 번 겪었습니다. 「내가 본 민정」은 나와는 인연이 아니구나 생각하니 마음이 홀가분해졌습니다.

「내가 본 민정」 원고를 도난당한지 11일째인 22일 함평장날에 김대중 후보가 사거리 공원 입구에서 차에 내려 벚꽃이 활짝 핀 공원에 마련된 연단을 향해 걸었습니다. 공원과 공원 중심으로 500m 거리와 공간은 군중으로 가득 메워져 있었습니다. 나는 연단에서 마이크를 잡고 '김대중, 김대중' 하고 군중과 함께 외쳤습니다. 청년 윤봉기씨가 앞장서서 군중을 헤치며 길을 열자 이진연 위원장과 김대중 후보가 함성을 뚫고 연단에 올라섰습니다. 김대중 후보의 연설은 군중의 가슴에 희망을 주었습니다.

마지막 한 마디에 "벚꽃도 떨어질 때가 되니 떨어지고 있습니다. 박정희 후보도 떨어지게 되어있습니다." 김대중 후보의 이 말을 나는 지금도 기억하고 있습니다. 처음 김대중 후보와 손을 잡은 날이기도 합니다. 서운하게도 떨어진 벚꽃은 김대중 후보였습니다.

1971년 내 나이 35살의 4월은 배고픔보다 더 잔인한 달이었습니다. 가장 안전하고 믿었던 제1야당 신민당 정책연구실 금고에 보관되었던 「내가 본 민정」의 5년 동안 쏟아 부은 정성으로 기록한 7천 장의 원고가 도난당했기 때문입니다. 대통령선거 16일 앞두고 말입니다. 또한, 가진 협박과 공포 속에 대통령을 당선시키기 위해 목숨 내걸고 운동을 했지만 보람없이 허사가 된 슬픔을 맛보았습니다. 그래서 내 인생이 보릿고개 인생임을 느꼈습니다.

세월이 흘러 민주화시대가 열리자 나를 끝까지 도와주신 지인께서 나에게 알려주었습니다. "자네는 처음부터 불순분자 간첩 대상으로 요시찰인물로 지명된 사람"이라는 것이지요.

"나는 자네의 행동을 보고받고 끝까지 불순분자가 아니라는 것을 주장했어. 만약 자네가 단독행위가 아니고 단체를 조직하고 선동을 했다면 죽었을 것이네. 중앙정보부라 해도 아무나 함부로 숙청은 안했어. 나도 압수해온 원고를 읽어봤지. 누구보다 군사혁명을 비난한 사람이야. 바른말 바른 행동이 자네 스스로 살렸다네. 어느 누구도 말하지 못했던 말 중에 5·16에 해병대는 이용당했다 했어. 새마을운동에 앞장선 새마을지도자가 된 까닭에 자네의 돌출행동은 깨끗하게 마무리되어 나도 기쁘고 보람이 있었다네."

처음부터 많은 지식층과 지도자급에 해당되는 사람들은

정권욕에 불타 5·16군사쿠데타를 일으켰다고들
눈총을 보내더라

혁명공약이야 진정한 혁명으로 미화하기 위한
눈가림이라고
총칼만 아는 군인들의 머리로는
택도 없다고 깔보더라

나 같은 농사꾼은
쿠데타로 탄생시킨 공화당 정권 내에 돌아가는걸 몰라
밖에서 외치는 지식인들의 소리에 홀딱 반해
배고픔이 계속되니
군사정권을 무조건 반대하여
부정과 실정(失政)을 폭로해
세상에 알려야
내 마음 속이 시원하겠다고 영웅심에 사로잡혔습니다.

5년 동안 시련과 역경을 거쳐
공화당 정권의 비정을 모은 「내가 본 민정」을
가장 안전하고 믿었던
제1야당 신민당 정책연구실 금고에서
대통령선거 16일을 앞두고 도난당하고
김대중 후보 대통령 당선을 도둑맞은
1971년 4월은
촌놈에게 잔인한 달로 운명을 만들었습니다.

하동정씨 시조 통일론

"몸과 마음 사랑은 변할 수 있으나 핏줄은 변할 수도 바꿀 수도 없습니다."

1.

하동정씨는 3파입니다. 시조 손위, 시조 응, 시조 도정입니다. 나는 하동정씨 평장사공파 28세입니다. 전남 함평에 하동정씨를 뿌리 내린 11세 산음공(山陰公) 수(穟, 경렬공 정지장군 셋째손자) 17세 손입니다. 산음공 묘소 비문(1964 건립)에는 시조가 손위로 되어있고, 그 후 족보(1977년 발간)에는 시조가 '도정'으로 각각 되어있어 종친어르신들에게 확인을 했더니 옛날부터 시조 문제로 싸워왔으나 지금은 도정을 의심만 해도 몰매 맞아 죽는다고 조심하라는 당부까지 들었습니다.

바로 시조 도정에 문제가 있다고 판단하여 자료수집을 위해 형제, 자녀, 사위 조카들 9명을 비롯하여 시조통일의 당위성을 주장하며 집필하는데 용기와 희망을 주고 저를 확실하게 믿어준 19명의 산음공 종친들의 명예를 걸고 5년 동안을 걸쳐 『하동정씨 시조통일 연구록(시조 바로 세우기)』을 2008년 9월 20일 발간하였습니다.

『하동정씨 시조통일 연구록』이 세상에 알려지자 반응이 엇갈렸습니다. 칭찬하는 종친들은 직접 전화로 고생했다고 위로를 해주셨지만, 시조를 도정으로 주장하는 종친 쪽은 나에게 전화도 없이 '자기들끼리의 사진첩이다' 하며 비난만하더라는 말들을 전해서 들었을 뿐입니다.

나는 반응을 보고 힘을 얻었습니다. 책 내용이 틀렸다면 하동정씨 대종친회(시조 도정 자손 종친회)에서 3파가 모인 자리에 불러다가 공개석상에서 토론을 하여 몰매를 칠 자신이 없다는 것을 알았기 때문입니다.

연구록 발간 후 2년쯤에 400년도 넘도록 3파가 시조통일을 논쟁해 온 것을 한탄하여 전남 함평군 자풍리 산 47-5번지(일명 감방산) 산음공 묘소에 자랑스런 「하동정씨 시조통일 시발지」로 역사에 길이 빛나도록 종친회 임원들의 뜻을 모아 2010년 경인년 4월 16일(음 3월 3일) 기념비를 세운 나는 책임자이기도 합니다.

시조통일 비문은 다음과 같습니다.

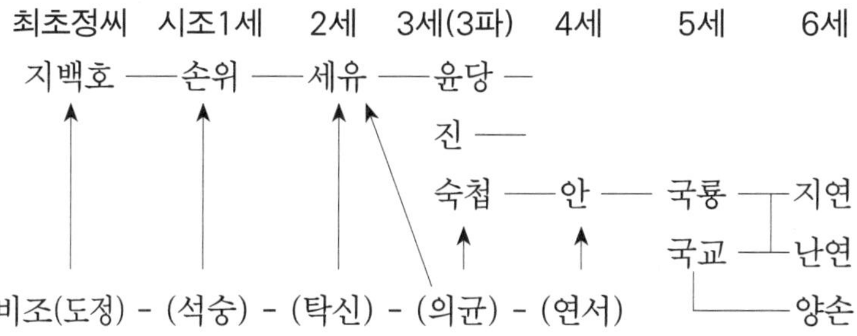

예상대로 시조통일비를 세운 후에 순탄하지 못했습니다. 비를 세운 2년째 되는 2012년 산음공시제(음.3.3) 때 같은 산음공 손으로 서울에 살며 하동정씨 대종친회 임원 되는 정장채께서 몇몇 일행과

참석하여 비문이 잘못되었으므로 자신이 비용을 부담할테니 비를 다시 세워야 한다고 선동하였습니다. 여기에 하동정씨 대종친회에는 시조통일 연구록은 일고의 가치가 없다고 했다는 말까지 덧붙였습니다.

장채 종현이 시제에 참석한 해 2012년 임진 제2호「하동정씨 대종친회 종보」 23,24쪽에

① 병일, 일상, 찬동, 소윤공파정간세보는「통합된 정통보인 하동정씨세보 경신보」(1800년 발행)까지 일방적으로 훼손시키려 한다면 용납될 수 없다.

② 하동정씨 대종친회 근간인 9개지파의 상계를 확실한 근거와 자료 없이 심증만 가지고 변경한다면 결코 인정 않는다. 그래서 2011년 5월 25일 우리의 결의까지 채택했다.

③ 그리고 확실한 판단의 결정은 사실을 증명하는 근거와 자료에 의하여 납득되고 합의되어야 한다.

기록해 놓았습니다.

나는 대종친회 종보 기록을 읽고 나니 도정은 가짜다 더 크게 외쳐야 한다는 용기를 얻었습니다. 『하동정씨 시조통일 연구록』은 사실을 증명하는 근거와 자료에 의하여 집필했고,「도정 석승 탁신 의균 연서 5대 기록」은 사실을 증명하는 근거와 자료가 없는 것이 분명해졌으니까요.

웬일인가요. 내가 2016년 음3월 3일 산음공시제에 처음으로 참석을 못한 사이, 정장채 종현과 함께 온 광주 사는 정선채 종현이 "비석(시조)은 잘못되었으니 밀어버리고 다시 세워야 한다"고 서명을 받았다고 합니다. 그러자 우리 마을에 사는 집안 동생 되는 종원이 "이 중대한 일을 몇 사람이 모여서 결정해서는 안 될 일이요,

몇 사람이 비석 잘못했다고 밀어버리면, 나도 비석 잘못되었다고 밀어버리고 내 아버지 이름으로 비석 세우면 되겠냐"고 서명을 거절했다는 것을 동생들로부터 들었습니다. 나에게 동생이 정선채 종현의 명함을 주면서 아는 분이냐고 묻길래 안다고 했습니다.

참 웃깁니다. 같은 산음공 자손끼리 '시조 도정은 가짜다' 주장한 정찬동을 죽이고 하동정씨 영웅이 되려면 사실을 증명할 자료를 내놓고 반론을 주장해야 하는데 입으로만 지껄이면 영웅이 못되지요. 나는 정장채 종현님께 '시조 도정은 가짜다'라고 세 번이나 내용증명으로 보냈으나 답장은 없었습니다. 참고들 하십쇼.

하동정씨 대종친회 여러분, 내 말을 좀 들어 보십쇼. 정찬동이 할 일 없어 미쳤다고 5년 동안 가족들까지 희생시켜 몸공까지 1억원 이상을 비용 써가며, 도정이 가짜라는 근거와 자료 없이 글을 썼겠습니까. 나와 가족들의 명예와 집필에 용기를 주신 산음공 종원들의 명예를 더럽히고, 억세게 강한 대종친회 떼죽에게 맞아죽으려고 하동정씨 시조연구록을 발간했다고 보십니까.

도정을 시조로 인정할 수 있는 사실로 증명하는 근거와 자료가 고작 ① 도정 등 인물과 350년 기간 내용은 실전실계 했다. ② 삼한말을 삼국말로, 삼국말을 신라말로 사용한다. ③ 족보에 기록되어 있다. ④ 하동군지에 기록되어있다. ⑤ 도선산에 국룡, 지연 묘 등 있다가 가치 있는 내용입니까.

2.

왜 시조 도정을 가짜로 할까요.

- 삼한말(三韓末)을 삼국말(三國末)로 조작했기 때문입니다. 道

正公 團練鄉兵於三韓之系其鼻祖(도정공 단련향병어삼한지계기비조), 직역하면, 삼한 말에 향병을 조직한 호장 도정이 하동정씨 비조다. 조선조 광해군 3년 1611년 문성공현손인 찬성공 기문(起門) 하동신도비에 이정구(영의정) 학자가 비문에 기록한 것으로 되어 있습니다.

삼한(마한, 진한, 변한)을 삼국 말(고구려, 백제, 신라)로, 삼국 말을 신라 말(신라통일시대 · 발해)로 시기를 왜곡시켰기에 확실하게 가짜입니다. 해방 후에 삼한 말을 삼국 말로 중국에서 사용했기에 정정당당하다고 어느 교수가 말했다고 합니다. 도정 족보들이 삼국 말로 기록하고는 신라 말 51대 진성여왕(887~897)때 태어난 인물로 등장시킵니다. 도정이 삼한 말 사람이 아니라는 것을 눈치 챘겠지만 스스로 도정이 가짜라는 것을 입증하는 근거입니다.(삼한 삼국 관계에 대한 자세한 설명은 연구록 참고)

• 도정비조를 기세조(起世祖)로 단계를 낮췄기 때문입니다.

최초 도정 비조로 등장한 후 78년 후에 기사초보(하동정씨 족보 · 정승공파보)에 기세조를 도정으로 삼아 석숭-탁신-의균-연서-국룡-지연-「익」을 이어서 문성공파(정인지)라 했고, 기세조 「유」는 문헌공파(정여창)이라 기록해 놓았습니다.

재미있는 것은 '익'과 '유'는 지연의 아들 형제인데 7단계 위인 도정과 7단계 아래인 유손(孫)과 동급인 기세조 기록된 것을 보면 석숭, 탁신, 의균, 연서를 조작한 것으로 나타납니다.

• 문성공파 최초의 기축세보가 모두 조작되었기 때문이다. 기사초보 20년 후 1709년 문성공파가 시조도정, 1세 석숭, 2세 탁신, 3세 의균, 4세 연서, 5세 국룡으로 세계(世系)로 하여, 도정벼슬은 하도호장으로 왕건에게 귀순하여 평장사에 올랐다고 『기축세보』를 발간했습니다. 국룡만 실존인물이지 그 상계 이름과 관직 등은 모

두 가짜입니다. 하동호장 귀순, 평장사에 관련된 어떤 기록에도 없습니다. 5명의 인물도 모두 마찬가지입니다.

• 실전실계(失傳失系) 답변 밖에 없기 때문입니다.

도정이 진성여왕 때 태어났으니 실존인물 5세 국룡까지 유령인물 5대 350년 동안의 생존은 터무니없으니 가짜라고 반박하자 실전실계(失傳失系)로 알 수 없다고 어설픈 대답이 가짜임을 말해줍니다. 말도 안 되지요. 하동정씨가 동방거족, 명문거족으로 세상에 명성이 높았던 것은 최충헌과 집권한 2인자 정세유와 아들 윤당, 진, 숙첨과 손자 안 등의 세대들입니다.

3.

고려사, 고려사절요에 최초로 '정세유는 하동군 사람이다.' 명종 때 서북면병마사 정세유로 기록되었습니다. 아들은 윤당, 진, 숙첨 3형제를 두었고, 평장사 숙첨 아들 안은 지문하성사 벼슬에 올라 팔만대장경 조판비용의 반을 부담했으며 팔만대장경조판 책임자로 완성 후에 집권자 최항의 시기로 역적에 몰려 백령도에서 수장을 당했습니다.

고려사 등 역사기록을 보면 하동정씨 3파는 세유 아들 3형제이므로 장남이 윤당이니 당연히 시조 손위파(윤당파)요, 둘째 진파, 그리고 셋째 숙첨파가 됩니다. 그러므로 고려사로 본다면 3파 동원동근은 손위가 정통 하동정씨의 뿌리가 분명합니다.

요상하게도 고려사에 기록된 진과 숙첨 그리고 숙첨 아들 안은 족보계통에서는 존재하지 않는 대신 손위계통만 고려사 기록대로 존재하고 도정계통, 응계통은 독자적 계통으로 하동정씨 3파라고들 하면서 하동정씨는 동근동본(同根同本)이라고 합니다. 손위, 응, 도정 3파라고 하지만 나는 고려사를 근거로 손위가 하동정씨 원뿌리가 확실하다고 봅니다.

왜 도정을 시조라고 조작했을까요.

고려사를 보면 하동정씨 뿌리는 세유(손위)계통입니다. 세유의 아들 윤당이 장자집이요. 둘째 진, 셋째 숙첩으로 하동정씨 3파로 출발합니다. 하동정씨 3파는 동근동본(同根同本)입니다.

도정계통은 조선조에 막강한 권력을 쥔 문성공파는 하동정씨 원뿌리가 세유계통이 아니라 자기들이 원뿌리로 만들기 위해 세유계통을 완전히 지워버리고 가짜 도정을 내세워 고려조시대의 인물 세유보다 앞질러 신라 말 진성여왕 시대 사람으로 조작한 것입니다. 여기에 때마침 세유계통이 되면 하동정씨 막내집이 될 뿐만 아니라 팔만대장경을 조판한 안이 역적으로 수장된 것을 지우고 순수한 명문가문이라는 것을 조선조에서 살아가기 위해서 도정으로 조작한 것입니다. 그러므로 고려사로 볼 때 안의 아들이 국룡인데 도정계에서는 안까지 세유계통을 완전히 지워버리고 국룡 앞에 가짜 연서, 의균, 탁신, 석숭, 도정으로 둔갑시켰습니다.

하동정씨 3파 동근동본을 밝힐 수 있습니다.

하동정씨 3파를 고려사에서 윤당, 진, 숙첩이 3파요 족보에서 윤당(손유), 응, 도정 3파로 갈라집니다. 족보에 3파는 천년만 년이 가도 하동정씨 핏줄 내세우기를 위한 동근동본을 말만하지 찾을 수 없게 욕심으로 가짜로 만들어졌습니다.

고려사 3파와 족보 3파를 종합하면 도정이 가짜로 되었으니 하동정씨 3파는 고려사 기록에 의하여 3파가 정통 하동정씨가 됩니다.

윤당파는 장손이므로 세유계통 장자집이 되고, 둘째집 진은 응이 아들이 되고, 셋째집 숙첩은 아들 안이 아들이 되고 안의 아들이 국룡이니 하동정씨 시조통일과 3파가 동근동본으로 밝혀집니다.

「진의 아들 웅, 안의 아들 국룡」

응을 진의 아들로, 국룡을 안의 아들로 가능케 할 수 있는 근거가 있다고 봅니다.

안, 웅, 국룡 세분은 실존인물로 고려 고종 때 사람으로 나타납니다. 족보를 통해서 3파 항렬(行列, 혈족관계를 표시하는 계급)을 거슬러 올라가면 순서 있게 정리가 됩니다.

시조1세	2세	3세(3파)	4세	5세	6세
손위 ——	숙첩 ——	윤당 ——	수규 ——	충서 ——	극명
		진 ——	웅 ——	성 ——	계
		숙첩 ——	안 ——	국룡 ——	지연
					난연 —
				국교 ——	양손

4.

박식군자가 나타나 하동정씨 상계 혈통을 찾아냈습니다. 하동정씨 최초 기사초보 서문에 '박식군자(博識君子)가 있다면 비조(鼻祖)의 나온 바를 연구하고, 아래로는 먼 대의 자손의 분파된 까닭을 고증(考證)하여 보계(譜系)를 밝힐 것을 후일 기다린다.' 기록대로 도정이 등장하고 380년 후 1980년대 광주에 사시는 소윤공파 송정문화사 대표 정찬홍 선생님(병자생, 1936년)께서 반평생 청춘을 바쳐 상계 참혈동을 찾아냈습니다. 신도비에 '사람은 도정이요, 행적은 지백호' 것으로 기록되어 사람과 행적이 다르다는 것을 발견하여 도정이 가명이라는 것을 밝혀낸 후, 하동정씨 각 파 족보를 거의

다 수집하여 연구한 결과 삼한 말과 삼국 말에도 도정뿐만 아니라 석숭, 탁신, 의균, 연서의 5명은 역사 문헌에 없다는 것을 확인을 하고 항렬까지 동일하다는 것도 찾아냈습니다.

실명	지백호 —	손위 —	세유 —	숙첩 —	안 —	국룡
(가명)	(도정) —	(석숭) —	(탁신) —	(의균) —	(연서) —	(국룡)

도정계는 하동정씨 원뿌리라는 것을 만들기 위하여 손위 숙첩계통을 완전히 지워버리고 가명의 5명을 안의 아들 국룡 앞에 내놓은 것을 상계 참혈통을 선조님의 뜻을 받들어 최초로 찾아냈습니다.

환영받아야 할 박식군자 정찬홍 선생님은 가짜 도정을 악착같이 사수하는 종친들로부터 외면, 냉대, 비난 또는 공개석상에서 입도 뻥긋 못하게 했어도 많은 종친들이 인정을 하고 있어서 떳떳하게 주장하고 계십니다.

나 역시『하동정씨 시조통일 연구록』발간에 정찬홍 선생님 자료를 몽땅 받아서 도정이 가짜라는 것을 세상에 알렸습니다.

5.

나는 가짜 도정계에 굴복하지 않고「하동정씨 대종친회」를 향해 부끄러운 줄 알아야 한다고 말합니다.

하동정씨 대종친회는 전국하동정씨 대종회에서 이탈하여 하동정씨 원뿌리라고 주장하기 위하여 가짜도정계가 만든 종회입니다.

시조 손위, 시조 응, 시조 도정계 3파가 1971년 7월 창립하여 함께 운영해오다가 33년 만에 전국하동정씨 대종회에 이탈하여 2004년 6월에 밀직공대종회(국룡 음사관직 밀직공)를 조직한 후 2년째인 2006년 4월에 하동정씨 대종친회로 이름을 바꿔 정통종문, 천년

정통, 도정공 위에 어떤 종회도 존재할 수 없다고 하며 하동정씨 9대 종파가 창립한 유일한 정맥대종회로 내세웠습니다. 코웃음 칠 일이지요.

왜 코웃음 치냐고 하면, 하동정씨 3파가 창립한 종회에서 이탈한 이단자가 도정계 내 9개 파로 조직해놓고 유일한 정맥대종회라고 떠들어대니 코웃음칠 일이요, 또한 도정 외 4대가 350년 기간에 존재와 인물에 대해 실전실계 했다 답변하는 자체가 정통종문, 천년정통, 도정 위에 어떤 종회도 없다고 변명하는 꼴이 코웃음 칠 일이요, 전국 하동정씨종회 명칭을 훔쳐다 「종회」 사이에 「친」자를 끼어 하동정씨 대종친회라고 하는 것도 코웃음을 칠 일입니다. 가짜 도정을 내세워 천년종통이라고 말하는 것은 귀신이 곡할 노릇인데 부끄럽지도 않는지 묻고 싶습니다.

처음부터 문성공파 기축세보 족보에 가짜 도정을 조작하여 지금까지 400년 넘게 논쟁 속에 진짜로 둔갑시켜 족보 등에 기재하여 정통문헌으로 착각시키고 있다는 것을 세상에 알립니다.

하필 시조문제는 자손들 자체에서 해결하는 게 바람직한 것이 당연하나, 자체종회에서는 떼죽이 억압으로 말도 꺼내지 못하게 하니 바깥세상에서 기축세보 족보와 하동정씨 시조통일 연구록이 일고의 가치가 있는가 없는가, 사실을 증명하는 근거와 자료가 객관적으로 어느 쪽이 가까운가 판단받기 위해서입니다.

도정이 진짜다 가짜다 논쟁하다가 380년 만에 정찬흥 선생님께서 하동정씨 상계를 찾아내었으나 환영보다는 억압받은 무기는 「삼한을 삼국」으로 중국에서도 사용했다는 말이었습니다. 말을 한 사람들이 지금 살아있다면 말할텐데, 아무도 지금은 나타나지 않고 있는 것을 보면 가짜 도정을 인정하는 것입니다.

역사에 삼한을 삼국으로 특별한 경우 사용하는 기록은 있으나 삼한 말을 삼국 말로 사용한 기록은 어디에서도 찾아볼 수 없었고, 삼국 말을 신라 말로 사용한 기록도 없습니다. 삼국사기, 고려사, 동국여지승람 고려인물 하동편 등에 도정 등의 기록이 분실되어 기록에서 빠진 것은 아닙니다.

저와 우리 가족 아홉 명이 『하동정씨 시조통일 연구록』을 발간하는데 동원된 것은 바로 고려사, 고려사절요, 조선왕조실록 등 각종 고서(古書)를 열람하여 고증하기 위해서였습니다. 삼한을 삼국, 삼한 말을 삼국 말, 삼국 말을 신라 말로 사용한 기록을 찾는데 5년이 걸린 것을 일고의 가치도 없는 사진첩이라고 비꼬는 사람들, 답변할 근거가 있는가 묻습니다.

400여년 이상 가짜 도정을 악착같이 붙들고 있던 것을
하루아침에 내려놓기가 힘들겠지만
가짜도정이 아니라고 증명할 근거와 자료를 내놓아
가짜도정이라고 주장한 정찬동에게
3파종회 공개석상에서 1:1 문답식과 명예훼손을 통해
정찬동을 납작하게 만드는
훌륭한 하동정씨 자손이 나오시면 좋겠네요
얼간이들이나 뒤에서 도정이 진짜라고 글 쓸 것입니다.
참혈동 고려사 기록대로 세유는 하동군 사람입니다
가짜도정만 사라지면
하동정씨 시조통일은 쉽게 이루어집니다
몸과 마음, 사랑은 변할 수 있으나
핏줄은 변할 수도 바꿀 수도 없습니다.

너 이 새끼 죽어봐

내 나이 45살 때 일입니다. 1980년 8월 14일 새마을지도자중앙협의회를 창설할 목적으로 전국적으로 시·군 단위 회장단을 선출함에 따라 함평군도 함평군새마을 과장 주도하에 함평군 새마을지도자 회장을 선출한 날입니다. 참석범위는 기존 자생조직인 군·읍·면 단위 회장단으로 되었습니다. 나는 함평군 회장 자격으로 참석을 하게 됩니다.

회장선거에 늦지 않으려고 30분 전에 군청 입구에 들어서는 나를 함평경찰서 정보3계장(대공담당)이 잠깐 할 말이 있다고 했습니다. 나는 응했습니다.

"내 말 명심하게. 오늘은 어떤 일이 있어도 조용히 넘어가게. 꼭 내 말 들어야 되네. 이 말만 전하려고 싶어서 내가 자네 오기를 기다렸다네."

정보3계장님은 항상 좋은 말씀만 해주기에 나는 대수롭지 않은 일로 생각하고 군청 회의실에 들어갔습니다. 나는 깜짝 놀랐습니다. 새마을지도자 회장을 뽑는데 군수, 서장, 교육감 등 군 단위 기관장과 읍 · 면장까지 내빈석을 꽉 채운 숫자가 새마을 군·읍·면 회장단보다 배가 많았습니다. 나는 3계장 말씀이 번쩍 떠올랐습니다.

조심하기로 마음 먹었습니다.

10시 정각을 알리자 회장선거 방법에 대하여 물었습니다. 내 말이 떨어지자 기다렸다는 듯이 처음 보는 학교면 부회장이 구두 추천하여 투표로 결정하자는 동의가 떨어지자 제창 삼창이 이어졌습니다. 곧바로 이판행 함평읍 회장이 손을 번쩍 들고 일어나 이의를 제기했습니다.

"이게 뭐요. 장난도 아니고 새마을운동에 무슨 공작입니까. 5일전에 군·읍·면 단위 회장단이 모여 지금까지 함평군 회장을 하셨고, 이번에 새마을지도자중앙협의회 창설의 주역일 뿐 아니라 발기인이시고, 창립준비위원 22명 가운데 전남에서 유일한 정찬동 새마을지도자를 만장일치로 선출할 것을 결의하였습니다. 또한 선거하자고 주장한 당신은 언제부터 새마을지도자였소. 오늘 처음 봅니다."

이판행씨의 항의에 장내가 소란스러워지므로 임시의장인 나는 휴회를 선언했습니다.

"너 이 새끼 죽어 봐. 이 새끼 죽어버려!" 이판행씨가 자리에서 일어나 뒷좌석 공간으로 걸어 나가자 생전 처음 보는 사람이 협박을 합니다. 그 사람 뒤에는 내가 알고 있는 네 분이 서 있었습니다. 경찰서 정보과 직원이었습니다. 새마을지도자 회장이 무엇이기에 회장 선거장까지 들어와 있는지를 알게 된 나는 다시 한 번 정보 3계장 말씀을 알아차렸습니다. 나중에 알았지만 '너 이 새끼 죽어 봐' 한 사람은 함평경찰서 정보 과장이었고, 이판행씨와 함께 함평이씨 종친인 것으로 밝혀졌습니다.

나는 회의를 속개했습니다. 그리고 나는 회장선거에 나서지 않는다고 선언했습니다. 각본대로 학교면 부회장이 임××씨를 지도자로 추천하였는데 아무 대상자가 없자 회장이 되었습니다.

나는 선거를 하더라도 이길 자신이 있었습니다. 정보 3과장 말씀을 이해 못하고 회장에 선출되었다면 이판행씨와 함께 삼청교육대에 끌려가는 신세가 되었을 것입니다.

재미있는 세상이라고 하면 좋을까요? 대한민국 땅에서 군 새마을지도자협의회장 선거에 군수·서장·교육감 등 각 군 단위 기관장님, 읍·면장님, 정보과 직원, 특히 군수자리 옆 육군상사 보안대 대장이 군수 왼쪽 자리에 앉아 있었다는 자체가 이곳 함평군에만 있었다는 사실이 공포정치를 실감나게 해주는 본보기였습니다. 보안대장 한 마디면 삼청교육대에 끌려가는 세상, 군수·서장도 벌벌 떠는 세상이 아니라면 순 거짓말입니다.

1980년 9월 11일 세종문화회관 별관에서 전국을 대표한 새마을지도자 300여명이 참석한 새마을지도자중앙협의회 창립대회에 주역이요, 발기인 창립준비위원 22명 가운데 오직 나 혼자만이 참석하지 못한 사람으로 아쉬운 점이 있기는 합니다. 그 후 부터는 새마을지도자로만 활동할 뿐 아무런 감투를 쓰지 않기로 결심했습니다.

나는 이렇게 된 이유를 잘 알고 있습니다. 국가보위비상대책위원회 내무 분과 위원장 이광로 장군 주도하에 연수원 곽정환 부원장, 허문도씨가 주축이 되어 전경환씨를 새마을운동 총수로 만들고자 새마을지도자중앙협의회를 창설하고자 하는 목적을 알고 있는 나는 1980년 8월 5일과 6일 그들과 22명이 처음 모일 때에 전경환을 위한 협의회가 되어서는 안 된다고 직언한 사람이기 때문이었습니다.

새마을운동과 관련하여 이판행 새마을지도자에게 미안한 것은, 하마터면 나를 위해 직언을 하다가 삼청교육대에 끌려갈 뻔했습니다. 정의로운 이판행 새마을지도자를 진정으로 존경합니다.

이판행 새마을지도자는 1971년 새마을운동 시작부터 2016년 지금까지도 81살의 새마을지도자로 활동하고 있습니다. 전국에서 유일한 국가사회발전과 지역사회 지도자로 내 마음은 그 분에게 장수상을 드립니다.

나와 이판행씨는 함평읍 자풍리와 성남리 같은 지역에 살았고 나이도 같으며 학교도 같이 다니고 새마을운동도 같이 하였습니다. 모범 새마을지도자로 인정받아 1970년대 후반 함평 송인섭 군수님이 공무원 특채를 본인에게 수차례 건의했으나 '농사짓는 내가 공무원 월급 다섯 배나 많고, 지역발전을 위해 사는 것이 꿈'이라며 거절했다는 것을 나는 직접 송인섭 군수로부터 들었습니다. 이장 22년을 역임하시고 지금도 지역발전을 위해 새마을지도자로 평생을 바치겠다는 각오는 여전합니다.

"박정희 대통령은 안 계셔도 새마을 운동은 나와 함께하리라" 이판행씨의 말씀입니다.

나와 이판행 지도자는 새마을운동을 함께하고 새마을활성화에도 함께해왔습니다. 1976년 9월 함평국장에서 김준 원장님과 박진환 대통령 보좌관을 모시고 함평군 남녀 새마을지도자 300명이 1일 연수를, 1979년 3월 김준 원장님의 비공식 지시로 염규정 교수와 함께 전국새마을지도자협의회 조직을 위해 전남·광주 시군단위 순회를, 10·16사태로 계엄이 선포되어 11월 상무대 계엄사와 도청 새마을과를 방문하여 새마을운동 활성화 건의를, 1980년 1월 함평군청 회의실에서 염규정, 김인곤 교수를 모시고 읍면단위 회장단 40명과 1일 연수를, 2월 광주무진회관에서 김준 원장과 박진환 보좌관을 모시고 광주 · 전남 남녀 새마을지도자 500명이 1일 연수를 하는데 주역으로 활동했습니다.

나는 평생을 통해서
자연스럽게 생존하는 것을 배웠습니다.
1960년대에 날아가는 새도 떨어뜨린다는
무서운 공포정치 중앙정보부 세상과
1980년대 초의 중앙정보부처럼
똑같은 보안대(간첩을 막고 색출하는 군 기관) 세상에서
하찮은 감투 욕심까지 버리면
자연스럽게 살 수 있다는 것을
두 번이나 경험을 했습니다.

제2부

메시아

하나님의 본질(本質)은 사랑. 최악의 세계와 국가로부터 전 인류와 백성을 해방시켜 평화롭게 살아가는 세상은 하나님의 이상(理想)에서만 나옵니다. '나보다 남을 위해' 남을 위하는 이타주의(利他主義)인 하나님의 두익사상은 이념과 사상을 하나로 통일된 이상세계의 천상지상천국(天上地上天國) 건설입니다.

• 구국세계대회 •

• 선과 악의 만남 •

• 축복 결혼 •

• 냉정종식 한반도인 •

• 동방에서 성인이 오신다 •

구국세계대회

'세계만방에 북한·국제공산당과의 목숨을 건 싸움을 알리는 선언한 날입니다.'

40년 전 기억에 지울 수 없는 장면이 떠올랐습니다. 내 나이 39살 되던 해이지요. 1975년 6월 7일입니다. 서울여의도 광장에서 구국세계대회를 행사하는 날이었습니다. 나에게는 1년 농사를 결정짓는 모심는 농번기철이라, 농사를 택하느냐 공산주의를 이기는 길을 택하느냐에 아내와 의논하여 처음으로 최초로 열리는 반공(反共)대회에 참석하게 되었습니다. 세계 60개국 사람들이 이 대회에 참가한다 하기에 대한민국 국민의 한 사람으로써 꼭 가보고 싶은 생각 때문에 기뻤습니다.

국제승공연합(1968년 창설. 문선명 총재) 함평지부 김휘남 회장과 함께 50명이 관광버스를 대절하여 대회시작 직전 여의도광장에 도착했습니다. 나는 깜짝 놀랐습니다. 여의도 광장이 꽉 차면 백만 군중이 모인다는 말과 같이 군중이 광장을 꽉 메웠기 때문입니다. 정부주도하에 공무원이 동원된 것도 아닌데 세계 60개국 젊은 남녀와 전국에서 모여든 군중을 처음 보았습니다.

사회자의 구호에 반공, 승공(反共, 勝共)을 따라 외치는 함성에 나의 목소리도 보탰습니다. 계속되는 함성은 공산주의를 몰아내고 승리를 자축하는 물결 같았습니다. 한참 만에 하늘 높이 울려 퍼지는 함성 사이로 통일교 창시자인 문선명 총재가 구름을 타고 하늘에서 내려오는 것처럼 단상에 오르셨습니다. 환영과 감격에 가득 찬 군중을 향해 문선명님께서 두 팔을 들어 화답을 하자 군중은 환호의 함성이 울렸습니다. 문선명님과 군중은 반공으로 똘똘 뭉친 거대한 태풍 같았습니다.

천지를 진동하는 함성이 일시에 사라졌습니다. 백만 군중의 숨소리가 약속이나 한듯이 조용해졌습니다. 문선명님의 말씀이 시작되었습니다. 나는 뒤에서 자리를 잡고 있었기에 거리가 멀어서 문선명님의 얼굴을 자세히 볼 수가 없었습니다. 말씀만 또박또박 들으면서 중요한 부분은 메모를 했습니다.

"원한의 38년은 상반된 사상의 38선이요, 가치관의 38선이다. 가치관의 대결은 유신론과 무신론의 대결이다. 공산주의 사상은 철두철미하게 하나님을 부인하는데서 출발한다. 공산주의는 인간을 단순히 고등동물이나 움직이는 물질, 기계로 대한다. 노동은 신이며, 인간은 곧 고등동물이다. 공산세계에서는 인간이 파리 목숨과 같이 천시하는데 여기에 있다."

나는 이 자리에 앉아있을 때까지도 통일교 확장을 위해 말씀을 하실 줄 알았는데 한 마디가 없었습니다. 오직 공산주의를 이기려면 공산주의 이론과 실상을 잘 알아야 승공운동이요, 하나님의 존재를 부인하는 공산주의는 망한다는 말씀뿐이었습니다.

말씀 도중 공산주의가 멸망한다는 말에 나는 1968년 국제승공연합을 창설하면서 '21년 후 공산주의는 패망한다'는 문선명님이 예언을 향해 달리고 있구나 하는 생각이 들었습니다. 지루하지 않은 문선명님의 두 시간 동안의 말씀이 끝날 무렵 "자유세계를 지키기 위해 미국으로 갈 것이다" 하셨습니다.

대한민국 여의도 광장에서 구국세계대회 군중의 함성은 문선명님이 세계에서 최고의 반공지도자임을 지구상에 알리는 것 같았습니다. 나는 대회의 주제가 한반도승공통일로만 알았는데 와서 보니 세계평화를 위하여 국제공산주의는 지구상에서 소멸되어야한다는 세계적인 대회임을 확인하고 집으로 돌아왔습니다.

2016년, 올해 내 나이 80살이 되었습니다. 나는 40년 전 구국세계대회가 국제공산주의를 멸망시키는데 출발신호가 되었다는 것을 확인하고 보니 정말로 놀라운 일이라고 생각했습니다.

그 당시 공산진영과 자유진영은 한 치의 양보 없는 막강한 군사력 대결상태였습니다. 지구상에 어떤 지도자도 국제공산주의와 목숨 건 싸움을 청한 사람은 없었습니다. 손바닥만한 한반도 남쪽에서 이단으로 몰린 통일교 목사가 공산주의의 멸망을 외친 것을 두고 통일교 확장을 위한 꼼수라고 비난한 소리를 들었습니다.

세상 사람들은 문선명님을 너무 몰라서 얕보았다는 것으로밖에 생각이 안 되었습니다. 그 때 문선명님 말씀을 이해 못한 데에서 무지함을 나타냈다고 봅니다.

"6·25전쟁 때 서로 죽이는 동족상쟁(同族相爭)을 한 것은 핏줄이 달라서도 아니요, 같은 민족이라는 것을 몰라서도 아니요, 오직 서로가 양보할 수 없는 가치관의 차이여서 싸운 싸움이다. 결국 가치관의 차이는 민족을 끊고, 혈연을 끊고, 부자의 인연을 끊어버린

비참한 운명을 쌓게 된 것이다. 이념의 38선, 원한의 38선. 가치관의 대결은 유신론과 무신론의 대결로 동족살인을 치렀던 남과 북을 넘어서 국제공산주의 멸망을 위해서 하나님주의로 전세계가 반공·승공운동을 해야 한다."

이 말씀을 깊이 생각해보았습니다. 모든 사람들이 문선명님과 통일교를 비난만 했지 1960년부터 반공·승공지도자로 미국, 일본을 중심으로 지도자를 양성시켜 철저한 준비를 끝내고 출발과 동시에 문선명님이 거리낌 없이 실천에 옮겨졌다는 것을 미처 몰랐습니다.

문선명님 말씀(예언, 주장)대로 1990년 공산주의 종주국인 소련은 69년 만에 붕괴되었습니다. 결국 종교가 아편이라고 선언한 공산주의는 지구상에서 망하고, 신과 종교를 믿는 자유세계는 번창하고 있습니다.

유신론과 무신론 대결시대에 이 지구상에서 어떤 종교인도, 어떤 학자, 어떤 언론인, 어떤 국가 전 현직 원수와 정치가 중에 마르크스·레닌주의 모순된 점을 체계적으로 정리하여 비난하고 스탈린 등 공산주의의 잔악성을 194개국 세상에 알려 무신론을 망하게 한 최고지도자는 문선명님 뿐이라는 것을 행동을 통해 알게 되었습니다.

40년 전 구국세계대회에서 국제공산주의와 목숨 건 싸움을 선언하여 실천하는 행동으로 무신론 공산주의를 지구상에서 망하게 하여 문선명님이 승리하였습니다.

원한의 38선, 사상의 38선, 가치관의 38선.
가치관의 대결은 유신론과 무신론 대결로
철두철미하게 하나님을 부인한대서 출발한 공산주의를

멸망시킬 꿈을 안고 6·25전쟁 18년 후
1968년 서울에서 국제승공연합을 창설하여
세계 각국에 반공·승공지도자를 바탕으로
1975년 6월 60여개국 국민과 함께
서울여의도 광장을 1백만 명 이상 메워
구국세계대회를 개최하는 자리에서
국제공산당과 목숨을 건 싸움을 선언한 통일교 창시자 문선명님.
이단이라고 불렸던 통일교의 일개 목사가
내로라하는 어떤 지도자도 국제공산주의와 싸움을 건 선언은
불가능한 것을 알면서도
오직 미미한 통일교를 확장하는데
꼼수라고 비난하고 얕볼 수밖에요.
15년 세월이 흐르는 동안
문선명님의 말씀은 빈말이 아니라
실천하는 행동으로
국경과 이념을 넘어 세계적인 학자, 언론인 전·현직 국가원수를 동원하여
종교는 아편이라고 선언한 국제공산주의를
지구상에서 사라지게 하여
유신론을 승리로 이끌어낸 문선명님을
대한민국 국민 한 사람으로 자랑스럽게 여깁니다.

선과 악의 만남

'문선명의 반민족 행위를 규탄함'

우리는 통일교 교주 문선명이 북한을 방문하여 북한의 지배층과 접촉하면서 행한 언동이 목적이 어떠하든 국가와 국민에게 커다란 배신감을 안겨주었다는 사실을 지적하면서 북한의 통일전선에 놀아난 그의 무지와 경거망동을 다음과 같이 규탄하였다.

1. 문선명은 북한의 기만적인 통일방안을 지지함으로써 자유와 인권 행복이 보장되는 민주통일국가를 갈망하는 7천만 민족의 염원에 역행하였다.

2. 문선명은 북한의 당국자들과 군사문제 고위급회담, 정상회담 등에 대하여 아무런 권한과 자격도 없이 공동성명을 발표함으로써 결과적으로 책임있는 당국을 배제하려는 북한의 정치협상회의 책략에 동조하여 정부의 권능을 침해하였다.

3. 문선명은 온 세계 혈안이 된 핵무기 개발을 우려하고 국제기구에 의한 핵사찰을 요구하고 있는 이 시점에서 북한의 핵무기 개발은폐 의도를 지지하고 위장평화공세를 대변함으로써 평화를 사랑하는 인류문명사회의 이상을 배신하였다.

4. 문선명은 인도주의적 사업이라는 명분을 내세워 개인자격으로서는 실현가능성이 없는 이산가족면회소 설치 등을 합의하여 이산가족들의 애끓는 심경을 농락하고, 민족분단과 이산의 비극을 초래한 장본인인 김일성을 인도주의자로 미화하여 찬양함으로써 1천만 이산가족을 분노하게 하였다.

1991년 12월 일

민족통일중앙협의회
1천만이산가족재회추진위원회
한국기독교단체연합시국공동대책위원회
불교조계종전국신도회
이북도민회중앙연합회
한국자유총연맹
한국교회평신도단체협의회

나는 문선명님이 북한 김일성 주석과 면담한 사실을 신문을 통해서 알게 된 후 신문광고를 보고 문선명님의 반민족행위를 규탄한다는 내용을 알게 되었습니다.

나는 문선명님을 따라 북한을 방문한 적이 없기 때문에 일부 수행원님들 목격담과 신문보도에 나온 자료들을 수집하여 문선명님이 반민족행위자인가를 살펴보았습니다. 왜냐하면 농사꾼으로서 존경하는 문선명님이 반민족행위를 할 분이 아니라는 것을 믿었기 때문입니다.

'하나님의 뜻을 전하러 온 사람이다.'

1991년 11월 30일. 북한 주석 김일성이 세계평화연합 총재 문선명님의 방북을 위해 내준 특별기를 타고 국빈자격 영접을 받으며 평양순안공항에 도착한 후, 목련관 초대소에서 열린 환영만찬석상에서 「하나님이 보우하사」 등 전문(全文) 가운데 하신 말씀입니다.

나는 「하나님」이란 용어는 북한체제에서는 존재할 수도 존재해서도 안 되는 철칙으로 알고 있었습니다. 목숨을 내놓지 않으면 입에서 나올 수 없습니다. 조선민주주의 인민공화국 탄생 이래 세계인 중 최초로 문선명만이 하나님주의를 설파(說破)하신 것은 기적이요, 천지개벽이요, 엄청난 대사건이라고 떳떳하게 말합니다.

문선명님의 하나님주의 설파는 계속되어갔습니다. 공산주의의 이념이 가장 견고한 만수대 평양의사당에서는 북한 고위지도자들 앞에서 하나님주의 두익사상을 설파하였습니다.

"역사와 우주를 주관하시는 분은 바로 하나님이요. 인간이 역사의 중심이라고 주장하는 주체사상으로는 남북통일을 실현할 수 없고, 주체사상이 인민의 행복을 보장할 수 없으며, 하나님사상에 입각한 사랑만이 평화와 행복을 보장한다."

문선명님은 북한의 신같이 존재하는 주체사상을 완전히 짓밟는 설파였습니다. 유물론적 세계관과 변증법적 통일론과 주체사상을 하나님주의로 완전히 뒤엎은 말씀은 초대받은 손님의 입장에서는 무례하고 북한헌법에 위반했어도 압도했다는 것을 볼 때 하나님의 진리를 전하는 문선명님이라고 나는 말합니다.

문선명님을 수행한 사람들은 북한유일사상인 주체사상을 비난이 아니라 짓밟는 발언에 문선명님과 자신들이 생명의 위협을 느끼면서 체포되거나 추방을 당할까 벌벌 떨면서 김일성 주석과의 만남은 물건너 갔다고 판단하고 있었습니다. 더 재미있는 것은 문선명님은 자신의 설파에 수행들의 행동을 눈치 채고 "김일성 주석과 노태우 대통령이 부위원장이 되고, 내가 위원장이 되어야 통일이 가능하며, 김일성 주석도 내 말을 들어야만 북한에 살 길이 열린다."고 서슴없이 말했다고 합니다.

처음부터 끝까지 문선명님의 행동과 말을 지켜보고 보고받은 북한의 최고지도자이며 주체사상의 창시자인 김일성 주석은 자신을 깎아내린데 대하여 화를 내지 않고 "문선명 목사 대단하구나, 내 위의 위원장을 하겠다는 인물이 평양 왔다"며 태연하게 문선명님과 단독회담을 지시했다고 합니다. 놀랍게도 평양 입성에 주도적 역할을 해 온 북한의 김달현 부총리는 "주석님이 총재선생님을 만나겠다고 하시니 선생께서 말씀하시는 하나님이란 분이 있기는 있는 것 같습니다." 문선명님께 말하면서 김일성 주석의 방으로 안내를 했다고 합니다.

1991년 12월 6일 오전 10시. 함경남도 함흥 마전에 있는 김주석 공관에서 김일성과 문선명님은 형제처럼 뜨거운 포옹을 하며 역사적인 만남을 가졌습니다. 그러자 세계의 눈과 귀가 집중되었습니다.

유물론과 무신론으로 국가통치이념을 기틀로 한 주체사상의 창시자와 유신론과 하나님주의 두익사상으로 통일교를 창시한 사람, 유일한 태양 어버이 수령, 천명을 받고 인류구원의 길로 나선 참부모, 공산주의 적화통일의 괴수, 반공승공통일의 괴수로 불리는 두 사람, 각각 최상의 적과 적인 상극(相剋)관계로 공산세계로부터 암살대상자 1호인 반공·승공지도자 문선명님과 김일성의 만남 자체가 세계적인 대사건임을 분명히 세계인에게 보여줬습니다.

김일성과 문선명님의 만남은 대화내용을 떠나서 만남 자체만 가지고라도 역사의 방향을 세계평화의 길로 돌려놓았고 남북간 이념대립과 갈등해소, 남북관계 개선의 획기적인 진전과 조국통일을 앞당길 수 있는 새로운 전기를 마련하여 화해의 시대를 열었다는데 큰 의의가 있다고 봅니다.

두 사람은 3시간 동안 허심탄하게 대화를 나누었다고 합니다. 발표에 의하면 김주석이 문선명님께 자동차종합공장 건설, 호텔건립, 문화교류, 핵사찰 수용, 긴장완화를 위한 정상회담 촉구 등이 주요 내용이었습니다.

7일 동안 북한 방문을 마치고 문선명님은 중국 북경에 도착한 후 다음과 같이 방북소감을 내놓았습니다.

"나는 원수집에 간 것이 아니라 내 형제 내 고향 집에 간 것이다. 서로 용서하고 서로 사랑하고 서로 단결하자는 나의 필생의 신조를 가지고 북한땅을 밟았다. 하나님의 뜻에 따라 통일성업(聖業)을 이루는 일념에서 살아왔고, 나머지 일생도 하나님의 뜻을 이루는 일념으로 살아갈 것이다."

공산주의 핵심 모스크바에서 고르바초프 서기장에게 레닌동상을 철거하시요로 말씀하고, 평양에서 하나님주의를 설파하고 북한노동신문에까지 전문을 기재한 사실을 칭찬은커녕, 문선명님을 반민족행위자라고 부르고, 반공주의자가 무릎을 꿇었고, 승공지도자가 변절하여 통일교는 끝났다는 등 신문광고, 신문사설 등은 예수님을 메시아로 알아보지 못하고 로마에 팔아넘긴 것처럼 문선명님을 매도하고 있는 행위 같았습니다.

혹시라도 김일성 주석이 방문선물로 문선명님의 고향 평북 정주군 덕언면 월봉리(구 상사리)에 최고의 조각가에게 지시하여 높이 1m 무게 2톤 대리석비를 세워줘 배가 아파서 비난하십니까. 나는 기회가 주어지면 방문하여 비문을 읽어볼까 합니다.

공산주의를 최악으로 규정하여
인류를 최악의 세계로부터 해방과 평화를 위해
직접 기획하고 설파하며 실천해 온 문선명님.
종교는 아편이라고
하나님을 금기하는 공산주의 심장부 모스크바를 거쳐
북한공산주의의 김일성으로부터
최고 국빈자격 예우를 받고 평양에 입성하였습니다
김일성이 창시한 주체사상으로는
인민의 행복을 보장할 수 없다고 정면으로 비판하며
하나님주의만이 평화와 행복을 보장한다고 설파한 문선명님.
단순하게 북한방문과 김일성과의 만남 자체가 아니라
하나님의 창조목적인 이상세계의 천상지상천국을 건설하여
하나님을 기쁘게 해주자는 구원섭리(救援攝理)를
실천한 문선명님.
우리는 어떻게 불러야 좋을까요.

축복 결혼

1992년 8월 25일 오전 11시, 서울 잠실 올림픽 주경기장에서 열렸다. 제1회 세계문화체육대전이 열리는 날입니다. 이때 3만 6백 25쌍이 통일교 국제합동결혼식을 올리는 날이기도 합니다.

우리 부부는 기성가정축복자격으로 신청하여 합동결혼식을 올리도록 허락을 받았습니다. 당일에는 행사장에 참여할 수가 없으므로 하루 전날 집에서 출발을 했습니다. 서울 송파구에 살고 있는 셋째 동생 집으로 갔습니다. 저녁을 먹고 나서 밖을 내다보니 비가 내리기 시작했습니다.

행사에는 날씨가 좋아야 복이 있다는 옛 어르신들의 말처럼 비가 내리고 있으니 우리 부부는 기분이 찝찝했습니다. 복 받아 참사랑으로 하나님을 참부모로 살아가려고 축복결혼을 하고자 하는데 비 때문에 행사가 망칠까봐 잠이 오지 않았습니다. 동생이 밤참을 가져와 위로해 주는 바람에 다소 위안이 되었습니다.

나는 하늘을 원망했습니다. 우리 부부는 물론, 하나님을 부모로 모시는 선남선녀들의 결혼식을 망치겠구나, 걱정이 태산 같았습니다. 제발 내일은 비를 그쳐주십사 하고 기도를 올리다 나도 모르게 잠이 들었습니다.

깨어보니 아침 6시였습니다. 일어나 창문을 열고 밖을 내다보았습니다. 비는 안 내리지만 하늘은 여전히 구름으로 덮여있었습니다. 그래도 걱정은 계속되었습니다.

행사장에 15만 명 이상이 참석하게 되어 관광버스 8백여 대와 승용차 2천여 대, 그리고 수천대의 자가용이 동원되므로 교통체증 예고에 따라 우리는 일찍 서둘렀습니다. 잠실 주변이 온통 차량으로 깔려 거북이 걸음이었습니다. 동생 집에서 잠실경기장까지 30분정도밖에 안 걸리는데도 무려 두 시간 가량 걸려 행사장 인근에 도착했습니다.

행사장 입구와 인근은 신랑신부들이 두 손을 잡고 줄을 기다리며 입장하고 있었습니다. 우리도 차례로 줄지어 이들과 함께 행동했습니다. 신랑은 진감청색 싱글에 빨간색 넥타이 검은 구두를, 신부는 순백색 웨딩드레스와 면사포 흰색 구두를 신고 입장하는 사이에 우리 부부도 똑 같은 예식복장을 입고 따라갔습니다. 행복한 웃음이 가득찬 신랑신부들은 운동장으로 향했고 발걸음이 가벼운 우리부부는 1층 관람석으로 향했습니다.

비가 내리지 않기를 기도하며 우리 부부는 정해진 자리에 앉았습니다. 무심코 하늘을 쳐다보니 햇빛을 삼킨 구름들이 서서히 물러가고 있었습니다. 그러다가 동쪽 하늘에서 푸른 하늘이 밀려오고 있었습니다.

하늘을 원망했던 우리 부부는 한치 앞도 못 보는 어리석은 생각을 접고서 하나님의 가족은 무엇이 달라도 다르구나 생각하며 기뻐했습니다. 이번 국제합동결혼식이야말로 하나님이 축복해주고 있다는 실감이 들었습니다. 세상의 온갖 때묻은 대지와 불순한 생각을 말끔이 씻어버리고, 새롭게 출발하는 선남선녀와 기성가족까지 축복받는데 쾌청한 날씨가 통쾌했습니다.

행사장 전면을 바라보며 자리 잡은 우리 부부는 일본·북미·남미·유럽·아프리카·중동·구소련 등 131개국에서 참가한 3만 6백 25쌍과 내·외국 가족, 친지 하객 등 10만 여명이 경기장을 꽉 메우고 있었습니다. 우리 부부는 누가 칭찬하던 비웃던 간에 상관없이 지구촌 최대 합동결혼식에 참여한 것이 꿈만 같았습니다.

오전 11시 정각에 경찰악대의 팡파르와 함께 결혼식이 시작되었습니다. 박보희 세계일보사장이 한국·일본·영어 3개 국어로 개회식을 선언했습니다. 이어서 식순에 따라 국민의례를 끝내고, 곽정환 준비위원장이 예식사를 하였습니다.

"하나님과 참부모님의 축복 아래 영혼한 참사랑의 부부로 허락받는 거룩한 식전에 섰습니다. 참사랑에 의한 부부이상을 실현하고 선한 자녀를 가져 하늘백성으로 모범된 세계시민으로 양육해야 한다……." 꼭 약속을 지키겠다는 박수가 천지를 진동시키는데 우리 부부도 힘껏 박수를 쳤습니다.

기도가 끝나자 흰색과 분홍색 한복을 입은 기성축복가정 24쌍의 들러리가 입장하고 주례인 문선명 총재 양위분이 입장하자 열광의 박수가 쏟아졌습니다. 성수의식에 따라 주례로서 6만 1천 250명에게 뿌릴 수 없으므로 단상의 40여명에게 주례가 직접 뿌리고 나머지는 준비된 인원이 전체에게 성수를 뿌려주었습니다. 우리 부부도 생전 처음 성수의식의 혜택을 받았습니다.

주례님의 말씀이 계셨습니다.

"하나님의 이상은 이상적인 남자와 이상적인 여자가 결합하여 이상적인 가정을 이루는 것입니다.-하나님의 사랑을 중심 삼고 부부가 결합하고 하나님의 사랑을 중심 삼아 가정을 완성시키는 것이 하나님의 뜻이라는 결론이 나옵니다.-축복은 한 남자와 한 여자가 하나님의 뜻을 중심잡고 참사랑을 실행하는 참아버지 참어머니가 되라고 해주는 것입니다.-여러분이 축복받았다는 것은 하나님께서 4천년 동안 섭리하신 터전에 메시아를 보내어 뜻을 중심삼고 가정을 복귀했다는 승리적 기준에 선 것입니다. …….”

주례 말씀을 들은 우리 부부는 45년동안 헛되게 살았고 가족과 이웃에게 많은 죄를 짓고 우리만 살겠다는 이기적인 행동이 너무나 부끄럽다고 느꼈습니다. 남은 인생이라도 말씀대로 열심히 살아가겠다고 다짐했습니다.

축사가 끝난 후 성혼문답 순서가 되었습니다.

주례 : ① 그대들은 하나님이 창조 이상을 완성할 성숙된 선남선녀로서 영원한 부부의 인연을 설정할 것을 하나님과 참부모님 앞에 약속하느뇨. 답. 우리 부부도 함께 예.(전체 한국말)

주례(②,③생략) : ④ 그대들은 창조이상을 중심 삼고 하나님과 참부모님의 뜻을 이어받아 하나님과 참부모님 같이 세계인들을 사랑하여 지상천국건설과 천상천국건설의 기본이 되는 이상적 가정을 형성할 것을 약속하느뇨. 예.

이어서 축도(주례)가 있었고 신랑신부 예물교환(금18k 5g)이 끝나자 성혼선포를 하였습니다.

“1992년 8월 25일 대한민국 서울과 세계 10개국 위성중계를 통하여 이루어진 통일교회 국제합동식에 참여한 통일교 선남선녀들이 하나님과 참부모님과 세계와 천주 앞에 성혼이 성립된 것을 선포합니다.” 하자 장내는 열광과 함성이 하늘을 찔렀습니다.

이어서 축가, 꽃다발 증정, 신랑신부인사, 만세삼창, 주례퇴장, 폐식선언과 함께 식후 연주로 경찰악대가 장내를 더욱 빛나게 했습니다. 축하연주, 관악대 연주 행진, 코리아나 연주, 축하농악까지 장장 감동의 4시간이 성스러운 축복으로 우리 부부는 하늘로 날아가는 듯한 기쁨에 젖었습니다.

참부모 앞에서 새롭게 태어난 부부가 되기 위해 서약했던 우리 부부는 자리에서 일어나지 않고 썰물처럼 빠져나가는 장면을 지켜보았습니다. 규모만큼 세계인이 크나큰 관심을 갖지 않을 수 없는 범지구촌적 행사에 국적, 인종, 문화, 풍습을 초월한 사랑의 의식에 세계는 한 가정, 인류는 한가족이 되었으므로 우리 부부는 행복했습니다.

차례가 되어 서서히 자리에서 일어난 우리 부부는 국가와 국가, 인종과 인종, 종교와 종교, 문화와 문화의 갈등과 반목이 없는 신랑 신부들이 자기 보금자리 참가정으로 향하는 발걸음에 박수를 보냈습니다.

이번 합동결혼식은 세계 최초로 위성중계를 하여 세상을 놀라게 했습니다. 항공편 예약을 못해 참가하지 못한 9천 8백 쌍은 MBC 미디어텍의 협조로 브라질, 나이지리아, 자이르, 일본, 필리핀 등 6개국 10개 지역에 위성으로 중계되는 성혼행사에 따라 서울에서와 똑같이 결혼식을 올렸습니다. 위성중계 결혼식뿐만 아니라 국내외 보도진 650여명과 40여 곳에 설치된 TV카메라의 열띤 취재경쟁도 화제를 모으기도 했습니다.

결혼식 최고의 고령자는 전 홍익대 총장 이항녕(李恒寧, 77세)부부였습니다. 축사에 나선 정계 원로 이철승(李哲承) 한국자유총연맹총재는 "문총재와 같은 위대한 지도자가 나타나셨다는 것은 한국과 전 세계의 희망"이라고 하였습니다. 또한 로드리고 카라조 전

코스타리카 대통령은 "행복한 마음으로 축복을 받은 3만여쌍의 신랑신부들이 새로운 도덕세계에 앞장서 달라"고 당부했습니다. 이외에도 131개국 가운데 전 · 현직 수반 · 지도자급이 하객으로 참가해 자리를 더욱 빛내주었습니다. 내가 이분들의 이름을 꺼낸 것은 문선생님의 사상에 세계정상급들이 합세했다는 것을 눈으로 보았음을 말해주고 싶기 때문입니다.

하나님 사랑을 중심 삼고 인종을 초월한 평화로운 사회, 국가, 세계의 기틀이 되는 문선명님의 사상에 담긴 국제합동결혼식에 참여한 우리 부부는 이상가정 실현을 향해 출발한 의식을 마치고 집으로 돌아왔습니다.

오늘날 결혼의 순결이 걷잡을 수 없도록 깨지고 퇴폐적인 사회가 뿌리내리는 마당에 인류 앞에서 도덕과 윤리를 바로 세워 이상가정이 실현해야 하는데 반대할 사람은 없으리라 생각합니다. 기성가정으로써 우리 부부는 하나님의 사랑을 중심삼고 축복을 받았으므로 참부부가 되어 참가정을 이루고 지상과 천상에 하나님의 나라 이상세계를 이루는데 열심히 살아갈 것입니다.

축복결혼은 하나님의 참사랑을 중심으로 부부가 굳게 믿고 사랑하면서 살겠다고 서약하는 거룩한 예식입니다. 1960년 36쌍을 시작으로 50년 동안 전 세계 194개국에서 4억 쌍이 부부의 인연으로 축복받아 뿌리를 내렸고 우리 부부도 그 중 한 쌍입니다.

하나님 사랑을 중심 삼고
초국가 초인종 초종교 초문화 국경을 뛰어넘어

민족 종교 인종의 갈등을 해결하고
세계평화를 이루기 위해
가장 빠른 길은 교체-교차 축복에 있다고
세계 역사상 처음으로 강조하고
실천에 옮겼습니다.
축복 결혼에 주례이신 문선명님 축복아래
이상적인 남자 이상적인 여자가 결합하여
이상적인 가정을 이루어
영원한 참사랑의 부부로 참사랑을 실행하여.
참아버지 참어머니로서
인류평화 하나님 아래 한 가족이 되어
하나님을 기쁘게 하는 참사랑 가정이 되겠습니다.
194개국 403쌍 중 한 쌍이 된 우리 부부도
하나님 참부모님.

냉전종식(冷戰終熄) 한반도인

나는 사단법인 남북통일운동국민연합(1987년 5월 15일 창설) 함평분회 김우기 회장님으로부터 설용수 중앙회장의 특별강연회에 참석해주시면 감사하겠다는 초청장을 받았습니다. 그날이 2014년 3월 23일입니다. 강연주제는 「통일시대를 열어갈 국민적 시대정신」였습니다.

이미 나는 설용수 회장이 남북통일과 승공통일에 관하여 전국에서 제일가는 명강의로 유명하다는 것을 입소문으로 들었기에 직접 들어보기 위해 참석했습니다. 사람들이 함평축협 프라자 건물의 강의실을 가득 메웠습니다.

의자에 앉아서 참석자들에게 배포한 평화를 사랑한 세계인의 가슴 뛰는 통일이야기 『분단을 넘어 통일시대로』 책자를 펼쳐보았습니다.

'많은 사람들이 저마다 평화와 통일을 주장하지만 대부분 정치적 구호에 그치는 것이 많습니다. 하지만 그 누구도 부정할 수 없는 놀라운 실천력으로 세계와 역사의 방향을 바꿨던 위대한 한국인이 있습니다.'

첫 장을 읽고 나니 설용수 강사님이 등단하여 「냉전(冷戰, cold war)」에 대하여 포문을 열었습니다. 냉전이란 말은 미국의 외교평론가 리프맨(Lipp man)이 처음 사용한 말로 2차 대전 후 미국 · 소련의 긴장상태를 말합니다. 사전에는 무기를 사용하지 않고 외교적으로 상대국을 불리하도록 꾀하는 일종의 신경전이라 했습니다.

2차 대전이 끝난 후 세계는 미국을 중심으로 한 자유세계와 소련을 중심으로 한 공산세계로 나눠져 한 치의 양보 없이 대결상태로 냉전화된 질서를 깨려면 공산주의 세계가 이 세상에서 사라져야만 된다는 것을 한국인 문선명님의 강의 내용에 나는 감명을 받았습니다. 왜냐하면 종교인으로 알고 있었는데 정치가로써 세계 평화를 위해 목숨을 건 공산주의와 싸움을 걸었기 때문이다.

또한 강연주제처럼 통일시대를 열어갈 국민적 시대정신은 북한의 적화통일과 남한의 멸공통일만 한쪽을 완전히 거부하는 배타적인 통일을 떠나서 남·북한이 정치, 문화, 사회, 경제 등의 요인 등을 크게 포용하고 수습하여 함께 살아가는 통일자세가 남북한의 현실적인 시대정신이라고 하였습니다. 결론적으로 전쟁과 멸망통일은 많은 부작용을 낳기에 평화적 통일만이 가장 좋은 방법이라는 것으로 강의를 마쳤습니다.

집에 돌아온 나는 강의내용과 자료들을 꺼내어 냉전종식과 관련된 발자취를 따라가 보았습니다.

1.

• 순교를 각오한 일본 통일교 대학생 승공운동

문선명님은 1970년 전후부터 국제승공연합을 일본에서 창설하여 공산주의 세력과 맞서는 승공운동을 펼쳤습니다. 통일교 대학생들의 「대학원리연구회」 조직을 통해 당시 일본 대학가를 장악한 공산주의 신봉자들과 사상투쟁을 하게끔 하여 공산주의자들을 압도하게 합니다.

• 여의도 100만 구국세계대회(목숨 건 승공운동 선포)

문선명님은 1968년 국제승공연합을 창설하여 반공 · 승공운동을 전개하여 1970년부터는 세계 60여개국 통일교 청년들을 한국으로 불러들여 공산주의와 그 체제를 신(神)과 인류의 적으로 규정하고 멸공(滅共 · 죽임) 아닌 반공(反共 · 반대)과 승공(勝共 · 이김) 교육을 통해 승공운동을 세계적으로 펼쳤습니다. 1975년 6월 7일 60여개국 외국인과 함께 서울 여의도 광장을 메운 100만 구국세계대회에서 공산세계와 목숨을 건 싸움을 건 시작을 알렸습니다. 이 자리에서 다음은 미국 워싱턴에서 30만 규모 세계구국대회 개최를 선언합니다. 나도 이 대회에 참석한 한 사람이었습니다.

• 미국 워싱턴 모뉴먼트 광장 30만 구국 세계대회(하나님주의 선포)

문선명님의 워싱턴 대회를 선언하자 세계를 지배하는 큰 나라 미국에서 세계적으로 유명한 인물도 불가한 대회를 15년밖에 안된 사이비 통일교 창시자인 일개 목사가 감히 불가능 대회를 선언한 자체가 웃음거리로 통일교를 알리는 꼼수라고 비웃었습니다.

여의도 구국세계대회 개최 1년 후인 1976년 9월 28일. 기적이 일어납니다. 미국 워싱턴 모뉴먼트 광장. 대회날 새벽까지 비가 내려 대회를 포기할 수밖에 없는 지경으로까지 된 날씨가 동이 트자마자 붉은 태양이 솟아올랐습니다. 「마틴루터 킹」목사가 5일간 25만 명이 모인 집회를 미국 역사상 최대규모라고 자랑한 곳에 불가능하다고 판단한 미국인들은 하루에 6대주 세계인 30만명 이상이 모인 집회를 직접 보고 놀랐습니다.

"내일이면 늦습니다. 자유세계를 위해 미국이 앞장서야 합니다. 미국의 사명은 세계 공산화를 막는 길입니다. 기독교 부흥운동을 전개하여 하나님께 돌아가야 합니다."

미국의 지도자들도 제시하지 못한 사명을 알려지지도 않은 통일교 창시자 문선명님은 미국 국민을 감동시켰습니다.

「하나님 아래 하나의 세계(One World under God)로」 하나님주의를 선포하자 통일교 목사가 아니라 세계인의 목사로 인정을 받습니다. 그리고 다음대회는 공산주의 종주국인 소련의 모스크바가 될 것이라 선언합니다. 누구도 모스크바 대회를 가능하다고 보는 사람은 없었습니다.

• 위대한 하나님의 사자(使者) 문선명님

미국을 감동시키고 세계를 놀라게 한 문선생 초청강연이 미국사상 처음으로 있었습니다. 미국 국회 2번 초청강연, 50개 초청강연, 50개주 순회초청강연, 각 시도로부터 1,500개 명예시민증과 감사패를 받고, 1976년 뉴스위크 올해의 인물로 선정되고, 백악관의 초청을 받아 「닉슨」 대통령으로부터 찬사를 받았습니다. "당신은 위대한 하나님의 사자입니다. 메시아로 인정하는 첫 번째 신호가 울렸습니다."

2.

• 한반도 미군철수를 주장한 「카터」 대통령의 재선을 막은 주간 《뉴스월드》(40대 레이건 대통령 당선시킴)

1980년 당시 「지미 카터」 미국 대통령의 4년 임기 중 캄보디아 앙고라 등 15개국이 공산화되고, 계속 늘어나는 때였습니다. 미군 철수를 주장하는 「카터」의 재선을 막기 위해 문선명님은 《뉴스월드》 주간지를 창간하여 언론매체를 통해 사상전을 전개하였습니다. 「레이건」 후보의 당선이 희박한 상황에 뉴스월드 사장을 보내 '하나님께서 공산주의로부터 미국과 자유세계를 구하기 위해 당신을 40대 대통령으로 정하셨다.' 메시지를 보내고, 선거 당일 뉴스월드 1면에 「레이건」 후보의 파격적 압승이라는 제목의 기사를 내보냈습니다. 아침에 일어나 텔레비전을 보는 미국인들을 놀라게 했습니다. 문선명님의 심리전으로 선거당일 미국의 여론을 바꾸는 촉매제가 되어 「레이건」이 당선되었습니다.

• 소련 핵무기를 무력화시킨 워싱턴 타임지.(미국 우주방위전략 지원)

문선명님은 언론매체(言論媒體)의 무서운 폭발력에 기세를 몰아 미국 심장부 워싱턴에 일간신문 《워싱턴 타임지》를 창간합니다. 미국 언론계는 6개월도 안되어 재정난으로 망한다고 했으나 미국 내 4대 일간지 대열에 오른 《워싱턴 타임지》는 1983년 3월 레이건 대통령이 미사일방위구상(SDI) 발표하기까지 적극적으로 추진할 수 있도록 지원을 하였습니다. 스타워즈(Star Wars)라 불리는 이 전략은 소련이 핵미사일을 발사할 경우 인공위성에서 레이저 빔으로 핵미사일을 요격하는 다층방위 시스템으로 수천 개에 달하는 소련 핵무기를 휴지로 만들어버린다는 전략(일명 우주방위전략)입니다.

워싱턴 타임지는 미국정책을 채택 못하게 하려는 소련의 공작과 소련비밀경찰(KGB)의 음모를 파헤치는데 열중하고, 의회를 장악한 민주당 정책을 비판하면서 미국의 여론을 이끌어내는데 성공했습니다. 소련은 미국과 맞대응할 군비경쟁을 할 경우 소련경제가 붕괴될 수밖에 없어 소련의 세계 공산화 전략과 군사대결노선에서 미 · 소 공존전략으로 바뀌게 한 것은《워싱턴 타임지》의 역할이었습니다. 냉전종식을 시키는데 문선명님의 목표는 성공적으로 이어져갔습니다.

문선명님이 창간한《뉴스월드》가 미국 레이건 대통령의 당선과《워싱턴 타임지》가 미국 우주방위전략을 강력하게 뒷받침으로 세계와 역사가 바뀌질지 누가 알았겠습니까.

• 옥중에서도 국제공산주의와 싸움을 계속한 문선명님(박해와 소련붕괴 예언)

세계적인 승공운동과 통일교 위상에 겁을 먹은 국제공산주의는 수차례 암살을 시도했으나 실패하여 미국에서 추방음모를 하는데, 기독교와 유대교인들의 미국추방계획에 맞떨어져 좌파성향「도널드 프레이저」의원(하원 8선)이 통일교를 한국정부의 앞잡이로 만들어 미국에서 몰아내고자 문선명님을 청문회에 올렸습니다.

박보희 보좌관은 하나님을 중시한 세계를 건설하려고 미국에 왔다고 호소하며 프레이저 의원을 거짓말쟁이, 마귀의 앞잡이로 몰아붙여 망신을 당하게 하여 상원의원 선거 패배로 정계를 은퇴하게 하였습니다.

두 번째는 3년 동안 선교자금 160만불의 이자에 대한 세금을 안 냈다 하여 반대파로부터 뉴욕 검찰에 고발되어 불리한 배심원제도를 통해 문선명님은 18개월 형을 받았습니다. 선교헌금은 미국 법으로 관례적 면세를 허용함에도 통일교에만 이 법을 적용하지 않았습니다.

문선명님은 자신을 감옥에 보내는 것이 종교적 박해이며, 인종차별 등 부당한 처사인 줄 알지만 '하나님의 뜻에 감옥에 갈 것이라' 고 하여 1982년 7월 20일 댄버리연방교도소에 수감됩니다.

각국의 성직자 1천여 명은 백악관 앞에서 손에 수갑을 채우고 문목사 석방을 하라 계속 집회를 이어갔습니다.

문선명님은 옥중에서 세계평화교수협의회 세계회장인 「몰튼 카플린」 박사를 교도소로 불렀습니다.

"소련제국주의가 곧 붕괴될 것이니 붕괴될 수밖에 없는 이유를 세계적인 학자들을 모아 발표토록 하라. 지금 소련이 아무리 팽창하고 있는 것 같아도 절대 70년을 넘길 수 없으니 하나님을 믿고 발표하라."

카플린 박사는 문선명님 지시대로 스위스 제네바에 소련대사관과 마주하고 있는 인터컨티넨탈 호텔에서 「소련제국멸망」이란 역사적인 선언을 했습니다.

• 문선명님의 박해와 고발에 대한 증언

퓰리쳐 상을 수상한 「칼튼 쇼우드」 기자는 『문선명 목사의 박해와 고발』이란 저서를 통해 미국정부의 부정한 행위를 폭로했습니다.

문선명 반대세력들은 의회, 재판소, 중앙정보국(FBI), 연방수사국(CIA), 법무성, 이민국, 국무성, 연방거래위원회, 조폐국, 마약단속국 등 모든 수단을 총동원해 문선명 목사를 잡으려 했습니다. 많은 정보기관에 의하여 철저하게 조사를 받았다고 기록되어 있습니다. 오직 선교헌금을 내세워 감옥에 갔으나 사실은 통일교 탄압이었습니다.

3.

• 소련 다음가는 공산주의 국가 중국 최고자들을 끌어안은 문선명님(중국문염)

문선명님은 세계 각국의 민족성 문화 전통에도 풍부한 지식을 갖고 있기에 중국에 대한 모든 자료를 검토하여 거부감이 없도록 완벽하게 준비하여 문을 두드렸습니다. 공산주의 종주국이지만 1970년도부터는 소련, 중국 두 나라가 공산세계의 양대 산맥을 이루고 있었습니다.

같은 공산주의라도 소련과 중국은 차이가 있기 마련입니다. 소련은 전통적인 공산주의지만, 중국은 공산주의를 택했어도 민족성, 문화전통, 역사적 배경으로 소련과 함께 갈 수 없는 나라입니다. 공산주의는 원래부터 문화와 역사와 전통이 깊은 나라에는 뿌리가 내릴 수 없는 사상입니다.

문선명님은 중국의 지도자들이 공산주의 정권이지만 중국인구 13억 명을 배급제도로는 먹여 살릴 수 없다는 것을 피부로 느끼면서 자본주의 개방정책을 받아들일 수밖에 없다는 사실을 알고 있었습니다.

1980년에 들어서 문선명님은 공산권 선교사들의 희생을 헛되지 않게 하기 위하여 공산권의 변화를 목적으로 중국정부를 변화시키고자 문을 두드렸습니다. 그러자 서슴없이 열어주었습니다. 첫 사업으로 중국 광동성 해주지역에 3억불로 판다(PANDA) 자동차 공업도시 건설을 추진했습니다.

중국 내 천안문 사태(1989.6.4.)로 외국기업들은 투자를 포기하고 떠났으나 문선명님은 3개월 앞당겨 1989년 6월 27일에 기공식을 치르게 했습니다. 기공식에 양상곤 주석과 이붕 총리가 참석하여 문선생님의 배려에 진심으로 감사를 표했습니다. 이는 1970년대부터 최고의 기술을 가진 독일의 회사를 운영하고 있기에 가능했던 것입니다. 이외도 조선족이 중국 지도자로 성장할 수 있도록 연변대학에 공과대학을 세울 수 있도록 예산지원, 중한대사전·러한사전 편찬사업에 계속 예산지원을 하였습니다. 이후 한중수교, 한국기업 중국진출의 문을 열었습니다.

중국의 판다 프로젝트는 중국만을 위함이 아니라 소련, 북한 최고지도자들이 문을 열도록 영향을 주기 위한 큰 그림이었습니다.

• 공산주의 심장 모스크바에 최고의 국빈 자격으로 입성한 문선명님(고르바초프와 회담)

문선명님은 돈을 벌기 위한 목적이 아니라 공산주의 지도자들의 두뇌를 변화시키기 위하여 아낌없이 자금을 투입해 중국에 자동차 공장을 세웠던 '위하는' 행동에 공산세계는 두드리면 문선명님에게 문을 열어 주었습니다.

소련이 공산주의의 종주국이라는 점을 염두에 두고 중국과는 다른 방법으로 문을 열었습니다. 세계언론인대회, 세계평화정상회의, 중남미 통합기구 등의 기반을 활동하기로 했습니다. 미국과 세계의 언론인들은 소련에, 소련의 언론인들은 미국, 일본 등으로 초청 자유세계를 보고 깊은 신뢰를 갖도록 하여 세계언론인대회를 모스크바에서 개최할 수 있도록 철저한 준비를 합니다.

14년 전 미국 워싱턴 모뉴먼트 대회에서 "다음 대회는 공산주의 종주국 소련 모스크바가 될 것이다." 공개적으로 선언했을 때는 65억명 세계 인구 중 3분지 1을 공산주의가 차지했고, 계속 팽창하고 있었기에 어느 누구도 가능하다고 믿는 사람은 없었습니다. 더욱이 세계적인 제1인자 승공운동의 지도자를 공산주의 종주국 소련이 허락은커녕 암살하지 않을까 염려할 정도였습니다.

1990년 4월 초에 절대적인 반공 · 승공운동 지도자 문선명님이

51개국의 전 · 현직 국가원수, 종교지도자, 저명한 과학자 등 250명을 대동하고 최고의 국빈자격으로 소련 모스크바에 입성합니다.

• 모스크바 세계언론인대회, 세계평화정상회의 개최와 서기장 고르바초프와 문선명님 회담

꿈에서 믿지 못할 모스크바에서 세계언론인대회와 세계평화정상회의를 개최했습니다. 세계의 눈이 집중했습니다. 세계인이 문선명님이 누구라는 것을 알게 되었습니다. 어떤 지도자도 해낼 수 없는 사건을 문선명님이 만들었습니다. "공산주의가 빈곤과 불평등을 외쳐왔음에도 결과는 인권의 억압과 수천만에 달하는 학살, 비참한 빈곤사회, 무신론은 자기를 파멸하고 재앙을 초래한다."로 공산주의를 질타하였습니다.

1990년 4월 11일 공산국가 심장 소련 모스크바 크렘린 궁에서 역사적인 무신론자 공산주의 괴수와 유신론자 승공주의 괴수, 고르바초프와 문선명님이 역사적인 회담을 가졌습니다. 당시 〈세계일보〉에 실린 기사의 문선명님 말씀입니다.

"하나님이 없다고 하는 공산주의는 안 됩니다. 인류가 죽고 사는 데는 당신에게 있으니 역사에 남는 평화대통령이 되어 달라. 종교의 자유를 허락하여주기 바란다. 레닌동상을 철거해야한다. 소련대학생들에게 가치관교육을 허락하기 바란다. 하루빨리 한국과 수교하기 바란다. 한반도통일에 힘써 달라."

가장 핵심적인 레닌동상 철거에 고르바초프 서기장은 "당장은 어렵지만 많은 변화가 있을 것"이라는 긍정적 답변을 했습니다. 이에 세계언론인들은 소련의 개혁개방에 적극적으로 지지한다고 밝혔습니다.

한편 고르바초프 서기장이 경제요청한 블라디보스토크, 하바로

포스크 등지에 1억평 이상 공업용지를 통일그룹에 제공하고 경공업부터 중공업까지 유치하여 10년간 조세를 감면한다는 〈세계일보〉 기사입니다.

4.

• 소련대학생 통일사상 교육시킨 문선명님

유물론과 무신론 공산주의 사상에 젖은 소련 대학생들에게 소련정부가 정반대인 유신론 하나님주의 사상을 교육받도록 허락해준 자체가 기적같은 대혁명이 아닌가봅니다. 문선명님 요구대로 소련대학생 3천5백 명이 미국에 와서, 3만여 명의 대학생이 소련 내에서 『원리강론』(문선명 지음)과 통일사상을 교육받았습니다. 인류의 적으로 규정한 문선명님만이 해낸 이 지구상 세계평화를 위한 업적일 것입니다.

• 김일성 주석님과 문선명 회담 준비

1991년 11월 16일 세계평화정상회의(문선명 총재)를 중국 북경에서 개최실무회담을 가졌습니다. 이때를 같이하여 박보희 세계일보 사장과 북한 김달현 정무원 부총재가 극비로 만났습니다. 누구도 몰랐습니다.

• 문선명님 예언대로 소련 공산주의 붕괴

소련 공산당 골수세력들은 고르바초프 개혁정책에 가만히 있을리 없는 것이 당연합니다. 소련최고회의의장, 비밀경찰(KGB), 수상, 국방장관, 내무부장관이 합세해 군사쿠데타를 일으켰습니다. 1991년 8월 18일, 고르바초프는 체포되고 부통령 「야나에프」가 대통령에 취임하고 비상사태 위원회가 권력을 잡았습니다.

나는 소련의 쿠데타 장면을 텔레비전을 통해 보고 있었습니다. 탱크와 중무장한 군인들이 중요건물과 시가지에 배치되어 있었으나 움직이지는 않았습니다. 젊은이들이 인간사슬을 만들어 탱크를 막고 있었고, 탱크 위에 빽빽이 올라 타 있었으며, 시가지에는 군인과 학생들이 어울려 친하게 대화를 하고 있는 모습이었습니다.

기록을 통해서 알게 되었는데, 이 때 문선명님은 바로 국제적인 언론기관과 정상들을 총동원하여 소련 쿠데타세력에 대하여 대대적인 비난을 하도록 했습니다.

쿠데타세력에 맞선 개혁파 엘친이 국제적 여론에 힘을 받아 쿠데타 저지에 앞장서자 젊은이와 시민들이 합세하여 대항하므로 5일 만에 쿠데타 주역들이 투항을 했습니다.

고르바초프가 크렘린궁으로 돌아와 공산당 서기장을 사임하고 공산당을 해체하는 역사적인 순간이었습니다. 1991년 12월 민주적인 선거를 통해「보리스 옐친」이 대통령에 당선되어 평화적인 정권이양이 되었습니다.

1922년 피로써 소비에트 연방 공산국가를 건설하였지만, 소련건설 69년만인 1991년 12월 붕괴될 때는 피 한 방울 흘리지 않고 막을 내리면서 러시아라는 이름으로 새로 출발했습니다.

문선명님이 미국 댄버리연방교도소에서 세계평화교수협회 회장 카프란 박사를 불러 소련제국이 70년을 넘지 못하고 멸망할 것임을 선언토록 지시한 6년 만에 예언대로 70년을 넘지 못하고 역사 속으로 사라졌습니다.

• 맨 몸으로 대학생들이 소련 쿠데타를 막은 증언

당시 쿠데타로 감금되었다가 풀려난 소련 국가교육위원회「마라트 그리에프」차관의 증언입니다. 쿠데타 당시 탱크 위와 시가지에서 젊은이들은 미국과 국내에서 하나님주의 원리강론과 통일사상 교육을 받은 3만5천여 명의 대학생들이 큰 역할을 했다고 합니다.

• 냉전종식에 목숨 건 문선명님과 함께한 통일교회 식구와 선교사님들

반공 · 승공운동으로 냉전종식을 위해 문선명님과 함께 목숨을 건 통일교 식구와 특히 외국에 나가 목숨을 바친 선교사들이야말로 빼놓을 수 없는 공로자들입니다. 1968년부터 일본, 미국을 시작으로 180여국에 선교사를 보냈습니다. 특히 공산국 소련, 중국, 동독, 체코, 헝가리 등 동유럽 공산국 전체에 나간 선교사들은 가족에게조차 알리지 않고 지하선교를 하다가 소련비밀경찰에 체포되어 징역, 옥중순교, 사형당한 순교자가 수백 명에 달했습니다. 냉전종식에 자신의 생명을 공산권 선교에 순순히 내놓은 통일교청년들의 삶과 죽음이 밑바탕에 있었던 것입니다.

유신론과 무신론이 대결한 시초부터 오늘날까지 최초로 공산주의 거대국가 소련, 중국에 입성한 문선명님은 개혁·개방을 이끌어 한중수교, 한국기업 중국진출과 소련입성 후 2개월 만에 미국 샌프란시스코에서 노태우 대통령과 고르바초프 서기장이 정상회담을 하였습니다. 이후 한 달 만에 한·소 수교(1990.9.30.)를 하여 북방외교에 문을 열어 정부보다 앞섰다는 칭찬을 하는 분이 있습니다. 말이 맞지만 한국만을 위해 소련과 중국에 입성한 것이 아니라고 나는 생각합니다.

나는 이렇게 말하고 싶습니다.

"세계국가와 인류에 무신론은 자기를 파멸하고 재앙을 초래한다"는 말씀을 실제로 보여준 분이시라고.

식민지에서 벗어나자 동족간 전쟁으로

폐허가 된 국토. 가장 가난한 나라.
외국원조로 겨우 살아가는 동방의 한반도.
폐허가 된 나라의 문선명님은
공산주의 무신론을 인류의 죄악으로 정하고
전인류를 죄악으로부터 해방토록
하나님과 예수님으로 계시받아 통일교를 창시하여
유일하게 하나님주의를 선포하여
반공 · 승공운동을 전개하여
냉전 중심국가 미국 소련 중국과 전·현직 정상과
민주·공산 구별없이 세계적인 언론인 교수님들을 총동원해
공산주의는 70년을 절대 못 넘긴다는 예언을
현실로 만들어 실천에 옮긴 역사적 사실을
그 누구도 상상과 예측을 했겠습니까.
세계적으로 유일하게 93세의
냉전종식과 세계평화를 위해 헌신하신 분이
동방의 한반도인이 자랑스럽지 않습니까.

성경말씀을 읽어봅니다.

고린도전서 28장 8절 : 이 지혜는 이 세대의 관원이 하나도 알지 못하였나니 만일 알았다면 영광의 주를 십자가에 못 박지 아니하였으리라.

동방에서 성인이 오신다

요한계시록 7장 2~3. 또 보매 다른 천사가 살아계신 하나님의 인을 가지고 해돋는 데로부터 올라와서 땅과 바다를 해롭게 할 권세를 얻은 네 천사를 향하여 큰 소리로 외쳐 가로되 우리가 우리 하나님의 종들의 이마에 인(印)치기까지 땅이나 바다나 나무나 해하지 말라 하더라.

仙官仙女 相配坐(선관선녀 상배좌) 선남선녀 짝을 지어 주신다. (말초가편 발췌)

無疑東方 天聖出(무의동방 선성출) 동방으로 하늘에서 성인이 오시는 것을 의심하지 말라. (격암유록 격암가사편 발췌)

三八以北 出於聖人 天授大命(삼팔이북 출어성인 천수대명) 38선 북쪽에서 출생하신 성인으로 하나님의 대명을 받아서 가지고 오신 분. (승운논편 발췌)

나는 이 세상의 많은 종교 가운데 어느 특정종교를 선택하여 믿는 신자가 아닙니다. 모든 종교가 그렇듯이 인류행복과 평화를 위하여 좋은 말씀으로 이끌고 있으니 어느 종교가 좋다, 나쁘다 하지 않고 다 좋아하고 숭배하며 80평생을 살아왔습니다.

때에 따라서 성경을 읽어보고, 불경도 읽어보고, 각종 종교서적을 틈만 있으면 읽어보곤 합니다. 모두가 좋은 말씀입니다. 사랑, 천당, 극락, 행복, 평화에 대한 목표가 같으므로 개인의 성향에 따라 종교를 믿게 되는 것이 아닐까요.

나는 내 생활 속에 모든 종교를 품고 살아갑니다. 성경책도 천성경책도, 불경책도, 유교식 선조님 제사도 큰 방문 밖 벽에 불경목판도 걸어놓았습니다. 심지어 유교식 사모관대 쓰고 구식 결혼식도 올렸고, 하나님 참부모 주례로 국제합동 결혼 축복도 받았습니다.

내 나이 57살, 아내 53살 때 1992년 8월 25일 131개국 나라가 참가한 3만 6백 25쌍 국제합동결혼식 중 우리 부부도 포함되어 있습니다. 세계 역사 사상 어떤 종교인도 지도자도 해낼 수도 없었던 합동결혼식을 칭찬은커녕 비난하는 사람들이 내 눈 앞에 나타났습니다. 나는 그 분에게 기분 나쁜 감정을 표하기 전에 성경구절을 알려주었습니다.

"마태 5:44 나는 너희에게 이르노니 너희 원수를 사랑하며 너희를 핍박하는 자를 위하여 기도하라."

들려주는 나의 성경구절에 그분은 기가 죽었습니다. 사실 나는 통일교 탄생 이후 통일교를 이단으로 몰며 입에 담지 못할 욕설을 많이 들었습니다만 나와 상관이 없어서 어떤 말도 하지 않았습니다. 그러나 축복을 받고 통일교에 대하여 공부를 하기 시작했습니다.

과연 통일교가 이단(異端)인가 알아보았습니다. 천주교가 유대교로부터 이단이요, 개신교가 천주교로부터 이단이요, 통일교가 개신교(기독교)로부터 이단시 당하는 것과 똑같은 입장이었습니다.

자기도 이단이면서 다른 쪽 이단을 향해 이단이라고 하는 것은 자기 얼굴에 침 뱉는 경우처럼 어리석은 사람취급을 받는다는 것을 똑똑히 보여주기 위하여 예수님과 문선명님 두 분의 생애를 살펴보는 것이 좋을 것 같습니다.

• 탄생을 보면, 예수님은 서기 0년 12월 24일 이스라엘 국가에서 성령에 의하여 어머니 마리아의 장남으로, 문선명님은 예수님보다 1920년 후 서기 1920년 1월 6일(음력) 조선(한반도)에서 부 문경우와 모 김경계 사이에 차남으로 태어났습니다.

• 하나님과 관계를 보면, 예수님은 하나님께서 직접 인류구원을 위한 사명을, 문선명님은 16살 때 1935년 4월 17일 모두산에서 부활절 새벽기도를 올릴 때 하나님과 예수님이 나타나 인류구원을 위한 사명을 받았습니다.

• 생존기간과 활동범위를 보면, 예수님은 33년을 살면서 이스라엘 국가에만 활동하였고, 문선명님은 93년(2012년 7월 17일 음력)을 살면서 194개국에서 활동을 하였습니다. 예수님은 2000년 전에 팔레스타인에서 살았던 위대한 선생님이시지만 그분의 유년시절에 대해선 알려진 바가 거의 없습니다.(마태 1~2장, 누가1~2장) 예수께서는 30세가 되었을 때 「진리를 증거」(가르침)로 자신의 봉사의 직무를 수행하였습니다. (누가복음 3:23) 예수께서 가르침을 시작할 때에 삼십 세쯤 되시니라.

• 고난과 죽음을 보면, 예수님은 30살 때부터 이스라엘 백성이 알게 되었고, 이스라엘 백성 유대인, 특히 제사장(지금 목사 · 장로)들은 구세주를 믿지 않고(몰라보고) 죄인(스스로 왕이라 한다)으

로 몰아 로마제국 반역자로 십자가에 죽게 하였고, 문선명님은 16살 때부터 남북한 백성들이 알게 되었고, 일본은 유학독립운동조직원으로, 북한은 이승만정권 스파이와 하나님을 설교한다고, 남한은 반윤리집단, 사이비집단으로, 미국은 헌금이자 탈세했다며 여섯 번이나 수감생활을 하셨습니다. 기성 기독교인들은 이단으로 몰아 경찰, 검찰, 언론인 정치인들까지 핍박을 하였던 것입니다. 예수님은 3년 반을, 문선명님은 77년간 활동하셨습니다.

• 성경과 천성경 평화경 참부모경을 보면 성경은 구약성경(모세) 39권 1331쪽과 신약성경(예수) 27권 423쪽으로 총 2편 1,754쪽입니다. 신약성경은 마태 · 마가 · 누가(2권) · 요한(5권) · 바울(13권) · 디모데 · 야고보 · 베드로 · 유다 9명의 사제들이 집필하였습니다. 이 중 예수님의 생애(말씀)를 지상에서 마지막 3년 반 동안 수행했던 4명이 마태복음 · 마가복음 · 누가복음 · 요한복음입니다. 그 외는 예수님에 대한 생각, 발자취 시대의 환경, 자기의 행적 등 내용들입니다.

『원리강론』을 중심으로 한 천선경 2,423쪽, 평화경 1,633쪽, 참부모경 1,647쪽으로 총 3편 1,200권 5,703쪽 말씀집은 문선명님이 직접 집필하였습니다. 특히 『원리강론』은 종교의 경전을 종합적 재해설과 하나님의 섭리역사를 기술한 단행본입니다. 모든 『원리강론』 속에서 모든 말씀이 나왔습니다.

성경, 천성경, 평화경, 참부모경은 하나님의 말씀입니다. 저자는 하나님이십니다. 직접 성령에 의해서 전달되었기 때문입니다. 보급과정을 보면 성경은 당초에 카톨릭에서 사제들만 읽게 된 것을 1,500년이 넘는 기간을 거쳐 종교개혁 후 개신교 출범과 함께 일반인도 읽게 되었고, 천성경 등은 집필과 동시에 일반인이 읽을 수 있었습니다.

• 교회와 신도를 보면, 예수님은 교회나 신도가 없이 12명의 제자를 두고 이스라엘 땅에서 순회하면서 말씀과 행동으로 설파하셨고, 전문지식을 신도가 없기에 교육시키는 일이 없었습니다. 문선명님은 한국만이 아니라 194개 국가에 교회와 신도가 있었고, 교회밖에 집회를 통해 설파하시고, 직접 집필한 『원리강론』으로 전문지식을 신도들에게 교육시켜 설교활동을 하도록 했습니다.

• 기독교 통일교 전파를 보면, 메시아 예수님은 우리 땅에 천주교가 1784년 「이승훈」이 베이징에서 프랑스 신부 「크라몽」으로부터 세례를 받고 시작되었으며, 기독교(감리교)는 1885년 「프르테스탄트」에 의하여 정동교회가 최초로 세워졌지요. 문선명님 통일교는 34살 1954년 서울 북학동에서 창설하여 2012년 성화하실 때까지 58년 동안에 오대양 육대주가 좁다할 정도로 설파하여 194개국가에 뿌리내렸습니다. 천주고, 기독교 1천5백년 걸린 것에 비하면 기독교에서 분파한 신흥종교로써 각종 종교탄생 이래 역사상 성공한 경우는 신(메시아) 아니고서야 불가능합니다.

• 예수님은 3년 반 활동기간 혼자 단신으로 활동하셨고, 문선명님은 77년 동안 계시받은 진리 『원리상론』을 집필완성(1953)한 후 통일교 창시(1954), 초종교 초국가연합 창설(1999), 세계평화 종교연합창설(1991), 평화유엔 창설(2003), 세계평화정상회의 창설(1987), 세계언론인연합 창설(1978), 워싱턴타임스 창간(1982), 세계일보 창간(1988), 국제과학통일회의 창설(1994), 세계평화기술연구소 창설(1994), 국제구호친선재단 창설(1992), 세계평화청년

연합창설(1975), 국제의료봉사단 창설(1975), 세계평화여성연합 창설(1992), 리틀엔젤스 창설(1962), 유니버셜발레단 창설(1984), 초종교평화스포츠페스티벌 창설(2003), 피스컵 창설(2003), 남북통일국민연합 창설(1987), 세계평화교수협회, 천주평화연합 창설, 국제승공연합 등으로 세계로 방문하여 활동하였습니다.

• 예수님 재림을 보면, 기독교는 십자가에서 돌아가신 후 말세에 실물로 다시 나타난다고 신자들은 지금도 믿고 있으나, 통일교는 예수님의 사명을 상속받은 새로운 분이 말세에 나타난다고 합니다. 지금까지 2천년이 넘었으나 예수님은 나타나지 않았습니다.

• 말세에 대한 시기를 보면, 기독교는 메시아 사상은 있지만 정작 말세를 판별할 역사적 구체적인 기준이 없습니다. 통일교는 말세기준을 판별했습니다. 말세는 1차세계대전이 끝난 후 1920년부터(문선명 태어난 해) 2차 대전이 끝난 1945년 후 민주 · 공산, 유신론 · 무신론의 대결과 투쟁이 치열했던 2000년까지 약 80년 기간이 해당된다고 했습니다. 성 문란과 인륜타락, 공산주의 학살, 인권탄압, 한반도의 남북과 베트남 전쟁의 비극이 말세세상이라는 것을 평범한 사람도 알 수 있지요.

• 천국행에 대하여, 기성 기독교에서는 예수님만 믿으면 천국에 간다고 하였으나, 통일교는 아담과 하와의 불륜으로 타락한 인간은 천국에 갈 수 없으므로 순결한 성을 접붙이기를 통하여 순수혈통(참사랑, 참혈통, 참생명)이 되어 하나님 곁으로 복귀시키는 것입니다.

• 최고 장시간 강연은 문선명님이 2010년 7월 10일 91살 나이로 전남 여수 청해가든에서 수련생을 대상으로 23시간 35분을 쉬지 않고 설교하였습니다.

문선명님을 내가 메시아(구세주)라고 부르는 하나만 가지고 말하려고 합니다. 종교적이지 않더라도 인류가 창조된 이래 하나님을 중심삼고 초종교, 초인종, 초국가, 초월한 선남선녀가 결합하여 이상가정을 이루어 세계평화와 인류가 하나님 아래 한가족이 되는 국제합동 축복의식을 실행하신 분은 오직 문선명이십니다. 어느 성인도 해내지 못한 지구상의 업적입니다. 또한 무신론 공산주의 핵심 모스크바, 북한 땅에 어느 종교인 지도자, 정상도 못했던 하나님을 직접 설파하신 분이시기 때문입니다.

숫자로 볼 때, 1961년에 처음 36쌍 시작으로 2012년 성화까지 51년간 4억 쌍(기성가정 포함)을 194개 국가에서 위성을 통해 중계까지 하였습니다. 특히 유엔본부에서도 거행했지요. 지금도 계속되고 있습니다. 이외에도 문선명님은 종교인, 경제인, 문화예술인, 사상가, 철학자, 예언자, 웅변가로써 업적을 소개하지 못한 것이 아쉬운 것입니다.

하나님이 메시아로 이 땅에 보내셨는데 예수님은 인류평화를 위해 하나님의 뜻대로 못하였는가 궁금증이 들지 않습니까? 나는 생각을 해보았습니다. 온당치 않는 죽음의 길을 걸었기 때문입니다. 고린도전서 2:8(앞장 기술), 사도행전 7:52~53. "너희 조상들은 선지자 중에 누구를 핍박지 아니하였느냐 의인이 오시리라 예고한 자들을 저희가 죽였고 이제 너희는 그 의인을 잡아준 자요 살인한 자가 되나니 너희가 천사의 전한 율법을 받고도 지키지 아니하였도다 하니라" 한 성경 말씀이 있습니다. 예수님이 죽지만 아니했다면 문선명님은 아무것도 하지 못하는 평범한 사람으로 살아갔을 것입니다.

• 예수님과 문선명님의 실패와 성공 원인을 알지 못하면 문선명

님의 진실을 알 수가 없습니다. 나는 실패의 원인을 찾아냈습니다. 예수님은 강한 로마제국의 왕권과 유대인의 무지에 대한 준비가 없었기에 메시아 꿈을 펼치지 못했습니다. 문선명 선생님은 예수님의 실패에 대한 이유를 철저히 분석하여 기존 기독교의 핍박과 군사정권, 자유진영 공산진영을 막론하고 철저히 준비하여 세계적인 석학, 언론인, 종교인, 정상 등을 동원하여 활동하였기에 빨리 죽지 않으셨습니다. 그러므로 구약시대(모세), 신약시대(예수)에 이어 성약시대(문선명)를 열었습니다. 예수님처럼 북한·남한에만 있었으면 죽었습니다. 고향땅(태어난 나라)에서 예수님처럼 문선명님도 의인으로 알지 못하였으니 말입니다. 마가복음 6장 3~5절에 예수를 배척하니라.

하나님의 아들 예수님을 다른 사람과 비교할 수는 없으나
2016년에 최초로 코리아 정찬동 농사꾼이
동방에 성인이 나타났다는 것을 종명하고자 비교하나니
하나님의 뜻은 에덴동산 천국건설인데
아담과 하와가 타락으로
인간에게 악의 역사 거짓으로 출발하여
예수님을 보냈으나
무지의 유대인은 메시아로 알아보지 못하고 십자가에 내놓아
하나님의 꿈은 사라졌습니다.
최악의 말세가 찾아와
하나님과 예수님은 동방의 문선명님에게
메시아의 사명을 완수하도록 지시하여
참부모로 성약시대를 열었습니다

제3부

구국의 혁명

대대로 기아선상에서 허덕이는 민생고를 해결코자 5 · 16쿠데타로 유럽은 200년, 일본은 100년 걸린 산업화를 30년에 성공시킨 한강의 기적은 가발, 봉제여공전사, 독일에 간 간호사 광부전사, 월남에 파병된 군인전사, 중동에 파견된 근로전사, 원양어선에 탄 어부전사. 새마을 운동에 참가한 새마을 전사들이 구국혁명 용사들 공을 잊지 말아야.

• 허락된 5 · 16 •

• 혁명군과 혁명전사 •

• 자랑스런 새마을운동 •

• 경부고속도로 •

• 나의 5 · 16평가 •

허락된 5·16

경상남도 진해에서 2년차 군대생활을 하고 있을 무렵 제4대 대통령선거가 있었습니다. 내가 군대생활을 하는 부대 내에는 대통령선거 투표소가 설치되지 않았습니다. 귀찮으니 기권을 해도 누가 탓할 사람이 없습니다. 나는 귀중한 한 표를 던져야겠다고 마음먹었습니다. 개인적으로 투표를 하려면 외출증을 받아야만 합니다. 단체로 선택하면 부서별로 시간을 정해 정문에서 인원을 확인하고, 투표가 끝나면 정문에서 이탈자가 없는가 확인을 하면 되는 쪽으로 나는 깨끗한 투표를 했습니다.

나는 귀중한 한 표를 무효표로 만들었습니다. 조병옥 민주당 후보가 등록을 마친 5일 후(2.15) 수술결과가 좋다고 했는데, 미국 워싱턴의 월터리드 육군병원에서 급서(急逝)하였다는 비보가 방송을 통해 보도되었습니다. 내가 대통령이 되어야겠다고 생각한 후보가 사망했기 때문입니다. 내가 조병옥 후보를 선택한 것은 4년 전 3대 대통령 선거 때 민주당 신익희 대통령 후보가 '못 살겠다 갈아보자'라고 외친 선거구호가 나의 가족이 굶주림에 와 닿는 감격이었습니다. 한강 모래사장 유세장에 유례없는 30만 인파가 모여들어 정권교체 가능성을 보였으나 선거 10일을 앞두고 뇌출혈로 급서

(1956.5.5.새벽)하여 조병옥 후보에게 희망을 걸었던 여망이 이어진 것입니다.

제1공화국 이승만 대통령은 3 · 15부정선거로 4 · 19학생의거(혁명)에 의하여 제4대 대통령 선거에 당선된 41일 만에 하야(1960.4.26.)했습니다. 12년의 장기집권과 독재정치와 부정선거의 장본인 이기붕 부통령 당선자와 가족 전부가 자살함으로서 제1공화국이 막을 내렸습니다.

사람들은 4 · 19 혁명을 독재에 대한 저항과 불의에 대한 항거는 자유민주주의를 파괴한 정권을 무너뜨렸다는 것을 높이 평가했습니다. 일부에서는 독재정권, 불의정권을 몰아낸 것은 정치인이나 기성세대, 지식인이 아니라 이 나라를 짊어지고 갈 꽃다운 학생들이 역사에 길이 빛날 숭고한 혁명이요, 의거(義擧)라 찬양 했습니다. 나 같은 군인들은 말할 자격이나 평가할 지식이 없기에 그저 이승만 정권보다 밥이나 제 때 먹을 수 있는 세상을 만들어주었으면 하는 바람밖에 없었습니다.

학생들의 혁명으로 민주당(1955년 창당)에게 정권을 쥐어준 것과 다를 바 없습니다. 1960년 7월 29일 총선거를 실시하여 민의원 184명 중 175명으로 민주당이 압도적으로 승리했고, 참의원 58명 중 민주당이 36명과 무소속 20명이 당선되어 제2공화국이 탄생했습니다. 대통령에 윤보선 의원, 국무총리에는 장면의원이 선출되었습니다. 제2공화국은 내각책임제로 출범했습니다.

민주당 정권이 시작부터 구파 대통령쪽과 신파 총리쪽의 주도권 싸움만 일삼다가 3개월도 못되어 구파 65명이 신민당을 창당하여 민주당에서 떨어져 나갔습니다.

국정을 논의할 의사당은 매일같이 난장판으로 변했습니다. 욕설, 폭언, 비난, 몸싸움으로 바깥세상에서 일어나는 일조차 외면해버렸습니다.

각계각층에서 자기 목소리가 거리를 누비고, 농어촌민들의 굶주림에 아우성이고, 도시의 거리, 직장 상관없이 데모가 거리를 덮고 있어도 보지도 듣지도 않는 민주당 정권을 보다 못한 상이용사와 학생들이 국회의사당에 난입해 생활고 대책을 요구하고 국회해산을 외쳤습니다. 그러나 막지 못하는 민주당 정권이었습니다. 절정에 달한 국정문란, 고질화된 부패, 마비상태에 빠진 사회기강, 민주당정권을 독재정권 자유당보다 못하다는 아우성이 땅을 치고 통곡했습니다. 이 말들은 내 개인의 말이 아니라 그 시대 언론을 보면 얼마나 혼란스럽고 무정부 · 무법천지에다 안보가 위험했음을 똑똑히 알 수 있습니다. 5 · 16을 헌정질서 파괴라고 주장하는 사람들은 꼭 읽어보아야 합니다.

학생들이 민족혁명을 통해서 통일의 길이 열린다는 취지로 「전국대학생시국통일토론대회」를 내걸고 '가자 북으로, 오라 남으로' 구호를 부르짖으며 반공(反共)에 대한 대책 없이 남북학생회담 개최를 이곳저곳에서 들고 나왔으니 통일의 주체가 학생이라 무정부상태가 위험하기에 세상이 다시 뒤집어져야 한다고 나는 기도했습니다.

'못 살겠다 갈아보자' 자유당 정권을 향해 외쳤는데, 반대로 민주당 정권을 향해 외칠 줄이야. 내가 변질된 사람이 되어버린 것 같았습니다. 민주당 정권이 난세(亂世) 불치(不治)의 사태를 보고 말 못하면 귀신 잡는 해병대가 아니지요. 난세에 영웅이 태어난다는 속담처럼 5·16군사혁명이 일어났습니다.

5·16혁명 55년이 되는 동안 4·19혁명이 민주당 정권을 손에 쥐어준 역사처럼 장면정권은 스스로 5·16군사혁명을 허락해주었다는 것을 뒤늦게나마 자료와 증언을 통해서 알게 되었습니다.

장면총리에 의해 육군참모총장에 임명된 최경록 장군이 자리에서 물러난 후에 2군 부사령관 박정희 소장이 쿠데타를 모의한다는 정보를 입수하여 이를 막고자 보직을 한 자리나 낮은 2군사령관에 임명받고 내려왔다 합니다. 장면정권 4개월 후 12월 초부터 군대에서 쿠데타설이 꼬리를 물고 나왔다는 것을 정보기관은 모를 리 없고, 장면총리에게 보고하지 않을 이유가 없지요.

해가 바뀌고 새 봄이 돌아오자 전국대학생시국토론대회를 주관했던 학생 일부도 '군인들이 나온다더라', '쿠데타가 난다더라' 소문은 군인들로부터 들은 이야기를 했고, 자기들 교수에게 말하니 질문 같지도 않은 질문한다고 야단치기도 했다합니다. 한국군은 작전지휘권을 쥐고 있는 미국의 허락 없이 일개 중대도 움직일 수 없다고까지 알려주었습니다.

또한 확실하게 뒷받침할만한 증거가 놀랍게도 《월간조선》(2013년)에 기고한 정대철 전 의원의 말입니다. 정일형 박사(종로 한 지역에서 8선의원, 정대철 의원의 아버지)가 외무부장관으로 박정희 장군이 쿠데타를 모의하고 있다는 이야기를 듣고 장면 총리에게 건의하고 경고까지 하였다는 내용입니다.

《사상계》 1월호(1961년)에 미상원외교위원회 「미국 대아시아정책」 일명 「콜론보고서」에 만일 정부(민주당 정권)가 실패하게 되면 언젠가 한번은 군부지배가 출현하리라는 것을 확실히 가능한 일이지만 가까운 장래에 그런 일이 일어나리라곤 상상할 수 없다고 기술한 내용도 보았습니다.

쿠데타 모의를 입수했으면 합법정부가 단호하게 국법으로 싹을 자르지 않고 놔두었다는 것은 정권을 유지할 수 없는 무능한 정권임을 스스로 인정한 것입니다. 쿠데타, 헌정질서 파괴, 정권탈취, 군사반란, 유신독제, 군사독재, 정적숙청, 강압정치, 인권탄압, 군사혁명, 구국혁명, 5·16은 복이라는 말을 만들어 준 것은 민주당 정권이 스스로 군인들에게 만들어 바친 것입니다. 그래서 허락된 5 · 16이라고 주장합니다.

혼란스런 무정부 부법천지 무능한 민주당 정권을 향해
군인들이 쿠데타를 일으킨다는 것을 알면서도 가만이 놔두었으니
5·16이 쿠데타면 어떻고 군사혁명이면 어떠합니까
4·19혁명으로 공짜로 얻은 민주당 정권이기에
공짜로 5·16을 허락해 주었기에
대한민국의 운명을 점지어준 역사의 순리에 따라
한강의 기적을 낳게 했으므로
오늘날 경제대국 선진국에 진입했으니
민주당 정권 군사정권 평가도 헐뜯지 말고
함께 웃고 살아가는 게 행복한 국민입니다.

혁명군과 혁명전사

혁명공약

1. 반공을 국시의 제일로 삼고 지금까지 형식적이고 구호에만 그친 반공태세를 재정비 강화한다.

2. 유엔헌장을 준수하고 국제협약을 충실히 이행할 것이며 미국을 위시한 자유우방과의 유대를 더욱 공고히 한다.

3. 이 나라 사회 모든 부패와 국악을 일소하고 퇴폐한 국민도의와 민족정기를 다시 바로잡기 위하여 청신한 기풍을 진작시킨다.

4. 절망과 기아선상에서 허덕이는 민생고를 시급히 해결하고 국가자주경제 재건에 총력을 경주한다.

5. 민족적 숙원인 국토통일을 위하여 공산주의와 대결할 수 있는 실력배양에 전력을 집중한다.

〈군인〉

이와 같은 우리의 과업이 성취되면 참신하고도 양심적인 정치인들에게 언제든지 정권을 이양하고 우리들 본연의 임무에 복귀를 할 준비를 갖춘다.

〈민간〉

이와 같은 우리의 과업을 조속히 성취하고 새로운 민주공화국의 굳건한 토대를 이룩하기 위하여 우리는 몸과 마음을 바쳐 최선의 노력을 경주한다.

혁명공약을 성공시키지 못했다고 한다면 5·16은 총으로 정권을 찬탈한 쿠데타군으로 반역자로 역사에 기록될 것입니다. 군사쿠데타는 불법적 수단으로 국민이 선택한 합법정부를 몰아내고 정권을 탈취한 정변이요, 사변(事變)이라고요.

혁명공약은 성공했습니다. 역사의 물줄기를 완전히 바꿔놓았습니다. 그래서 나는 5·16 쿠데타군을 혁명군이라고 부릅니다. 2차 대전 후 많은 신생국들에게서 보는 그 많은 군사 쿠데타, 군사정변과는 다른 정변이기 때문입니다. 이전 신생국들은 무력으로 권력만 빼앗고 아무런 결실이 없었습니다. 수확한 열매가 없는 만큼 결과적으로 모두 실패했기 때문입니다.

내 기억에 학자의 이름은 잊었지만 글 내용을 때 묻은 수첩에서 보았습니다. "5·16은 예외적인 쿠데타라며, 역사에 볼 수 없었던 정변, 쿠데타, 그것은 우리 민족에게 복이었다. 다른 신생국들은 화가 되고 재앙이 되었으나 우리에게는 정반대로 행복이었다. 한강의 기적을 낳게 한 산업혁명, 대혁명이다." 이 말에 쿠데타가 어떻게 혁명이 되고 정변이 어떻게 복이 되는가. 결과가 그렇게 된 것이다. 결과를 보고 말할 수 없다고 하지만, 말할 수 있는 5·16 혁명이라고 했습니다.

나는 혁명공약을 성공시킨 것은 혁명군과 혁명전사가 함께 만들어낸 것이라고 주장을 합니다. 아무리 유능한 혁명군이라도 현장에서 싸우는 혁명전사가 없었다면 5·16은 실패작이 되었을 것이 뻔합니다.

여기서 유능한 혁명군이라고 말하는 것은 기성세대와 기성정치인과 아주 달랐다는 것을 말합니다. 어떻게 다르냐고요. 미국에 유학한 군인들은 세계를 보는데 열중했고, 바깥세상이 돌아가는 것을 여러모로 알려고 노력하여 국가에 대한 생각과 가치관, 그리고 미래에 대한 설계를 기성세대와 달랐습니다. 낡은 이론보다는 실천으로 원론적(原論的)인 것보다는 방법론으로 끊임없이 변화하는 핵심을 파악하여 성과달성에 책임을 졌습니다. 세계를 보는 통찰력을 발휘하여 종합적이고 기본적인 계획을 수립하고도 실천 못하면 소용없다는 것을 알기에 결단과 추진력을 총동원하여 돌파하는데 기성세대와 달랐습니다.

최고로 꼽히는 경제학자들까지도 군인들이 경제를 모르기에 5개년 경제개발계획을 내놓았다며 강하게 비난하면서 군사정부는 곧 무너지고 한국경제는 수렁에 빠진다고 했습니다. 기성경제학자, 정치인들의 말을 들었으면 오늘이 있었겠습니까. 혁명군의 통찰력, 결단력, 돌파력, 추진력이 원동력이 되었습니다.

나는 혁명전사가 없었다면 혁명군도 없었다고 늘 말합니다. 그럼 혁명전사가 누구란 말입니까? 제일먼저 혁명전사는 남자가 아닌 연약한 여성들이었습니다. 혁명군은 제1차 경제개발 5개년 계획에 수출품을 가발과 스웨터 봉제사업을 택했습니다.

절망적인 굶주림에서 허덕이는 여성노동자들이 각 지역에서 너도나도 이 직장에 몰려들었습니다. 하루 14시간 이상 열악한 환경과 가혹한 노동에도 살기 위한 각오로 견뎌내며 열심히 일을 하기 시작했습니다. 인간적 대우는 생각도 못했습니다. 노동시간, 처우개선, 임금까지 모두가 동남아에서는 제일 값싼 구로공단 노동자였습니다. 머리카락을 판 것도 여성이요, 가발, 봉제품을 만든 것도 여성이었습니다.

인내심으로 수출목표를 달성하기 위해서 고된 일을 마다하지 않았습니다. 손가락이 찢어지고 피가 나고, 졸린 눈을 비비며, 제대로 먹지도 입지도 못하고, 배가 고파도, 두 다리를 뻗지도 못하는 잠자리. 더워도, 추워도 참고, 공기마저 탁해도, 아파도 약도 못 먹고, 목에 피가 나와도, 가발과 봉제품을 만들어 냈습니다.

가발 · 봉제품 혁명 전사들은 온몸을 던진 헌신적인 희생의 대가를 고향 부모님에게 생활비로 보냈습니다. 동생, 오빠들에게 학비를 보냈습니다.

한쪽에서는 혁명 전사들에게 인권유린, 노동착취 말고 처우개선을 요구했습니다. 틀린 말은 아닙니다. 그러나 이 같은 일자리를 알면서도 포기하지 않고 일을 계속했습니다. 이런 일자리가 많이 있는 것도 아니어서, 이런 일자리도 갖지 못한 사람이 넘쳐났습니다. 대책 없는 개선 요구는 노동자들에게 가슴만 아프게 한다는 것을 일깨워주었습니다.

혁명전사는 가발 · 봉제품에 종사하는 여성만이 아닙니다. 월남전선에 파병된 3만 3천여 명의 장병들, 서독에 파견된 1만 2천 226명의 간호사와 7천 936명의 광부들, 중동에 파견된 수많은 건설노동자, 새마을운동 앞장선 새마을지도자와 마을민들, 원양어선을 타고나간 어부들, 모두가 고통을 겪은 목숨 내놓은 혁명 전사들입니다.

나도 새마을지도자 생활을 14년 했고, 큰여동생 예자는 봉제품, 스웨터 만드는데 4년을 종사했고, 막내여동생 춘님은 간호사 보조로 서독에서 4년간 몸담았고, 사위 김원중은 10년간 원양어선 선장에 몸담았습니다.

한강의 기적을 만든 것은 5·16혁명군이 주체라면
5·16혁명을 성공시킨 사람은
손가락이 찢어지고 피가 나도 졸린 눈을 비비며
제대로 입지도 먹지도 못하고 배가 고파도
두 다리를 뻗지도 못하는 잠자리
공기마저 탁하고 추워도 더워도 참고
목에 피가 나오고 아파도 약도 못 먹으면서
수출 목표를 달성하기 위하여
인내심으로 고된 일을 마다 안했던
가발, 봉제품을 만들어낸
나약한 여성 혁명전사들의 출발로
목숨을 내놓고 험지에서 열심히 일하여 돈을 번
월남전에 참가한 장병들
서독에 파견된 간호사와 광부들
중동에 파견된 건설노동자들
원양어선을 타고나간 어부들
공짜로 새마을사업에 참여한 새마을 지도자와 주민들이
밑천을 만들어낸 혁명전사가 있었기에
쓴 소리 쿠데타를 혁명으로 만들어낸 주역
역사에 길이 빛나게 해야 합니다.

자랑스런 새마을운동

1970년 4월 22일 박정희 대통령께서는 부산에서 전국지방 장관회의 석상에서 새마을운동을 제창하셨습니다. 나는 방송을 듣고 내년 대통령 선거를 앞두고 정치적인 술수를 부린다는 의문부터 가졌습니다. 한편으로는 잘 살기운동이란 말에 실 같은 희망을 두고 기대를 걸었습니다.

왜냐하면 나는 1966년 6월 말에 해병대에서 제대를 한 후 한 달 만인 7월 30일 이스라엘 국가처럼 「키부츠(공동집단농장)」 같은 비슷한 마을을 만들어 전국에서 모범마을이 되겠다는 꿈을 안고 「자활청년회」를 조직하였습니다.

위아래 관계없이 나는 청년회장이 되었습니다. 사업계획서를 짰습니다. 첫째는 자금조성, 두 번째는 지게를 없애는 운동과 환경개선을 꼽았습니다. 구체적으로 자금조성 방법은 공동모내기, 논 매기, 벼 베기, 벼 · 보리운반이었고, 골목길이 좁아서 여자들이 물동이를 이고 가도 조심히 비켜가야만 하는 불편을 없애고, 또한 좁은 골목과 농로길이 좁아서 지게로 짐을 지고 다니는데도 비켜갈 수 없는 불편을 없애고 달구지와 손수레가 다닐 수 있는 길을 넓히는 사업을 전체 마을민이 동의하여 실시했습니다.

실천하여 공동작업을 하여 수입금을 늘렸습니다. 단계적으로 순서를 정하여 마을회관을 짓고, 포플러 묘목을 구입하여 하천 공지에 심고, 공동산에 유실수 밤나무를 심고, 변소를 개량하고, 원동기를 구입하여 보리를 탈곡하고, 우물을 파고, 지하수 펌프(작두) 설치 등을 계속 이어나갔습니다. 더욱이 나는 부녀자들에게 부녀회를 조직(회장 정해운의 어머니 영산댁)하여 공동 김매기, 모심기를 하여 모은 자금을 생활개선과 마을자금으로 내놓았습니다.

농촌이 변화시키기 위해 물동이와 지게 없애려는 우리 노송마을 자활청년회와 부녀회 활동은 「내가 본 민정」 원고에 담아 이후락 대통령 비서실장과의 면담에 포함되어 있었으며, 압수당한 사실내용이 들어있기도 합니다. 우리 노송마을은 새마을운동이라는 말이 나오기 전부터 자활운동(새마을 가꾸기)를 시작한 셈입니다.

새마을 운동을 시작되고 1년이 지난 1971년 3월에 대통령선거(4.27)와 맞물려 전국 13,269개 마을에 시멘트를 335포씩 지원한다는 발표와 함께 며칠 후 우리 마을에도 시멘트 335포가 지급되었습니다. 이장 이용만씨께서 총회를 개최하여 이미 마을에서 계획한 골목길 확장을 결정하고, 자활청년 회장인 나를 새마을지도자로 선출했으나 나는 양해를 구했습니다. "나는 지금 여러분이 알다시피 김대중 대통령후보 당선을 위하여 야당인 신민당 함평군 선전부장으로 활동하고 있으므로 나 대신 집안 동생 정찬옥씨를 새마을지도자로 선출하여 이장님과 함께 일할 수 있도록 해주십시오." 하고 부탁을 했습니다.

선거가 끝난 후 본격적으로 새마을 가꾸기 사업이 시작되었습니다. 결정한대로 첫 사업으로 골목길을 확장하는데 집터와 건물철거에 보상 대신 희사(喜捨, 기쁜 마음으로 내줌)을 받는데 있었습니다. 대대로 이어온 집터를 순순히 내놓는다는 것은 거짓말입니다. 며칠을 두고 설득과 이해를 통해 뼈아프게 장만한 선대의 집터와 건물철거에 마을민들이 동의해 주셨습니다.

5월 3일, 긴 사다리에 달린 종을 울려 새마을 가꾸기 시작을 알렸습니다. 주민들 60여명이 일제히 회관 앞에 모였습니다. 나는 일거리를 지시했습니다. 지게질 잘하는 청년들은 골목길 담을 쌓기 위하여 벽돌을 직접 찍으려고 냇가에 가서 모래를 운반하여 회관 공터에 옮기는 일로, 일부는 신작로에서 들어오는 뒷골목(일명 북해도 골목) 울타리를 뜯어내고, 대나무를 베는데 집중하도록 했습니다.

'새벽종이 울렸네 새아침이 밝았네 너도나도 일어나 새마을을 가꾸세.'

나는 새마을 지도자를 13년 동안 해오다가 1984년 4월 30일을 기해 내려놓았습니다. 헌마을에서 새마을로 마을민과 함께 바꿨습니다. 짐을 지고 비켜갈 수 없던 좁은 골목길과 농로가 손수레, 경운기, 트랙터 길로 넓혀졌고, 짚단 등으로 엮은 울타리가 깨끗한 벽돌담으로, 초가지붕이 슬레이트 기와집으로, 물동이 대신 펌프(작두)샘, 우물이 수돗물로, 판자 걸치고 오줌 똥 싸던 항아리 변소간을 시멘트로 복개하여 변기통 화장실로 개량하고, 눈비내리면 진흙탕 길을 자갈, 모래 시멘트 포장길로, 비만 내리면 골목길로 쏟아지던 물세례를 하수구로 빠지게 하여 복개하고, 호롱불, 호야불, 촛불에서 전깃불 등등 세상을 바꾼 농촌의 대혁명 새마을 가꾸기 참가한 농민들을 역사에 길이 빛나는 혁명전사라고 나는 부릅니다.

나는 스스로 자랑스러운 새마을지도자로 생각합니다. 못 먹고 못 입고 못살아 인권이란 상상도 못했던 보릿고개 세상에 살면서도 사람답게 잘 살아 보겠다는 꿈을 안고 몸과 재산과 시간을 새마을 가꾸기 사업에 몽땅 바쳐 새마을 운동의 기본이념인 근면 · 자조 · 협동정신을 실천한 마을 농민들과 나. 조국 근대화의 민족중흥과 민주화의 원동력이 되어 한강의 기적을 일으켰습니다. 세계에서 가장 가난한 나라에서 세계 10대 경제대국이 되어 산업화와 민주화를 30년 만에 이룩한 대한민국을 세계에서 으뜸으로 올려놓은 새마을 가꾸기를 성공시킨 마을 농민과 함께 새마을 운동을 한 나를 자랑스럽게 생각합니다.

나는 새마을운동 비판자들의 목소리에 귀를 기울이기도 했습니다. 유신독재 통치의 도구요, 정권 유지에 이용하고 있다는 말. 중앙정보부가 강제로 주민을 동원해 성과를 위장시켰다는 등등 심지어 민주화지도자들도 악착같이 비난했습니다. 나중에 대통령이 되신 분들 두 분의 입에서도 나왔습니다. 나는 그때도 그랬지만 자신있게 민주적이고 자발적으로 새마을 가꾸기 사업, 새마을 운동을 했다고 말합니다. 비판자들은 새마을 운동에 참가하지도 않고 새마을 운동 덕분에 공짜로 풍요를 누리고 사는 사람들이라고.

특히나 새마을지도자를 유신체제의 말단관리인으로 전국에 배치해 감시와 통제를 강화하는 것을 주목해야 한다고 헐뜯고 비난한 사람들에게 제발 욕되게 하지 말라고 부탁합니다.

새마을지도자가 된 덕택으로 나는 새마을훈장근면장을 받았습니다. 새마을지도자연수원 김준 원장이 전국새마을지도자와 연수원 수료생 중 모범이 되는 새마을지도자로 인정받아 새마을지도자 중앙협의회 창립(현 새마을중앙회) 준비위원회 22명 중 한 사람이 되었고, 김준 원장님의 권유로 『새마을운동진리』를 발행하기도 했습니다. 세월이 흘러가니 옛 생각이 떠오릅니다.

올해 2016년 들어 81살이 되고 보니 1970년대 새마을가꾸기를 했던 마을주민들의 얼굴이 떠오릅니다. 이만신, 정순상, 정옥채, 정순암, 김창현, 정홍국, 정홍도, 정홍주, 정홍종, 정홍오, 정은채, 정찬주, 서형복, 박판조, 정순대, 김일남, 정순학, 정찬득, 서형원, 이중현, 이현거, 김득용, 김길용, 김민용, 정득채, 정득수, 이용길, 이용만, 이길수, 김일남, 정상기, 서형육, 서지남, 김우선(모), 정해운(모), 서양재(모), 김영환(모), 정해두(모) 씨, 모두 돌아가셨지만 기억나는 대로 그리운 이름들을 불러봅니다.

살아계신 분으로는 이현오, 정순완, 정찬용, 정찬기, 이현구, 정홍용, 이용삼, 김보근, 서형삼, 이현수, 정찬두, 정해운(서울), 김이남(서울), 서형직(광주), 정찬옥(신풍), 정찬학(금곡), 부녀회장 영산댁(채운모) 외 부녀자 30여명의 얼굴이 아물아물 떠오릅니다.

돈이 있다면 노송마을 새마을운동의 혁명군의 비 또는 동상이라도 한 곳에 1970년대의 자랑스런 기념공원을 조성하고 싶습니다. 그러나 영원히 빛나는 유적을 만들지 못해 부끄럽습니다.

하면 된다 잘 살아보자.
근면 · 자주 · 협동정신. 새마을 운동의 불씨가
농촌에 떨어지매
굶주림을 대대로 이어받아
보릿고개로 사람대접 못 받던 설움에 복받쳐
많이 못 배운 탓으로
죽기 아니면 살기로 단순하게
앞뒤를 가리지 않고

몸과 재산과 시간을 몽땅 희사하여
새마을 가꾸기 사업에 불을 붙이는 바람에
직장과 도시 새마을로 번져
대한민국 가는 곳마다
아침, 저녁, 낮 상관없이
새마을 노래가 활기차게 울려 퍼졌습니다.

시멘트만 지원받아
실 같은 혈관 농로 골목길을 확 넓히는 사업을
국가예산 1년 치 가지고도
해낼 수 없는 실적을 시작으로
농민들은 더욱 힘을 얻어
새마을 가꾸기에 하면 된다는 용기로
1970년대를 새마을운동 세상으로 만들었습니다.

새마을운동 30년이 못되어
한강의 기적을 일으켜
세계에서 가장 가난한 나라에서
세계 10대 무역대국으로 선진국에 도달한 산업화와
배고픔에는 민주주의도 인권도 없는 세상을
잘 살아보자는 새마을운동으로 민주화를
세계에서 유일하게 산업화 민주화를 성공시킨 것은
배움이 적고 가진 것도 없이 출세의 꿈도 없는
농민들이 초석이 된 까닭입니다.

후손들이여!

새마을 운동을 정부가 강제로 동원시켰다고
비난만 하는 사람에게
아까운 집터 농토 건물 몸까지
몽땅 새마을운동에 바친
할아버지 할머니들에게 욕되게 하기 전에
당신들은 땅 한 톨
하루라도 새마을 가꾸기 사업에 나가
일을 했느냐고 물어보라.

새마을운동은 영원히 잘 살기 운동이요
민주주의 운동이요
민족 대화합과 단결운동입니다.

경부고속도로

지금으로부터 4년 전인 2012년 광주와 무안공항간 고속도로가 건설됨으로써 중간지역에 위치한 함평도 영향을 받아 광주 함평간 직통버스가 운행되어 우리나라 어디든지 쉽게 다닐 수 있게 되었습니다. 그러자 나는 80살이 되면 아내와 함께 남한 땅 중심부를 3각 구도로 연결된 호남고속도로, 경부고속도로, 남해고속도로, 광주 · 무안공한고속도로를 고속버스를 이용해 고속도로 여행을 계획했습니다. 불행하게도 아내가 위암수술을 받은 후 차만 타면 멀미를 하기 때문에 차일피일 미루다가 81살이 되어 2016년 5월 3일 나 혼자서 더 힘 빠지기 전에 고속도로 여행을 단행했습니다.

함평에서 서울 가는 고속버스 첫차가 8시 35분에 출발하고, 함평에서 광주 가는 첫차가 7시에 출발하기 때문에 하루여행을 할 수 없으므로 집에서 4시에 아들 차를 이용해 광주 광천터미널에 도착했습니다.

광주에서 서울행 첫차로 5시에 출발하는 광주고속 우등버스(28인승, 요금 26,100원)에 탑승하여 정안휴게소에서 15분 쉬었다가 서울강남터미널까지 290.8㎞ 거리를 3시간 30분 걸려 8시 30분에 도착했습니다.

잠시 따뜻한 차 한 잔을 마신 후에 9시에 출발하는 부산행 광주고속우등버스(요금 34,000원)에 탑승했습니다. 지정된 12번 좌석에 앉자마자 여행 기분이 사라져버렸습니다. 꿈이 아닌 현실 속에서 5천년 역사에 최초로 경부고속도로 탄생이 있었기에 한강의 기적을 일으킨 대동맥(大動脈)에 깊숙이 빨려가는 느낌이 들었습니다.

나는 1968년, 나이 32살 때 경부고속도로(서울↔부산)를 건설하겠다는 정부발표를 들었습니다. 찬성보다는 반대 목소리가 대다수였습니다. 시간이 갈수록 반대 목소리는 더 커져 갔습니다. 유명한 경제학자들과 야당지도자 김영삼, 김대중을 중심으로 사회각층에서는 세계은행(IBRD)의 동서횡단건설이 우선이라는 말을 근거로 반대와 비난이 쏟아졌습니다.

"한정된 재원, 한정된 능력 가지고는 불가능하다. 재정파탄난다. 국가 팔아먹는다. 나라 망친다. 머리보다 다리가 큰 기형아 건설이다. 기술도 없는데 땜질공사 하려는가. 세우면 와르르 자빠진다. 부자들을 위한 고속도로다. 차 줄 세워 봐야 도로 못 채운다."

박정희 대통령은 반대의 목소리 70%를 무시하고 "내가 야당반대 때문에 왕복 16차선에서 왕복 8차선으로 양보하지만, 미래에는 반드시 도로가 부족할 것이니 양옆을 50m씩 남겨두라, 경부고속도로가 완성되면 중진국이 된다"고 하며 경부고속도로 건설을 강행하였습니다.

박정희 대통령을 모시고 경부고속도로 기공식을 거행했습니다.(1968년 2월 착공-1970년 7월 7일) 2년 5개월 만에 428㎞에 4시간 20분으로 서울 부산을 일일생활권으로 만들었습니다.

도로혁명 없이는 고도성장이 없다는 박정희 대통령은 경제개발 꿈을 실현시킬 신앙과 같은 민족중흥의 대동맥을 확보했습니다. 또한 경부고속도로를 책임지고 건설에 참여한 현대건설 정주영 회장은 돈도, 기술도, 장비도 없지만 해냈다고 말씀하신걸 나는 감명 깊게 들었던 기억이 지금도 생생합니다.

사람의 마음이란 요상한 것 같습니다. 나도 경부고속도로 건설 반대의 목소리에 동참한 사람입니다. 다수의 반대의 목소리는 쓰레기 같은 것이었고, 잘못된 생각과 계산이 분명하게 밝혀졌습니다. 반대를 해놓고 이제 와서 행복하게 살고 있구나 말하고 있으니 요상한 나 자신이이 아닐 수 없습니다. 그때의 부끄러움이 이제 와서 느끼니 말입니다. 유명하다는 경제학자들, 야당 지도자로 대통령까지 되신 분들의 마음은 어떨까를 생각하고 있는데 선산휴게소에서 15분 동안 쉬어간다는 안내방송이 버스에서 나를 내리게 하였습니다.

간단히 휴게소에서 점심을 먹었습니다. 차에 올라탔습니다. 여행의 기쁨을 느끼며 좌우로 펼쳐진 자연을 마음껏 살피면서 내 나름대로 새로운 여행을 즐기다보니 부산터미널까지 384.3㎞ 거리를 4시간 10분 걸려 13시 10분에 도착을 했습니다.

터미널 매점에서 시원한 음료를 마신 후에 13시 50분에 출발하는 광주행 삼화고속우등버스(요금 24,700원)를 타고 섬진강 휴게소를 거쳐 광주터미널까지 277.6㎞를 3시간 20분 걸려 17시 10분에 도착을 했습니다.

50여분의 시간이 남아 간단하게 라면 한 그릇을 사먹고 18시 정각에 출발하는 함평행 직통을 30분 동안 타니 18시 30분에 함평터미널에 도착하여 바로 대기하고 있던 아들차로 집에 돌아왔습니다.

고속도로여행. 차만 하루 종일 타고 다니는 것이 무슨 재미가 있느냐고 하는 사람이 있을 수 있지만, 나름대로 내가 여행을 해보니 즐거움도 있다는 것을 경험했습니다. 아내와 함께 여행을 했으면 이런저런 이야기를 나누면서 즐거운 여행을 했겠지만 혼자만의여행이 즐거울 수가 없었습니다. 그렇지만 내 일생에 남한 땅 중심부를 하루에 여행을 했다는 것은 잊지 못할 추억으로 남을 것입니다.

고속도로 여행은 차만 타는 것이 아닙니다. 차창 가에 보이는 도로 양쪽의 국토, 대자연의 일부는 전체가 다 다릅니다. 각각 다른 자연의 모습을 음미하면서 생각하고 느껴보면 잠도 오지 않고 시간 가는 줄도 모른 채 기분이 상쾌하다는 것을 고속도로 여행의 즐거움을 느껴본 사람만이 알 수 있습니다.

나의 고속도로 여행과 50년 전 고속버스 없는 세상과 비교해보았습니다. 기차만 있던 세상에서는 함평역(학교역)에서 기차로 서울까지 18시간 동안 통로에 꽉 찬 차 속에서 짐짝처럼 꼬박 서서 350㎞를 탔던 기억이 생생합니다. 고속도로가 건설된 후 집에서 함평-광주-서울-부산-광주-함평, 집까지 약 1,034.7㎞를 14시간정도 걸려 여행을 하게 된 것은 편리한 고속도로 덕분입니다.

경부고속도로 탄생 이후 44년 동안 33개소 총 길이 4,111㎞나 되는 지구 지름의 3분의 2나 되는 길이의 고속도로가 남한 땅에 거미줄처럼 연결되어 있으며 지금도 고속도로 건설은 계속되고 있습니다.

칼만 갖고 나선 군인들이 싸울 줄만 알지
무엇을 알겠느냐 얕보고 무시한 채
정권 찬탈 쿠데타로 몰아붙인 지도층을 따른 국민 대다수가

능력도 재원조차 없으면서
경부고속도로를 건설한다는 것은
나라 망치고 재정파탄 시키고
부자들만 따니는 고속도로
차 줄 세워 봐야 도로도 채우지 못한다는
반대와 비난의 목소리를 무시하고
경부고속도로를 2년 5개월 만에 완공시켜
서울과 부산 428㎞을 4시간 20분으로
일일생활권을 만들어
민족중흥의 대동맥이 흐르게 되었습니다
경제대국에 올린 한강의 기적을
돈도 기술도 장비도 없이 해낸데 이어
44년 만에 33개소선 4,111㎞로
지구 3분의 2로 거미줄처럼 뻗은
산업혁명의 동맥.
경부고속도로 건설에 반대하고 비난한 지도층들
부끄럽고 창피하고 잘못을 뉘우치고 있을까
칼 든 5 · 16 혁명군은
경제학자 민주화 지도자들보다
경제에 능통했다는 것을
역사가 증명하고 있습니다.

보릿고개

보릿고개. 우리나라에서만 찾아볼 수 있는 '보리'라는 말은 지명을 가리키는 것이 아니라 우리가 먹는 식량작물이요, '고개'라는 말은 산이나 언덕을 넘어가는 비탈진 곳이 아니라 3,4,5월 시기, 춘궁기(春窮期)를 말합니다. 봄철 농민들이 매우 어려울 때 보리수확을 할 때까지 견디지 못하면 굶어죽을 수밖에 없다는데서 비롯된 단어입니다.

우리 식구는 11식구였습니다. 할아버지, 할머니와 아버지, 어머니, 그리고 내가 큰아들이 되어 밑으로 남동생 세 명과 여동생 세 명이 있었고, 부모 없는 사촌동생 한 명이 한 집에서 같이 살고 있었습니다.

나는 초등학교 다닐 때는 아무 철이 없었습니다. 부모님이 주는 대로, 입혀주는 대로 먹고 입고 살다가 중학교에 들어가서야 집안 살림이 어떻게 돌아가는가를 조금 알게 되었습니다.

가을이 끝나면 쌀농사 지었다고 쌀밥 한 그릇씩 온 식구가 먹습니다. 먹고 싶은 쌀밥, 그리운 쌀밥 한 끼가 나의 희망을 채워줄 뿐입니다. 깔깔한 서숙밥(조 · 좁쌀)을 겨울 내내 하루에 두 끼니로 보냈습니다. 저녁이면 서숙과 호박 등으로 죽을 쑤어서 먹기도 하고, 김치에 죽 쑤어서 섞어먹거나 소금에 절인 통무를 꺼내어 이것만으로 저녁을 때울 때가 많았습니다. 겨울은 그런대로 굶지는 않았지만 고구마, 시래기, 고구마순 등으로 죽을 쑤어 먹기에 배불리 먹지 못했습니다. 나와 우리 식구의 겨울나기였습니다.

보릿고개는 잊지 않고 찾아옵니다. 식량이 바닥나기 시작합니다. 모두가 처지가 비슷하기에 식량을 꾸어줄 사람도 없습니다. 평생동안 춘궁기를 대비해온 부모님들은 자식들을 굶어죽게 놔두지 않으려고 살아온 방식을 되풀이합니다.

보리밭에 새파란 보리를 캐와서 좁쌀과 섞은 밥을 먹었습니다. 점심은 밥 대신 죽을 쑤어서 먹습니다. 한 끼 굶는 것은 보통입니다. 저녁이나 점심을 때에 따라 고릅니다. 쑥을 캐다가 밀가루, 보릿가루에 넣어서 개떡도 해먹고, 죽으로 쑤어 먹습니다. 보리 겨와 쑥으로 개떡을 해서 먹습니다. 유채를 꺾어다가 된장에 묻혀서 먹습니다. 읍내 나가서 술독회(술공장)에서 아랭이(술비지 찌꺼기)를 얻어다가 좁쌀을 넣어서 죽을 끓여 먹습니다. 쑥나물, 냉이, 씀바귀 등을 캐다가 나물로, 죽으로 조리해먹습니다. 우리 식구들은 거의 3개월 동안 먹고 죽지 않는 나물, 풀, 열매 등을 구하려고 식구들이 동원해 살려고 헤매였습니다. 배고파서 맛있건 없건 꿀맛 같습니다. 밥그릇에 눈꼽만한 쪼가리가 보이지 않을 때까지 숟가락으로 긁어먹습니다.

어느덧 들판에 보리들이 패기 시작합니다. 죽도 없어서 못 먹는 농민들은 빨리빨리 보리야 익어라 재촉을 하지요. 매일매일 보리밭에 나와서 익어 가는가를 확인합니다. 그렇게 시간이 흘러가는 사이에 보리가 반쯤 익어간 풋보리를 부모님들이 베어 와서 목을 땁니다. 뜨겁게 불 땐 솥에다 보리모가지를 찐 다음 꺼내어 햇볕에 잘 말린 후에 방아나 절구통에서 찧습니다. 곰보가 된 찐보리쌀이 탄생합니다. 찐보리쌀로 밥도 해먹고 나물과 혼합해서 죽도 쑤어 먹으면서 굶주림을 이겨내면 보리가 누렇게 익을 무렵이 되어서야 살았구나, 감탄사를 터뜨리면서 그 지긋지긋한 보릿고개를 넘깁니다. 우리 식구는 보릿고개를 이렇게 잘 넘기었습니다.

우리 가족은 1년을 통해서 쌀밥은 설, 추석, 제삿날, 어르신 생신 때 한 그릇씩 먹었습니다. 여름에 깡보리밥, 겨울에 깡서숙밥이라도 끼니만 이어가면 좋겠다고 나는 늘 노래 불렀습니다.

수천 년 대를 이어온 보릿고개 부모님들은 이 통에서도 아끼고 아껴서 곡식들을 팔아 자식들 교육에 투자를 아끼지 아니했습니다. 덕택에 나도 고등학교를 마치고 해병대에 들어갔습니다. 아버지께서 세상을 떠났습니다. 어머니와 아내가 보릿고개를 이어받았습니다. 휴가 올 때 건빵 다섯 봉지를 가져왔습니다. 식구들이 몇 개만 먹고 시래기와 함께 죽을 쑤어서 세 끼니를 때웠습니다. 그 뒤로 휴가 올 때면 건빵을 많이 가져왔습니다.

제대를 하고 집에 돌아와 내가 보릿고개를 이어받았습니다. 아버지 시대와 거의 비슷한 생활이 계속되었습니다. 하루는 아들딸들이 밖에서 다른 집 아이들이 밀가루 빵을 먹는 것을 보고 와서는 빵 먹고 싶다고 나에게 졸라댑니다. 소원을 들어주려고 면사무소에 다니는 당숙을 찾아가 사정을 하니 나와 아내는 소류지 막는 공사판에 가서 밀가루 다섯 가마를 벌어 왔습니다. 빵도 해주고 칼국수도 해서 실컷 먹었습니다. 나도 아버지, 어머니처럼 똑같이 여섯 동생,

자식 사남매 교육에 투자를 아끼지 아니했습니다.

5·16혁명이 일어난 지 10년 후인 1970년대를 시작하면서 보리밥은 1년 내내 배불리 먹게 되었습니다. 내 나이 35살 때, 내 큰아들 19살 때입니다. 다시 20년이 지나자 쌀밥, 고기를 마음대로 먹는 세상이 되었습니다. 1990년대부터 먹고사는 데는 걱정이 없게 되었습니다. 하지만 아버님께 쌀밥, 소고기로 한 끼니 대접도 못한 것이 죽을 때까지 내 마음에서 걸립니다.

특히나 1968년 한 해가 심할 때 썩은 보릿가루죽을 먹기 싫다고 울어대는 막내동생 찬웅과 큰아들 성의 어린시절 모습이 지금도 떠오릅니다.

우리 땅에서만 있었던
대대로 넘어온 높고 허기진 보릿고개
굶주림으로 살아온 농민들은 운명인줄 알고서
모두가 같은 처지에서 곡식을 꾸어줄 사람이 없으니
산과 들에서 멋대로 자란 뿌리, 나물, 열매 등
먹고 죽지 않을 것이라면 모조리 구해다 끓여먹고
힘겹게 배고픔 고개를 넘었습니다.

세월이 흘러 흘러
5·16혁명이 춘궁기 보릿고개를 불태워버리니
쌀밥 고기 배불러서 먹는 세상을 살게 되었습니다
내 나이 44살, 1990년 부터입니다.

나의 5·16 평가

5·16쿠데타(혁명)가 일어나자 나는 특별휴가를 받아 집에 온 지 하루 만에 해병 제1상륙사단 해안대대에 즉각 복귀하였습니다. 부대 안에는 특별한 움직임은 찾아볼 수 없었습니다. 계엄선포기간이라 외출 외박이 전면적으로 금지되었을 뿐입니다.

오히려 분위기는 좋았습니다. 김포에 주둔한 해병여단이 혁명에 가담하여 성공했다는 말에 귀신 잡는 해병대답지 않나, 서로가 자랑스런 해병대임을 뽐냈으니까요. 심지어 잡담 같지만 해병대가 아니었으면 5·16이 성공했겠느냐는 말까지 나왔습니다.

군인들은 매일같이 내무실 벽에 붙은 혁명공약을 외웠습니다. 그 중에 혁명공약 제4항 「절망과 기아선상에서 허덕이는 민생고를 해결하고 국가자주경제 재건에 총력을 경주한다」가 마음에 쏙 들었습니다. 군대 오기 전이나, 지금 집에서 살고 있는 온 식구가 거의 죽으로 끼니를 이어가고 있으나 군대 생활하는 나는 너무나 잘 먹고 있다는 게 대조적이었으니까요. 군대 밥만큼 만이라도 세상이 바뀌졌으면 하고 다시한번 제4항을 반복했습니다.

박정희 육군소장이 군사혁명을 일으킨 지도 벌써 55년 세월이 흘러갔습니다. 반세기가 넘어갔지만 군사쿠데타요, 군사혁명이요, 그 평가에 대해 찬반이 엇갈리고 있습니다. 나는 배운 것이 없어서인지 쿠데타도 맞고 군사혁명도 맞다고 봅니다. 군인들이 무력으로 합법정부를 넘어뜨리고 헌정질서를 중단시켜 계엄령을 선포하여 군사정부로서 박정희 소장이 집권을 했으니 군사쿠데타가 분명합니다. 세계에서 최고 가난한 국가에서 경제대국 10위권에 올려놓도록 한강의 기적을 일으켰으니 군사혁명이라고도 할 수 있을 것 같습니다.

쿠데타라고도 하고 혁명이라고도 부르는 혁명을 5·16은 이중성격을 가지고 있는 것 같습니다. 사람마다 자기 판단에 서로가 다르게 생각하니까요. 55년 동안 삶을 통해서 종합을 해보면 군사정권에 피해를 입은 사람과 진보세력은 쿠데타로 몰아 박정희 대통령을 깔아뭉개고 있으며, 보수 세력은 경제가 부흥하여 잘 살기 때문에 군사혁명이라고 외칩니다. 나도 20년 이상 진보세력 못지않게 군사정권을 비난했습니다. 보릿고개가 없어짐으로 이것이 단순한 정권을 탈취하여 백성을 외면한 채 자기들만 권력을 잡고 호의호식하려고 한 것이 아님을 행동으로 보여주었기 때문에 군사혁명, 구국의 혁명이라고 생각하게 되었습니다.

때에 따라 구국혁명이라고 하면 나와 의견이 다른 사람에게 5·16 당시 최고의 지성인으로 알려진 장준하(사상계 대표), 함석헌 선생님 두 분의 글을 내밀어 봅니다.

장준하 선생님 글 「5·16혁명과 진로」 1961년 6월호 사상계)

"절정에 달한 국정문란, 고질화된 부패, 마비상태에 빠진 사회적 기강 등 누란의 위기에서 민족적 활로를 타개하기 위하여 최후수단으로 일어난 것이 다름 아닌 5·16혁명…(생략)…4·19혁명이 입헌정치(立憲政治)와 자유를 쟁취하기 위한 민주주의 혁명이었다면 부패, 무능, 무질서와 공산주의 타파가 국가진로를 바로잡으려는 민족주의적 군사혁명이다…….(생략)"

함석헌 선생님 글

"여러분은(군인) 아무 혁명이론이 없다. 단지 손에 든 칼(무기)만을 믿고 나섰다…….(생략)"

5·16을 놓고 장준하 선생님은 당시 혁명이라 했고, 함석헌 선생님은 쿠데타라고 했습니다.(그 후 장준하 선생님은 군사정부가 장기집권과 인권탄압에 대립각을 세우다가 경기도 포천 약사봉에서 변사체로 발견되었다. 타살이냐 자살이냐 논쟁이 벌어졌다.)

아무 혁명이론 없이 칼만 믿고 나선 군인들이 무엇을 하겠는가 싶었는데, 군사정부는 제1차 5개년 계획을 세워 수출 1억 달러 목표를 달성하겠다고 발표합니다.(1961~1965) 대다수 경제학자, 언론, 정치인들까지 절대적으로 불가능하다고 비난의 포문을 열었습니다.

"군사정부는 곧 깨지고 한국 경제는 수렁에 빠진다. 군인들이 경제를 모르기에 5개년 계획을 만들어냈다. 수출 1억 달러 환상곡이다. 부존자원 없는 나라, 수출입국 불가능하다. 외국에 팔아먹을 물건 없고 생산할 상품이 없다. 민족자본이 약하고 행정능력이 없다. 자재 수입할 능력이 없다. 군사정부 곧 무너지고 한국경제 수렁에 빠진다. 경제가 아득하다. 전쟁 위험국가라서 외자도입이 불가능하다. 미국 무상원조국에 차관 안준다. 일본은 국교 없는 나라에 차관을 안준다."

혁명군의 머릿속에 든 경제를 비판자들은 알 리가 없겠지요. 당시 여건으로 볼 때 외환보유고 2억 520만 달러 1인당 국민총생산(GNP) 64달러, 수출 3천280달러로 가난한 국가현실을 감안할 때, 경제개발 1차 계획은 실패하리라 몰아붙인 것은 무리가 아니라고도 할 수 있습니다.

낡은 것을 새롭게 만드는 것이 혁명입니다. 그렇게도 실패 쪽으로 몰아갔던 목소리를 군사혁명정부는 군복 입고 총칼로 정권 탈취가 아니라 군복 속에 경제이론이 가득 차 있다는 것을 1차 경제개발을 성공시킴으로 보여줬습니다. 완전히 비판자들의 눈을 번쩍 뜨게 만들어버렸습니다. 5·16을 쿠데타로, 정권찬탈로, 헌정질서를 파괴한 군인들에게 한국경제가 수렁에 빠지고, 수출 1억 달러는 환상곡이라고 밀어붙였지만, 경제개발을 앞당겨 초과달성을 하여 조국근대화, 민족중흥을 향해 제2,3차 등 경제개발은 성공했습니다. 한강의 기적을 낳았습니다. 내 눈과 내 몸으로 직접 보고 혜택을 받았기 때문에 5·16은 군사혁명이라 주장합니다.

5·16 군사혁명 이후 55년 살아온 지금 나는 5 · 16이 없었다면 낡은 국가체제에서 선진국가체제로, 세계 10위권의 경제대국, 정보통신산업대국(IT). 수출 1조 달러 무역대국, 88올림픽 개최, 2002 월드컵 개최, 평창동계올림픽 개최(2018 예정) 등 세계 중심에 대한민국을 우뚝 서게 했겠습니까. 산업화를 유럽이 200년, 일본이 100년 걸린 것을 반세기 50년 내에 성공한 모델이 되었고 세계 2차대전 후 신생국 중 선진국에 도달한 국가는 대한민국뿐입니다.

내가 5·16혁명공약을 성공시켜 선진국 대열에 당당하게 끼었다고 하면은 나와 의견이 다른 사람은 박정희가 아니어도 누군가가 많은 죄 없는 사람들을 탄압과 희생시키지 않고 이와 같이 똑같은 경제건설을 했을 것이라고 주장합니다. 나는 물러서지 않고자, 지금까지 살면서 어떤 인물, 지도자 정치인이 할 수 있는 사람인가 지적해보라 몰아치면 그들은 슬그머니 얼굴을 찡그립니다.

의견이 다른 사람 말대로 5·16 군부세력들은 많은 죄를 지었습니다. 나는 새도 떨어뜨린다는 중앙정보부와 10월유신(維新)의 반대쪽에 서 있는 정치인, 학생 등 모든 사람을 고문 · 탄압 · 희생(대표적으로 인혁당 사건)시켰습니다. 나 같은 농민도 신민당 김대중 대통령후보(1971.4.27. 대통령선거)를 지지했다는 이유로 귀신도 모르게 죽을 수 있다고 협박과 구타를 당했습니다.

자기가 당해보지 않은 사람들은 혁명과업을 완수하는데 반대파를 희생시키는 것은 불가피할 수밖에 없다고들 합니다만 합법적으로 당연하다고 해서는 안 될 처사이지요. 한번 죽은 생명과 불구자는 다시 살아오거나 정상으로 돌아오지 못하기 때문입니다. 지금도 5·16을 쿠데타로 비난하는 이유가 무리한 인권탄압에서 나오고 있습니다.

경제대국, 산업화, 민주화를 100년 걸려도 못할 것을 반세기만에 대한민국은 성공시켰다는 뒷면에는 5·16혁명과업에 억울하게 희생으로 제물(祭物)이 되신 분들과 가족의 심장에 칼이 꽂혀 있다는 생각을 반드시 해야 합니다. 나는 늘 경제대국의 제물이 되신 분들과 가족, 후손에게 경제대국으로서의 풍요를 누리는 만큼 대책을 세워 가슴에 박힌 칼을 뽑아주어야 마땅하다고 봅니다.

군인이 합법정부 헌정질서를 파괴하여
정권을 뒤집은 것은 쿠데타요.
권력 장악에 빠져

국법이 마비상태가 되어
혼란과 무질서인 무능한 정권을 뒤엎은 것은
군사혁명이라 할 수 있습니다.
쿠데타가 어떻게 혁명이 되고
혁명이 어떻게 쿠데타가 될까요.
결과를 보고 쿠데타를 혁명이라 할 수 없다지만
결과가 쿠데타를 혁명으로 만들었습니다.

배고픔에 허덕이는 백성을 외면한 합법정부를 몰아내고
배불리 먹게 한 쿠데타가 구국의 혁명이요
자유민주주의를 뿌리째 흔들려도 외면한 합법정부를 몰아내고
튼튼한 반공(反共)을 지키게 한 쿠데타가 구국의 혁명이요
혼란과 무질서가 판치는 세상을 외면한 합법정부를 몰아내고
법질서를 바로 세우는 쿠데타가 구국의 혁명이요
권력다툼에 정신 빠져 백성을 지키지 못하는 정권
나라를 지키지 못하는 합법정부를 몰아낸
5·16이 그랬습니다.

제4부

사람구실

사람구실을 하는 데는 학벌위주를 떠나서 능력위주로 취업, 승진, 보수 등은 물론이요, 공무원과 농어민(자영업)의 소득균형이 걸맞은 기반구축 속에서만 밥그릇대로 주어진 운명에 사는 것이요, 만물이 번창하는 대를 이어가는데 걸림돌이 없으리라.

• 청년백수 벼슬인가 •

• 진정한 무상복지 •

• 출산은 자연의 순리 •

• 무상보은 •

• 노인기준 70살로 •

청년백수 벼슬인가

웬만하면 부모들은 아들딸에게 대학을 보내는 세상입니다. 고등학교를 막 졸업하고는 전문대학도 가지 않고 기술을 배워 공장에 들어가 일찍부터 돈을 벌겠다고 하면 자기 자식이라도 정신 빠진 놈이 아닌가 의심도 하고 화를 내는 부모가 대부분일 것입니다. 사실이라면 부모의 심정은 애가 탈 것입니다. 나는 아들이 아니지만 더욱이나 장손(長孫)이 현실로 눈앞에 나타나고 말았습니다. 나는 장손의 부모의 마음을 헤아리면서 솔직하게 혼자서 눈물을 흘렸습니다. 장손이 대학에 진학하면 등록금에 보태도록 1천만 원짜리 우체국 보험까지 들었으니까요.

어머니, 아버지 대신 할아버지인 나는 국비로 1년짜리 단기 교육을 실시하는 광주인력개발원에 입학한 장손 입학식에 참석을 했습니다. 30분가량 학생들 뒤편의 내빈석에 앉아있는 동안 옆 좌석에 있던 50대 전후 남자가 백발이 된 나를 보고 아들은 아닐 것 같은데 누구 입학식에 오셨습니까 묻기에 서운한 목소리로 손자입니다 대답을 했습니다. 그리고는 나는 남자에게 아들 입학식에 오셨어요, 나지막하게 질문을 했지요. 예 맞습니다. 아들놈이 서울에서 대학 2년을 마치고 군대에 갔다 와서는 대학 졸업해 봐야 일류기업에 들어갈 머리가 아니므로 기술이라도 배워서 취직하겠다고 지원을 했답니다. 이 말을 듣자 나는 대학을 못간 손자를 원망했던 생각이 머릿속에서 싹 날아가 버렸습니다. 다니는 대학도 포기한 젊은이도 기술을 배우겠다고 광주인력개발원에 입학한 현실을 보고 손자가 한발 앞서는 사람 같아 은근히 손자를 칭찬했습니다. 나는 손자와 젊은이는 자기 밥그릇 크기를 잘 아는 청년이므로 앞으로 훌륭한 일꾼으로 꼭 성공하리라 믿었습니다.

정부가 운영하는 광주인력개발원은 1년 기간 수료 때까지 학비전액, 숙식, 실습 등 전액 무료에다가 월 20만원씩 지원을 해주고 취직까지 알선해주는 교육기관입니다. 정부로부터 이런 혜택을 받은 손자는 열심히 공부하여 자격증 따고 수료를 하자마자 중소기업에 입사하였습니다. 귀한 손자의 밥그릇을 자랑스럽게 생각했습니다.

월급이 많고 적건 간에 손자가 직장에서 일하는 것을 보고 청년실업을 정부 잘못으로만 말하지 말고 먼저 자신의 문제를 자신이 해결해야 한다는 것을 알게 되었습니다.

나는 읍내에 나오면 꼭 들리는 곳이 있습니다. 노인들을 자기 부모처럼 모시고 살아가는 마음으로 가게 한 구석에 10여명이 앉아 대화를 할 수 있도록 마련한 자리에 항시 음료와 과자 등을 준비해 놓고 있는 만남의 장소, 쉼터를 제공하고 있는 광신상사 서문상 대표의 가게에 들릅니다.

청년일자리 말만 나오면 서문상 대표 같으면 걱정할 필요가 없다고 나는 늘 말하고 다닙니다. 그는 세 살 때 할머니와 함께 살면서 가정형편이 어려워 겨우 초등학교 졸업장만 받은 후에 할머니를 돕겠다고 나섰습니다. 남의 가게 청소와 신문배달을 하기 시작했습니다. 그는 가게 주인들로부터 눈에 들었습니다. 중국집 주인의 요청이 있었고, 오토바이 가게 주인의 요청도 있어서 어린 마음에 중국집 배달보다 앉아서 기술 배우는 것이 좋다고 생각하여 기술을 배우겠다고 16살 때 기름걸레를 들기 시작했습니다.

기술을 배우기 때문에 먹고 입혀주는 것도 만족했는데 주인이 꼬박꼬박 월급을 챙겨주어 적은 보수라 생각 않고 저축해 나갔습니다. 할머니는 기름에 범벅진 옷을 빨 때마다 고생한 줄 알고 그만두라고 했지만 자기는 좋다고 할머니를 설득했습니다.

오토바이 박사가 된 서문상 종업원은 집도 사고 결혼도 하고 아들딸 남매도 낳고 살면서 종업원 생활 25년째 41살이 되어 오토바이 가게를 인수하여 광신상사 간판을 걸고 대표가 되었습니다. 올해로 6년이 지났습니다.

나는 서문상 대표에게 행복하냐고 물어보았습니다. 행복하다고 합니다. 이름만 초등학교 나온 사람. 맨손으로 더러운 기름걸레 들기 시작하여 찬밥 더운밥과 보수 적고 많고 생각 않고 자기 분수 맞게 직장을 택하여 행복하게 살아가는 사람에게 대학 나와 3포다 7포다 외치는 청년실업자들은 인생을 잘못 살았다고 비웃을까요. 일자리가 깔려있는데.

나는 학별도 부모 도움도 없이 행복한 인생을 일군 서문상 대표를 청년들의 스승이라고 불렀습니다.

청년은 한창 인생의 꽃을 피우는 시기의 세대요, 국가경쟁력을 키우는데 없어서 안 될 원동력이 되는 세대입니다. 청년의 역할은 국가와 자신 개인이든 간에 가장 현실적으로 삶의 기본이 되는 일을 쉬지 않고 열심히 하는데 있습니다.

오늘날 나의 손자와 달리 청년들은 국가의 원동력이 되겠다고 보다 좋은 직장을 꿈꾸며, 세계에서 가장 비싼 등록금을 내고, 심지어 은행 대출까지 받아 등록금 낼 정도로 열정을 바쳐 학벌, 학점, 토익, 해외어학연수, 봉사활동 등 스펙인가 뭔가 자격증 따는데 시간과 비용을 쏟아 넣고 있습니다. 이토록 열심히 공부한 대학을 졸업한 청년들이 취직을 못하면 국가나 개인적에게 큰 손실이라고 생각합니다.

해마다 방송이나 신문에서 청년실업문제라고 떠드는 말 중에 청년 435만 가운데 112만 명이 일자리를 찾지 못하고 있습니다. 대학을 나온 50만 가운데 절반이 취직을 못하는 것은 물론이요, 대학 나와도 알바 5만 원짜리도 얻기 힘들다는 말을 들어왔습니다. 2016년 2월 통계청 발표는 17년 만에 12.5%인 56만 명의 청년실업이 최악이라고 했습니다. 앞전에 들던 실업자 숫자와 상관없이 청년들이 일자리가 없어 일을 못하고 있다는 것을 따지고 보니 국가적으로 슬픈 일이 아닐 수 없습니다.

나는 청년실업이 정부의 잘못도 있지만은 청년 자신들에게 잘못이 많다고 봅니다. 청년의 꿈은 일류기업, 은행, 공기업, 공무원이 대부분입니다. 현실적으로 중소기업 평균연봉은 2천5백만 원이지만 꿈의 기업은 초봉이 중소기업 평균보다 훨씬 높고 평균연봉이 중소기업 배보다 넘기에 바보가 아닌 이상 꿈꾸는 것이 당연합니다. 꿈의 기업은 제한된 인원이 존재하므로 극소수만이 들어갈 수 밖에 없는 현실입니다. 그럼에도 일도 구직도 않는 청년들을 향해 백수가 벼슬인가 들을 수 밖에 없습니다.

기성세대인 나는 일하면서 공부하고, 공부하면서 일을 하는 청년 시절을 상기시키면서 눈높이를 낮춰라, 밥그릇 크기를 자신이 알라, 부탁하는 말에 현실을 모르는 소리라고 반박하겠지요. 꿈의 기업에 가기 위해 자기 젊음을 너무나 안타깝게 쓸모없이 바치지 말고 눈높이를 낮춰 자기 밥그릇 크기에 맞춰야 젊음을 바쳐야 살길이 열립니다.

일자리가 없어서 청년실업이 늘어난 것이 아닙니다. 중소기업에는 일할 사람을 구하려고 해도 오지 않아서 걱정입니다. 내가 살고 있는 농촌에 청년농부가 거의 사라지고 있습니다. 고되고 월급 적다고만 탓 말고 내 밥그릇 크기를 알고 분수에 맞게 살아야 합니다. 외국인 근로자 1백만 명이 중소기업, 농어촌에서 자리를 차지하고 있습니다. 중소기업 등 외국인 청년들이 야금야금 직장 차지하면 청년실업이 늘어만 가는게 꿈의 기업 들어가겠다고 백수노릇하면서 3포, 5포, 7포(연애, 결혼, 출산, 취업, 주택, 인간관계, 희망 포기)로 빠지는 게 자랑이 아닙니다. 꿈의 일자리만 찾다가 부모 등치면서 나이만 먹어가는 인생 낙오자가 된다는 사실을 알아야 합니다. 꿈의 기업은 들판에 널려있는 것이 아니라 국가경제 틀에 제한된 인원만 정해져 있다는 사실을 빨리 알고 자신의 일자리를 찾아가야 3포가 다 해결할 수 있습니다.

우리의 청년시절에는 생존차원에서 일하였지만은 지금 청년들은 생활차원에서 일하는 세상으로 바뀌었습니다. 청년백수로 잘난 체 말고 부끄러운 줄 알고 3포를 내 자신이 만들고 있다는 것을 스스로 인정하고 탈출해야만 행복한 인생길이 열리게 됩니다.

정부와 정치권에서는 대기업과 중소기업 공무원과 농어민(자영업)과 소득균형을 맞추는 제도를 만들어 학벌이 아니라 능력에 따라 취업, 승진, 보수가 판치는 능력위주 기틀을 마련해 사람구실 하도록 했을 때 청년실업을 없앨 수 있습니다.

청년이라면 누구나 꿈의 직장을 희망하지요
제한된 좁은 문이라 아무나 희망한다고 들어갈 수는 없으니
나의 밥그릇 크기로 자세를 낮추면
지원자가 없어 못 뽑는 중소기업, 농업(자영업) 등
일자리가 얼마든지 보이고 기다리는 직장에 들어가면
인생 꽃을 피우는데도.

꿈의 직장에서만 인생 꽃을 피우려고
대기업 아니면 중소기업 싫고 대기업도 지방은 싫다
수도권도 중소기업은 싫고 지방 중소기업도 눈에 안 들어
한창 일할 청춘을 취업준비에 매달려
일도 직장도 구할 생각 없이 행복한 고민으로
연애, 결혼, 출산을 포기한다는 3포와
더 나아가 취업, 주택구입, 인간관계, 희망을 포기한다는
젊은 청년백수가 벼슬인양
청년실업을 정부의 과제로 돌리는
대학졸업자들이야말로
취업전쟁이라고 하지만
인생낙오자로 스스로 택하는
현장에서 아직도 이렇게 배부른 소리인가 하지요

더운밥 찬밥만 가리지 않으면

가장 현실적인 삶이 기본이 되는 일자리
대한민국 땅에 깔려 있으니
일자리라는 게 타고난 사람보다
열심히 일하는 사람에게 기회가 오는 것이므로
자기의 주어진 일을 즐기는 사람에게 성공기회가 찾아와
인생 꽃을 활짝 피게 하지요
다만 정부와 정치권이 학벌주의에서
능력주의로 취업, 승진, 보수가 따르는
기틀을 마련해 주면 더욱 좋겠지요.

진정한 무상복지

세상 좋아졌습니다. 80살까지 오랫동안 살아오면 꿈에도 상상 못했던 생활방식들이 놀랍게 발전하여 살기 좋은 세상 속에서 살아가고 있으니 마냥 기쁘기만 합니다. 늙은이가 새삼스럽게 이런 말을 하는 것일까. 6·25 전쟁으로 내가 살고 있는 함평도 조선민주주의 인민공화국의 깃발아래 짓밟혔습니다.

'애를 낳으면 탁아소에서 공짜로 기르고 교육시켜주고, 병이 들어도 공짜로 고쳐주고, 학교도 공짜로 보내고, 취직도 국가에서 다 시켜준다. 전액 무상복지 나라.'

어려서 거짓말로 들었지만 지금에 와서 확인해보니 사실이란 것을 알게 되었습니다. 공산주의, 사회주의 국가는 국영기업, 협동농장 등 국가가 운영하기에 무상복지라는 것을. 민주주의, 자본주의 세상과 다르다는 것조차 몰랐으니 당연한 판단이었습니다.

우리는 무상(無償, 어떤 행위에 대가나 보상이 없는 것 · 안 갚는 것 · 공짜)이란 말이 북한보다 50년 후에서야 나오기 시작했음을 알았습니다. 궁금해서 무상이란 말에 대하여 역사적 근거를 찾아보았습니다. 그 옛날 소비에트연방이었습니다. 음력으로 내가 태어난

1936년 제정된 신헌법 제120조에서 「무상의료」를 규정했습니다. 보험료 전액을 사용자인 당정기관(黨政機關), 국영기업, 협동농장에 부가한다 되어있습니다. 진료시 차별 없는 전액무상의료제도로 진료시 환자부담은 없습니다.

북한뿐만 아니라 공산주의 국가에서는 소련방식 대로 무상의료, 보육, 교육을 실시했습니다.

나이 10살 때 무상복지란 말을 들은 후 80살이 되어서 우리도 무상복지를 하자는 말을 듣고 나는 좋은 세상이 되었구나 기뻐했습니다. 2010년 진보성향인 야당에서 무상급식을 띄우기 시작을 하자 2011년 지방선거와 2012년 총선, 대선에서 여야가 무상급식 뿐 아니라 무상보육, 무상의료, 반값등록금 등 내걸고 표를 얻기 위해서 경쟁을 하였습니다. 최초로 무상복지를 꺼낸 정당은 지금의 정의당(대표 심상정)이었으나 무상급식으로 선거에서 짭짤하게 덕본 쪽은 민주당(지금 더불어민주당)이었습니다.

무상복지 싸움에 밀린 보수성향 새누리당은 박근혜 대통령께서도 후보시절 야당의 보편적 복지 주장에 대하여 좌파적 정책으로 유권자의 환심을 사려고 민주당 후보의 포퓰리즘(인기영합주의)이라고 비판했지만 결국은 대선에서 당선되기 위하여 누리과정(3세~5세) 무상보육을 공약으로 내걸어 당선되었습니다. 우리의 무상복지는 계속 선거를 통해서 늘어났습니다.

우리의 무상복지는 선진국처럼 정부주도하에 실행된 것이 아니라 정치권에서 선거를 통해 표를 사는 복지 포퓰리즘으로 선거 때마다 기승을 부려 진행된 것이 유별납니다. 한국적 무상복지 확대 정책인 것 같습니다. 좋고 나쁘고 상관할 바 아니어서 무상복지 발전이 순조롭지 못하다는 것을 지적하고 싶습니다.

장사도 밑천이 있어야 합니다. 무상복지도 밑천이 있어야 합니다. 돈이 밑천입니다. 먼저 밑천 나올 구멍 생각 않고 표를 얻기 위한 무상복지 공약을 내걸고서 실행한 다음 돈 때문에 싸움판을 벌립니다.

2015년 보육대란이 일어났습니다. 서울을 비롯한 광역시 및 도교육청에서 어린이집 누리과정(3세~5세) 예산편성을 중단했습니다. 교육감들은 박근혜 대통령 공약이니 국가가 지원해야 한다. 정부는 영 · 유아 보육법상 누리과정 예산은 지방재정 교부금으로 편성하도록 명시되어 있어 교육감이 앞으로 편성하지 않는 것은 명백한 범법이며, 중앙정부가 돈을 내야 한다는 법적 근거가 없다고 각각 주장하는 것은 어느 쪽도 다르지 않고 똑같은 행동입니다. 모두가 표를 얻기 위한 무상복지 공약이기 때문입니다.

정치권이 공약을 내걸면 밑천이 될 정확한 근거를 제시해야 하나 당선되기 위한 공약남발이라도 무상복지 같은 대란도 없을 것입니다.

복지는 행복이란 뜻입니다. 복지란 한층 고상하게 높이려고 무상을 붙여서 무상복지라 정치권들이 내세운 말입니다. 복지는 당연히 국가가 해야 할 정책이고 책임입니다. 자본주의 국가에서는 세금으로 빈곤, 질병, 실업, 보육 등 각각 분야에서 약자를 돕는 것이요, 빈부차, 계층갈등을 해소하고 사회적 통합을 하는데 정부가 주도하여 복지정책을 실시하게 되었습니다. 그러므로 공짜로만 빠지는 복지를 떠나 자립하는 생산적 복지를 향해가는 것이 진정한 복지정책이 아닌가 생각합니다.

공짜로 줄 수 있는 것은 아무것도 없는데
무상복지, 말만 꺼내면 공짜여서 좋아
모두가 환영을 하는데
사실 무상복지에 필요한 밑천이
어디서 나오는가를 알지 못하는데서
일시적 기분에 터진 착각입니다.

복지국가 무상복지에는 노동이 필수로
공정·공평한 노동으로
노동자가 땀 흘린 세금에 의해서 주어지는 것입니다

공짜 같지만
세금은 노동자의 땀과 피에서 나온다는 것을 알아야 합니다.
지속적으로 높고 늘리는 복지를 향해
국민세금 부담이 따르니
납세자 수혜자와 국가사업분야 등을 균형 있게 맞춰서
지금과 미래의 후손들까지도
고통부담 없는 것이 진정한 복지로 봅니다.

복지는 세금이요
달콤한 공짜심리를 이용해
표를 얻기 위한 정치권의 무분별한 무상복지 공약은 국민세금 많이 걷자는데 말려들지 않는 국민이 됩시다. 진정한 복지국가를 향해.
무상복지는 노동자 피와 땀에서 나오는 세금입니다.

출산은 자연의 순리

나의 아버지, 어머니께서는 아들 넷과 딸 셋 등 일곱 남매를 낳아 길렀고, 큰아들인 나는 아들 셋, 딸 하나를 낳아서 기르고 교육시키고 결혼시켜 분가시켰습니다. 내가 26살 때 아버지께서 52살에 결핵으로 돌아가셨기에 어머니와 나와 아내는 가정형편에 따라 여섯 명만 대학을 졸업시키고, 나를 비롯한 네 명은 고등학교만 졸업시켰습니다.

대학을 가고 싶었지만, 내가 대학을 가게 되면 동생들을 대학이나 고등학교를 보낼 수 없다는 생각에 큰아들로서 책임이 있다는 굳은 결심을 하고 포기했습니다. 재산이야 아버지께서 머슴살이와 노동과 우마차로 뼈아프게 벌어서 구입한 논밭 4천 평을 물려받았습니다. 벼, 양파, 마늘, 보리, 유채, 담배 등 복합 영농으로 얻은 돈으로 학비를 마련하고, 모자라는 돈은 빚을 내고, 빚은 노동을 해서 갚았습니다.

이 시기가 1960년대입니다. 국민소득 60불로 세계에서 가장 가난한 나라였습니다. 굶어가면서 뼈아픈 고통을 참고 교육을 시켰습니다. 동생과 자녀들도 굶을 때나 나물죽 먹을 때나 불만 없이 학교를 꼬박꼬박 다녀준데 대하여 지금도 고맙고 기특하다고 생각합니다. 80살이 된 나로써 지금 생각하면 기적과 같습니다.

'덮어놓고 낳다보면 거지꼴 못 면한다', '둘만 낳아 기르자' 1960년대 부부가 평균 6명을 출산해 생계가 어려워 인구억제정책으로 가족계획을 세워 2명만 출산하자는 구호입니다. 여자는 피임, 남자는 정관수술에 동참했습니다. 보릿고개시절이라 호응하여 효과를 보았습니다. 저의 아내도 피임에 동참했지요.

1980년에는 '둘도 많다'는 구호가 나왔습니다. 20년 동안의 인구억제정책에 성공을 하자 1981년 가족계획 업무가 사라졌습니다. 2000년 들어서자 2명 출산이 깨지고 말았습니다. 2006년 저출산으로 생산가능 인구가 줄어들고 고령화시대가 되어가자 대통령 직속 「저출산고령화사회위원회」를 발족시킨 것으로 생각됩니다.

인구억제정책 40년 만에 다시 출산장려정책으로 바뀌었습니다. 정부는 2006년부터 2015년까지 10년 동안 천문학적인 105조를 출산장려에 쏟아 부었으나 허탕만 쳤습니다. 출산율이 세계 하위권에 속했습니다. 1960년 6명, 1980년 2.83명, 1990 1.59명, 2005년 1.08명, 2015년 1.2명까지 떨어졌습니다.

사람으로 태어났으면 당연히 대를 이을 핏줄을 이어가야지 그렇지 않는 이유를 나는 귀 아프게 듣고 있습니다.

취업이 안 되고 빚이 늘어 결혼이 어렵다. 고용이 불안하여 떨린다. 아이를 낳아도 보육, 교육비를 감당하기 어렵다. 어린이집 학대가 두렵다. 열심히 일해도 내 집 마련할 수 없다. 입시경쟁에 내 자녀를 내몰 수가 없다. 일류대학 나오고 좋은 직장 들어가야 연애, 결혼한다는 압박이 두렵다. 결혼 후에도 내 집 구입까지 출산을 미룬다 등등 가지가지였습니다.

심지어 헬(Hell)조선이란 유행어도 등장했습니다. '불행한 나라에서 내 아이를 낳아 키우고 싶지 않다.' 조선시대를 벗어나지 못한 후진성 정치, 국가운영을 조롱하고 삶이 지옥 같다는 뜻이랍니다.

출산장려 지원혜택도 쏟아져 나왔습니다. 무상보육 · 교육비 지원, 출산휴가 확대, 출산장려금, 수당지급, 국공립어린이집 단시간 돌봄이 지원, 산후조리지원, 자연분만 본인 진료비 부담 면제, 아파트 분양권 배려, 전세 · 주택자금 이자 감면, 주택자금 대출이자 우대, 행복주택입주기회 확대, 지자체에서도 첫째, 둘째에 1백만 원, 셋째에 1천만 원 지원 등 다양한 혜택을 주었는데도 10년간 105조는 오히려 저출산으로 가고 말았습니다.

출산에 관하여 대가족제도에서 살아온 나와 핵가족제도에 사는 신세대와 비교를 해보았습니다. 나는 국민총생산 60불 시대로 세계에서 가장 가난한 나라 보릿고개 속에서 굶주리며 어떠한 지원도 한 푼 받지 않고 스스로 몸과 마음을 던져 사남매를 낳고 기르고 교육시키고 결혼까지 해냈습니다. 지금은 국민총생산 3만불 시대로 무역대국 10위에다가 선진국대열에 낀 풍요로운 나라로써 지원까지 해주는데도 출산·보육·교육·결혼까지 돈 못 벌어서 어려우니 출산을 두려워하고 있습니다. 나와 지금 세대와의 차이는 하늘과 땅입니다. 삶과 결혼, 출산이 말입니다. 한 마디로 나와 우리 세대는 이유, 조건 따지지 않고 결혼 적령기 20대에 결혼을 못하거나, 결혼을 하고 아이를 적게 낳으면 부끄럽다는 생각을 했습니다. 이 같은 생각이 무식하고 바보 같아서일까요? 돈보다는 사람구실로 가정과 핏줄을 중요시하기 때문이었습니다. 가정형편이 어떻든 간에 한참 젊었을 때 결혼하여 자식 낳고 기르면서 먹고 살아가는 우리 세대의 삶은 이대로 우리세대가 마감을 하는 것 같아 아쉬움이 남습니다. 따지고 보면 우리의 세대는 남성우월주의 세상에서 사람구실을 무엇보다 중요하게 여겼기에 가능했다고 봅니다.

지금 세상은 완전히 바뀌어 여성우월주의 세상이 되었습니다. 결혼·출산은 거의 여성이 결정한다고 해도 틀린 말은 아니라고 봅니다. 여자들의 결혼상대 남자로는 좋은 직장을 갖고 있고 같이 직업활동할 수 있어야 눈에 들어옵니다. 특히 실업자, 나쁜 직장, 자기보다 나쁜 직장의 남자는 여자의 눈에 들어오지 않습니다.

여자들은 결혼을 서두르지 않습니다. 자기가 다니는 직장이 만족스럽다고 생각하면 혼자 살아갈 수 있어 독립적으로 여가활동을 하는데 즐기고 돈도 번다는 생각에 결혼연령이 30살을 넘는 경우가 늘어나고 있는 추세입니다. 남편과 그 가족에게 간섭받기 싫고, 남편과 그 가족을 섬기는 일이 고생으로 생각을 하기 때문에 결혼을 기피하는 경우도 있습니다.

자녀출산도 여자의 결정 없이는 불가능합니다. 보육, 교육에 부모는 자녀들의 고통을 먼저 생각하므로 소득과 비교해서 결정을 하게 되지요.

경제적 풍요로운 세상에 여성 우월주의 시대에는 돈이 중요하지 사람구실, 가정과 핏줄은 뒷전이라고 하면 여성들이 나에게 비난을 할까요?

공짜 돈 주고 각종 혜택을 주면서 아이를 낳으라는 출산정책은 약발이 떨어진지 오래됩니다. 이미 젊은이들, 특히 여성들의 머릿속에 결혼과 출산을 꺼려하는 생각이 깊이 박혀있는 이상 아무리 장려해도 출산율을 높일 수가 없습니다. 수당, 혜택, 지원해준다고 낳기 싫어한 아이를 낳는 사람은 드물 것입니다.

자기만족만을 위해 살아가는 독신자, 결혼지연, 저출산에 국가 · 가정 · 사회에 좀이 된다는 것을 모를 리 없을 것입니다. 나로 하여금 인구가 줄어들면 국가의 존재가 위태로워지고 국가경쟁이 떨어지고 고령사회가 되어 후손 한 명이 3,4명의 고령자를 부양하게 되어 고통을 안겨주는가 하면, 국가가 존재하기 위한 토종이 사라지므로 잡종 외국인이 상륙하여 지배하는 세상을 생각해 보아야 합니다. 또한 가정적으로 핏줄 끊어버려 대대로 이어온 가정이 사라진다는 것은 가정적 범죄자가 아닌가요.

만물은 대를 끊지 낳기 위하여 이유, 조건, 고통 따지지 않고 번식을 자연스럽게 하고 있습니다. 생식기 음양은 번식을 위해서 만물에게 주어져 있는데 만물의 영장인 사람이 거부하는 것은 사람구실을 못하는 탈 쓴 사람에 해당됩니다. 사람구실 하려면 대를 이을 자식을 낳아야 합니다.

성경말씀. 창세기 1:28 '인간을 창조하시고 생육하고 번성하여 만물세계를 주관하라.'

만물이 세상에 태어나면은
어떤 환경 속에서도 멸종이 안 되려고
대를 이어 번성하기 위하여 출산을 하는데
만물의 영장인 사람이
동물, 식물, 하찮은 곤충보다 못한 취급을 받고
살 수는 없습니다.

창조주 하나님 말씀대로 자연의 순리대로

부모의 대를 이어
부모사랑, 부부사랑, 자녀사랑, 형제사랑, 가정사랑 누리며
행복하게 살려 노력하는 것이 사람의 도리입니다.
반드시 대를 이어가는 사람 구실이
참다운 사람이지요.

무상보은(無償報恩)

대학등록금. 대학을 보내려면 1960년대는 전답을 팔아서, 1970년대는 소를 팔아서, 1990년대는 집을 팔아서 등록금 마련하는 것이 유행이면서 설움이었음을 나는 경험한 사람입니다. 나도 1970년 들어서 등록금에 빚인 돈 갚으려고 몇 마지기 논을 팔았습니다. 2000년대 들어서면서 은행대출을 받기도 하고 학생이름으로 대출받아 졸업 후 취직하여 상환하는 제도로 많이 발전되었다는 것을 알 수 있었습니다. 그만큼 대학을 보내려면 돈이 많이 들어 허리가 휜다는 것이지요.

반값·선무상등록금. 나로서는 처음 듣는 말이라 반갑게 들었습니다.

2006년 4월 당시 한나라당 박근혜 대표께서 성균관대학교 특강에서 전체 대학등록금 중 3조원정도 장학금으로 대치하고 나머지 일부는 다른 방법에서 찾으면 「등록금 반」을 줄일 수 있다 했습니다.

바로 그 이튿날 노무현 대통령 집권당 열린우리당 정봉주 국회교육위원회 간사는 「대학 선 무상교육제」 도입을 제안했습니다. 대학

선 무상교육제란 국가가 국채를 발행하여 등록금을 우선 납부하면 졸업 후 취업이 되면 소득수준에 맞게 원금을 갚는다는 말입니다. 무상이란 말이 반값만큼 관심을 끌었으나 공짜가 아니었습니다.

처음 반값등록금 말이 나온 후부터는 계속해서 정치권과 학생들은 목청을 높이기 시작하여 19대 총선과 민주당(지금 더불어민주당)이 반값등록금을 내걸고 18대 대선에서 여야를 막론하고 학생들까지 반값등록금을 외쳤습니다. 그러나 18대 박근혜 대통령이 당선되고 19대 국회가 끝나도록 실현되지 않았습니다. 나는 구호에만 그친 정치권의 표 따먹기에 언제 반값등록금 세상이 올까 지켜볼 뿐입니다.

나는 반값등록금 자체를 정부만이 감당할 수 없다고 생각합니다. 방법이 있습니다. 장학금입니다. 예나 지금이나 고등학생 이상은 성적우수학생과 빈곤층 학생들에게 국가장학금·학교장학금·사회단체장학금·자치단체장학금·종친장학금 등 수 없이 많은 종류의 장학금을 주고 있는 것을 알고 있습니다. 장학금을 늘리는 것입니다.

나는 한발 더 나가겠습니다. 공짜로 받았으니 공짜라고 잊어버리지 말고 도움을 받았으니 나도 도움을 주는 사람으로 살겠다는 은혜를 생각하면 어떨까 합니다. 나는 보았습니다. 1960년대 세계에서 가장 가난한 나라로 먹고살기 힘들 때, 유엔을 중심으로 밀가루 등 많은 원조(공짜 · 갚지 않는 것)를 받고 살았습니다. 2000년 후반에는 우리가 잘 살게 되어 원조를 받았던 나라에서 주는 나라가 되었습니다. 은혜를 갚는 일 얼마나 아름답습니까.

장학금을 받고 먹고 살게 되고 출세까지 했으면 보조금을 받고 먹을 만치 살게 되고 사업이 잘 되었을 때 개인이든 단체든 나 몰라라 말고 공짜도 새끼를 낳아 대를 이어가는 무상보은(無償報恩)의 마음씨를 베풀면 아름다운 세상이 만들어질 것입니다.

한때 대학등록금이 너무 비싸다
학생과 정치권 선거바람을 일으켜 소란을 피웠지만
국민세금 외는
뾰족한 해결방법을 내놓지 못하는 것은
자연의 이치를 몰랐기 때문입니다.

논에 벼알(모) 하나 심으면
가을에 평균 90개 알맹이가 달려
공짜로 농부로부터 퇴비 · 비료 · 정성 등을 먹고 자라
그 보답으로 공짜로 돌려주는 이치를 깨우쳐
공짜는 공짜가 아니라
사람에게 공짜는 없다는 것을.

공짜 장학금. 공짜 보조금.
갚지 않아도 되는 공짜 돈 받아
공부한 후 사업한 후 먹고 살만하게 되면은
운이 좋아 공짜 받았다 말고
공짜가 공짜로 새끼 치는 벼알같이
고마운 공짜 은혜 입었으니 공짜로 내놓아 등록금 걱정. 사업걱정 덜어주는 아름다운 공짜세상 살아가세.
무상보은. 아름다운 공짜세상 아들 딸 위해서 만들어갑시다.

노인기준 70살로

우리나라 생활보호법과 노인복지법은 65세 이상을 노인이라 정하고 있습니다. 나는 65세 노인기준 나이가 어디서 언제 기준이 되었는가 자료를 찾아보았습니다. 우리나라에서 나온 말이 아니라 독일에서 나온 말이더군요. 1889년 철의 재상「비스마르크」시대 사상 최초로 사회보장제도를 실시하면서 65세면 노령연금을 받아 생활해도 된다고 판단했다는 기록이 있습니다. 당시 독일의 기대수명은 49세였습니다.

우리나라 평균 수명을 살펴보았습니다. 내 나이 25살 무렵 1960년대는 50살, 1970년에는 61.9살, 2010년에는 80.5살로 수명과 체력, 노동력도 함께 늘어나 20년, 30년 이후면 100세 시대가 열릴 수 있다는 예측은 사실로 드러나고 있습니다.

100세 시대를 맞이하여 65세는 노인이 아니라 소년, 청년, 중년, 노인으로 구분할 때 중년에 속하고 있습니다. 사람으로 노인에 해당되는 것은 석양이 진다는 말과 같다고 봅니다.

우리는 100살 시대를 기다리기 전에 지금이라도 미래 발전적 생활을 향해 노인연령 65살에서 70살로 바꿔야 한다고 나는 내세웁니다. 노인연령도 시대와 신체에 따라 변해야 하기 때문입니다. 내 생각에는 1차적으로 노인연령을 70살로 정하면 어떨까 합니다. 20년, 100년이 흐르면 80살, 90살로 늘어가겠지요.

이미 고령화 사회로 진입했습니다. 2015년 기준으로 노인인구가 665만 명으로 13.1% 비율로 2030년이면 24% 초고령화사회가 되고, 현재 농촌은 20.9%로 이미 초고령사회로 진입했다는 통계청 발표입니다. 65살 청춘을 노인으로 취급하는 것은 사람 가치를 떨어뜨리는 말입니다. 실제 내가 살고 있는 마을은 65%가 고령입니다.

노인연령을 70살로 늘리면 부작용이 있는 것도 사실입니다. 노인·청년 일자리 문제, 기업경영, 직장정년과 보수문제, 건강보험과 복지, 각종 혜택 등 피해가 발생합니다. 나는 부작용에 대하여 겁먹을 필요가 없다고 봅니다. 골치 아픈 사회문제로 갈 것이 아니라 정치·문화·경제·사회 등을 100세 시대를 향해 지금부터 장기계획을 세워 차근차근 지속적으로 해나가자는 것입니다. 당장 실시하자는 것이 아닙니다.

좋은 점 몇 가지만 뽑겠습니다. 고령화인구 줄이고, 건강한 청춘이 생산 가능 인구를 늘려, 소득 증대시키고, 저출산으로 노인부양 줄이고, 사회보장비율과 복지예산 줄이고, 노인빈곤층 최소화하고, 사회적 약자 줄이는 등 모든 분야에 도움이 된다고 봅니다.

지금 우리는 기대수명이 81살 시대를 맞이하여 15세~64세에서 75살을 생산가능 연령으로 보고 있습니다. 인간의 건강과 체력이 증가하는 수명에 노인연령기준도 따라가도록 만들어가야 한다고 봅니다.

나는 81살로 접어들었습니다. 노후대책이 전혀 없습니다. 동생과 사남매 자녀들 교육과 결혼에 나의 삶을 쏟아 부었습니다. 나는 대학 안 갔습니다. 동생과 자녀 교육시켜서 잘 되면 편안히 살 수 있다는 생각만 하고 열심히 일했습니다.

지금 동생 · 자녀들이 자기 자녀들 교육시키는 것을 들여다보았습니다. 나와 똑같이 자녀교육에 전 재산을 쏟아 붓고 있었습니다. 노후대책이 어려울 것 같습니다. 나와 비슷한 처지를 대물림하게 되었습니다. 가슴 아픕니다.

나의 시대까지는 농경시대, 대가족제도 하에 효를 중심으로 부모부양, 자녀양육과 교육시키며 노인을 존경하고 섬기는 세상이었지만, 아들딸 세대는 도시화, 산업화, 핵가족시대에 살아가고 있기에 효 중심이 끊어지고 있습니다. 부모의 유산을 받고 많은 재산을 가진 자식들에게 부모를 부양토록 법의 판결을 내린 세상이 안타깝기만 합니다.

부모 부양시대가 끊어지기 시작했습니다. 정부나 정치권에서 노인문제를 해결하기 위해 노인복지에 집중하기 시작했습니다. 지금 우리의 실정에 정부가 전액 노인부양을 할 수 없는 형편입니다. 국제노인인권단체 헬프에이지 인터내셔널(본부 영국)에서 발표한 노인복지수준은 세계 96개 중 50위로 하위권에 속합니다. 우리보다 못 사는 태국 36위, 스리랑카 43위, 필리핀 44위, 베트남 45위에도 뒤지고 있다는 사실입니다.

앞으로 정부와 정치권에서 노력할 것으로 기대해봅니다.

노인연령을 높여야 한다면서 노인복지 문제를 꺼낸 것은, 지금 우리사회는 초고령화 저출산시대로 접어들었기 때문에 복지를 늘리면 늘릴수록 그만큼 자녀와 후손들이 행복보다는 고통과 부담을 주는 불행을 막자는데 초점을 두고자 해서입니다.

100년 전 65살 노인기준을 이유여하를 막론하고 세월만큼 수명 상승에 따라 건강·체력·노동력이 함께 상승하는 흐름을 따라가는 것이 자연의 법칙에 적응하는 인생 행복길입니다.

사람나이를 두고 소년·청년·중년·노인이라 노래 부르는데
노인만을 따로 떼어놓고 부르면
인생 황혼길로 가는 출발을 알리는 신호소리
자연의 순리에 순응한다지만 서운한 기분이기도 합니다.

노인기준을 독일에서 기대수명 49살로 보고
65살부터라 정한지 100년이 지나도
기대수명 81살이 넘어도 변함없이 묶어 놓는 것은
자연의 순리를 역행하여 재앙(災殃)을 불러들이는 것을 알면서
과학의 발달로 수명 · 건강 · 체력 · 노동력도 함께 늘어나
100살 시대가 손자시대로 눈앞에 왔으니
노인기준도 수명연장에 발맞춰 살아가는 게
미래세대에 고통을 덜어주고
국가발전에도 보탬이 되도록
70살 노인기준을 늘리는데 주저할 것 없습니다.

차차 수명·건강이 늘어가는 대로
75살 80살 늘어날 것이므로
100살 시대를 준비해나가는 길입니다.
건강만 허락한다면 나이 상관없이
100살이라도 일하고 사는 게
더 행복한 삶을 어디서 찾겠습니까.

제5부

노동

하나님이 점지어준 노동은 생명과 함께 태어났으니 행복을 노동에서 찾을 수밖에 없도다.

• 노동은 즐겁게 •

• 노동자눈물 노동자가 닦아야 •

• 임금피크제 •

• 경제민주화 •

• 위장된 재벌개혁 •

노동은 즐겁게

6월 초 양파수확을 하는 시기가 되면 일손이 부족하여 애를 태우고 있는 농촌실정을 잘 알고서 사위가족은 해마다 빠지지 않고 처갓집 일을 도와주었습니다. 올해도 어김없이 외손자들을 데리고 와서 양파작업에 참가했습니다. 오늘은 양파를 담아놓은 망을 꺼내는 일이라 쉽지 않은 일이었습니다.

사위는 처남들과 함께 경운기에다가 20㎏짜리 양파 가마를 들어서 각자가 경운기에 올리기 시작했습니다. 일에 익숙지 않은 사위가 몇 가마 올리자 30도가 넘는 무더위는 사위를 숨차게 하고 온몸을 땀으로 적시었습니다. 외손자들은 자기 아버지가 양파를 경운기에 싣는 것을 보면서 밭 바닥에 버린 작은 양파들을 비닐봉지에 담는 일에 열중하고 있었습니다. 경운기에 가득 실은 양파를 큰 차에 상차하기 쉬운 도로변으로 옮겨 줄지어 쌓는 일까지 몇 차례 반복하는 사이에 참 쉴때가 되었습니다. 밭 모퉁이 그늘진 곳에 온 가족이 함께 준비해온 음식을 먹기 시작했습니다. 땀에 적신 온 몸에 시원한 물과 막걸리 한잔은 기가 막히게 피로를 풀어주는 보약 같았습니다.

초등학교 6학년짜리 큰 외손자가 내 옆으로 다가왔습니다. 나는 무심코 막걸리 한잔 더 할 테니 막걸리병을 가져오라 했습니다. "예" 하고 큰소리로 대답을 하고는 "할아버지 일하지 않으면 안 돼요?"

외손자가 갑자기 나에게 물었습니다. 갑작스런 외손자의 말에 나는 감동을 하고 말았습니다. 어린아이의 눈이지만은 할아버지 할머니, 어머니, 아버지, 외삼촌 등이 땀 흘려 일하는 것을 보고서 쉬운 일이 아니라는 것으로 본 것을 솔직하게 털어놓은 것이었으니까요. 농사일은 햇빛과 땀을 두려워하면은 못짓는 것을, 어린애의 생각으로 농사짓는 일을 그만두고 아버지처럼 땀 흘리지 않는 직장을 택하라는 것인지 속내는 알 수 없으나 하여튼 농사일을 안했으면 하는 외손자의 기특한 말에 나는 답변을 했습니다.

"성찬아. 노동은 할아버지에게 하늘이 내려준 일이란다. 너도 청년, 어른이 되면 할아버지 일과 다른 하늘에서 내려준 일을 하고 살 때가 온단다."

일(노동 · 勞動). 사람이 태어나면 생명만 있는 것이 아니라 일도 함께 있는 것입니다. 생명이 태어나면 죽는 것이요, 생명을 보존하는데 반드시 일이 함께 있어야만 가능하다는 말입니다. 생명과 일 하나입니다. 사람은 먹어야 삽니다. 사람이 먹고 살려면 일을 해야 하는 법이니까요. 일하지 않으면 먹고 살 수 없습니다. 그래서 일은 생명의 영양(營養)이요, 출세의 영양이라고 합니다.

삶의 기본이 되는 것이 일이라는 것을 우리는 모두 알고 있습니다. 열심히 일을 하는 사람은 좋은 사람이라 부르고, 일을 기피하고 하지 않는 사람을 두고 나쁜 사람이라고 부르기도 합니다. 육체적 정신적 노력을 할 힘이 있는 사람이 일 않고 먹고살아가는 사람을 보면 남이 일한 대가를 훔치거나 빼앗아가는 기생충보다 더 못된 동물이라고 해야 마땅합니다. 내가 일해서 먹고 살아야 법 없이 좋은 세상이요, 천당, 극락이라고 할 수 있습니다.

일하는 이유가 먹고 살려고 어쩔 수 없이, 돈을 벌어야 나와 가족이 살 수 있다는 것보다는 일하려고 태어났으니 이왕이면 즐겁게 일을 하면서 돈을 버는 것이 일을 통해 삶에 활력을 얻을 수 있어 싫증이 나지 않는 것입니다.

거꾸로 일의 결과로 얻어진 돈만 중요해지면 일은 그야말로 죽지 못해서 어쩔 수 없이 하는 고된 노동이 되고 맙니다. 고된 노동만 생각하면 아침에 일어나 어떻게 오늘 하루 지낼까 걱정부터 하다가 퇴근시간만 기다려지고 어떻게 하면 일을 남보다 적게 해고 많은 일당을 받을까 생각만이 들기 마련입니다.

그래서 나는 돈이 중요한 것보다 내 운명이 더 중요하다고 생각하면서 살고 있습니다. 80살이 넘어가도 해마다 양파농사를 하기에 뜨거운 여름햇살도 아랑곳없이 양파를 한 망 한 망 담으면서 만원, 만원 노래 부르며 아내와 함께 매일 즐겁게 일을 합니다. 다른 작물 작업도 나는 즐거움으로 일을 합니다. 내가 하는 일이 나라, 가족은 물론, 다른 사람과 사회에 도움이 되고 국가발전에 이바지하는 주어진 농사가 운명이라고 몸에 배어 있기에 즐겁게 일하며 살아갑니다.

노동은 사람이요, 사람은 노동입니다.
노동은 사람이 합니다.
사람은 살기 위하여 노동을 해야만 합니다.

사람은 노동 없이 살 수 없고
노동은 사람 없이 할 수 없습니다.
삶의 영양이요, 출세의 영양을
사람은 노동과 함께 태어났으니까요.

노동도 생명처럼 귀하게 태어났으니
나에게 어떠한 노동이 주어지더라도
하늘이 나에게 내려준 운명으로 받아들여
좋게 생각하는 사람에게는 좋은 인생길이 열리는 것이요
나쁘게 생각만 하는 사람에게는 좋지 않은 인생길이 열립니다.

나에게 주어진 어떤 노동일지라도
나만을 위하는 노동이 아니라
가족, 이웃, 사회, 국가, 세계를 향한 노동이 될 수밖에 없으니
값진 자부심으로 주어진 육체적 정신적 노동에
될 수 있는 한 즐거운 운동으로 살아가면은
마음 편한 노동이 기쁨을 주리라.

즐거운 노동을 즐거운 운동으로 생각하면 나의 행복을 주는 즐겁게 살아가는 인생입니다.

노동자의 눈물, 노동자가 닦아야

육체를 거의 던져 일하는 농업을 직업으로 삼고 천직으로 알아 80평생 살아온 나는 정규직과 비정규직, 주5일제 40시간 노동, 최저임금 6030원(2015년), 임금인상 파업 등이 해당되지 않아 말 그대로 자영업이라 골치 아픈 일이 없어 건강하기만 하면 정년 없이 계속 일할 수 있으니 뭐라 해도 좋은 일자리라고 생각하며 살아가고 있었습니다.

60살 넘어서부터는 눈만 뜨면 노동개혁이란 말이 세상을 떠들썩하기 시작하면서부터 20년이 지나 80살이 넘어가는 동안 계속 목청만 높아가고 정부와 국회까지도 각을 세워 해결책을 찾지 못하고 자기들 주장만 옳다고 맞서는 것을 보고 방법이 없는가 찾아보기로 했습니다.

이때 마침 딸이 집에 찾아왔습니다. 직장에 다니면 열심히 일을 해야지 공휴일도 아닌데 왔다고 나는 안 좋은 소리를 딸에게 던졌습니다.

사남매 중 하나인 딸은 결혼을 하여 아들 둘을 낳아 고등학생이 되자 대학을 가게 되면 남편 혼자 공무원 월급으로는 형편이 어려울 것 같아 다소 가계에 도움을 보태고자 다행히 공공기관의 비정규직에 들어가서 잘 했다고 칭찬했습니다. 그런 딸이 직장에서 잘렸다는 것입니다. 비정규직 2년을 근무하면 정규직으로 올려주어야 하기에 정규직 자리가 없으니 공공기관에서 어렵사리 얻은 직장을 깜짝 좋다말고 비정규직 설움을 맛본 딸이 안타깝게 여겨졌습니다. 나는 딸만의 설움이 아니라 대한민국 비정규식 설움이라고 생각했습니다.

늦게나마 박근혜 대통령이 직접 나서서 노동개혁은 시급한 청년들에게 60만개 일자리 등 만들어주는 것이니 하루빨리 통과시켜달라고 19대 국회를 향해 외치자 기업들도 노동개혁을 통과시켜달라고 1천만 서명운동까지 발 벗고 나선 것을 보았습니다.

지식과 전문성이 없는 나는 노동개혁을 요구하는 쪽은 대통령과 집권당 정부와 기업인 반면 반대쪽은 노동단체인 민주노총, 한국노총과 야당 더불어민주당(새정치민주연합)이었습니다. 찬반에 대한 내용에 대해서 모두가 자기 이익 쪽으로 주장하겠지만 국민이 뽑아준 집권정부가 노동자를 위한 노동개혁을 내놓는 것은 일부로 나라를 망치자고 내놓은 것이 아니라고 보아 야당이 양보하여 법을 통과해주면 좋다는 생각이 들었습니다.

왜냐하면 노동개혁으로 집권정부가 실패하면 국민들은 차기집권을 야당에게 쥐어줘야 하기 때문입니다. 우스운 말 같지만 집권정부 새누리당이 노동개혁으로 국민들이 잘 했다고 하면 정권교체를 하여 집권정부가 되지 못할 것 같아 노동개혁을 통과시켜주지 않는가 의심할 수도 있습니다. 아니면 뻔히 노동자와 경제발전에 피해가 있는 것을 알고 있는데 미리 막는 것도 야당의 책임이다 할 수도 있겠지요. 실패를 전제로 하고 말입니다.

노동개혁 내 딸 비정규직 설움, 대한민국 비정규직 설움과 중소기업 설움을 풀어주는데 생각이 떠올랐습니다.

노동의 주인은 노동자이기에 노동자의 눈물을 노동자가 닦아 주어야 합니다. 정규직 양보 없이 비정규직은 계속되는 것이고, 귀족노조 양보 없이는 중소기업 노동자 설움 해결할 수 없습니다. 노동자가 노동자의 설움을 외면하는 것은 부모가 자식을 외면하고, 자식이 부모형제를 외면하는 것과 같습니다. 정규직과 비정규직, 대기업과 중소기업의 이중구조에 대한 차별을 줄이고 상생의 길을 가는게 모든 노동자에게 좋으련만, 한쪽은 웃고 한쪽은 울고 있는 것은 잘못된 노동시장으로 보입니다.

비정규직. 어떤 일자리라도 마다않는 구직자가 많기 때문에 기업들은 저임금, 장시간 노동, 위험한 노동, 실직위험 등에 처우개선 필요 없고 항의불만하면 해고시키면 탈 없으니 비정규직, 파견, 사내도급, 간접고용 등 쓰기가 편한데다가 같은 장소, 시간, 일을 해도 60% 임금으로 해결할 수 있으니 비정규직을 줄이거나 없애지 않습니다. 같은 노동자이지만 비정규직 노동자는 인간대우 받지 못한 채 일회용에 해당돼 비정규직 2년이 지나면 직장을 그만둘 수밖에 없는 구조입니다.

같은 비정규직이라도 대기업일수록 설움이 많다고 봅니다. 비정규직 노동자는 열심히 일하여 오직 정규직이 꿈이었지만 해고되거나 분신, 자살, 철탑농성 등 목숨 건 한판 세상 국민들은 지켜보았습니다.

중소기업 노동자, 중소기업, 협력업체의 정규직이라 할지라도 대기업과 비교해 보수 면에서 차이가 많이 나지만 기업실정이 열악하기 때문에 노동자 스스로 받아들여 먹고 살기 위해서 다른 직장에 가지 못하고 대기업을 부러워하면서 비정규 설움 비슷한 입장에서 직장생활을 계속하고 있는 실정입니다.

나는 비정규직, 중소기업 노동자가 같은 노동자 대우를 받지 못하고 있는 걸림돌을 알아보았습니다.

한국 노동자를 대표하는 양대 노동단체인 한국노총, 민주노총과 정부, 대기업, 귀족노조, 정규직들이 지나치게 정규직을 보호하고 있는 현실입니다. 이중에도 가장 막강한 조직은 대기업 정규직 귀족(황제) 노조(노동조합)라는 것을 내 눈으로 똑똑히 보았습니다.

정규직은 정규직대로 기업이든 공공기관이든 간에 정부, 기업, 노동단체의 적극적인 보호를 받고 있기 때문에 비정규직을 줄이거나 없애고 모두 정규직으로 전환하면 철밥통이 줄어들까 두려워서 기득권을 포기할 수 없다는 생각에 비정규직에 대한 관심이 없는 것 같습니다. 정부나 기업은 예산이 많이 들어가기 때문에 비정규직을 그대로 두는 것이기도 하고요. 양대 노총은 자기들의 조직이 정규직이 거의 조직원이기에 조직이탈을 보호하고 비정규에게 찬밥취급을 하는 것입니다.

강철군단 귀족노조(강성노조)는 대기업 정규직 노동자로 대기업의 약점을 이용하여 오직 독점이익의 탐욕에 눈 멀어 기업, 비정규직, 중소기업 노동자 등은 안중에도 없고, 심지어 대한민국 경제와 노동시장을 발목잡는 무적군단(無敵軍團)으로 가장 두려운 존재로 보입니다.

평균연봉 9천만 원~6천5백만 원 이상(15년 근속자 1억 원) 최고의 대우(중소기업 2~3배)를 받으면서 더 많은 임금, 복리, 성과급 내놓으라 단체협상에 올려 압박을 하다가 진군명령(파업) 떨어지면 기업은 관행적으로 강철군단의 입맛을 맞출 수밖에 없습니다. 왜냐하면 막강한 강철군단 진격을 멈추지 못하면 환란보다 더 큰 위급한 사태가 발생하기 때문입니다. 국민들이 똑똑히 지켜본 사실이 아닙니까. 자동차 생산군단이 대표적이지요.

무적의 강철군단은 대기업 약점과 노동법이 만들지 않았을까요. 기업은 파업하게 되면 생산차질로 막대한 손실을 막기 위하여, 국내외 경쟁기업에 밀리지 않기 위하여, 직장 폐쇄하면 1천여 협력업체 부도, 도산, 근로자 50만 명 실직과 가족생계 파탄을 막기 위해, 국민으로부터 악덕기업이라 비난받지 않기 위해 애써 세운 기업 망할 수는 없기에 부득이 강철군단의 입맛을 맞추기 때문입니다.

노동법은 파업해도 일하게 대체인력 투입을 법으로 금지되어있으며, 기업은 고용조절이란 최악의 사태가 닥치기 전에 생상선 향상을 통해 기업경쟁력을 높이고 탄력적으로 인력운용 등 조치가 자구노력으로 애써야하나 노조의 동의와 협력 없이 기업 마음대로 경영할 수 없도록 한 것이 현행 노동법이 있기 때문에 강철군단이 생긴 것이지요.

무적의 강철군단의 진격 나팔소리에 비정규직이 눈물 흘립니다. 제일 먼저 중소기업(협력업체)이 부도, 도산의 위협을 받고, 덩달아 노동자는 실직과 가족의 생계까지 위협을 받지요. 나아가 지역경제는 침체에 빠지기까지 하지요. 심지어 해고는 법전에도 없다는 철밥통 유지와 세습고용으로 정규직에 빗장을 걸어놓았기에 열심히 일해 오다가 분신, 자살, 실직, 농성 등으로 생을 마감한 비정규 노동자는 오직 정규직이었습니다.

특히 비난받는 대기업도 사회적 신뢰회복을 위해 정신을 차려 부담을 느끼고 중소기업과 상생을 하려고 해도 강철군단과 발을 맞추기 때문에 중소기업에게 피해를 주는 꼴이요, 쌓인 부채에서 벗어나지 못하고 좋은 일자리 만들지 못하고 국내를 벗어나 국외로 탈출하는 길을 열어주는 꼴이 됩니다. 많지만 이정도로 국가경제와 노동시장을 혼란케 한다는 것을 국민들은 알고 있지요.

노동개혁. 비정규직 없는 세상 만들기입니다. 노동개혁은 재벌개혁 없이 불가능하고, 재벌개혁은 노동개혁 없이 불가능합니다. 노동개혁 중에 가장 중점이 되는 것을 비정규직 전면 폐지로 봅니다. 농사를 지어보니 비정규직이 필요 없다는 것을 보고 살아온 경험에서 우러나온 것입니다.

비정규직은 예외적인 일자리기 때문에 사업기간이 특정되어 있거나 임무에 일시적으로 공백이 생길 경우에만 인정되어야 원칙이란 말이 맞습니다. 상식적인 업무(해마다 농사일)에는 비정규직이 있을 수 없고, 상식적인 기간(농사기간)에는 비정규직이 필요 없지요. 쉽게 말하자면 소를 사육하는 동안 온 가족이 여행할 때 가족대신 사람이 여행기간 동안 소밥을 줄 때에만 임시로 비정규직이 필요하다는 것입니다.

비정규직 폐지는 노동자가 노동자의 눈물을 닦아주어야 가능합니다. 나는 노무현 대통령 말씀을 기억합니다. "비정규직 눈물을 닦아 주겠다고 해놓고 권력이 시장에 넘어가서 손을 들었다." 이 말은 노동시장을 정규직 노조와 노조 중 강철군단이 권력을 쥐고 있다는 것 아닙니까?

비정규직 폐지는 강철군단의 출발로 모든 정규직 노동자가 쉽지 않은 결단으로 철밥통 기득권(연봉)을 내려놓으면 비정규직 및 중소기업 노동자 눈물까지 닦아줍니다. 철밥통 포기에는 정부, 기업부담까지 포기한 것이므로 이에 대한 최선의 대책을 세워 지원을 해야 합니다. 비정규직 없는 세상을 위하여 정부, 기업, 정규직 노조 함께 손잡을 날을 기대합니다.

고용주 이익과 효율성만 중시하며 부분별로 비정규직을 늘려 철밥통 정규직, 우리나라 최고수준의 가계소득 5%에 들어간 강철군단을 양산시킨 책임도 대기업에 있다는 것도 명심해야 한다고도 생각합니다.

노동조합(노조). 노조는 조합원의 권익과 복지향상이요, 사회적 약자에 대한 보호 장치가 노조의 설립기본취지로 도덕성과 합리성에 있다는 것으로 알고 있습니다. 그러므로 최고의 대우를 받으며 더 많은 임금, 상여금, 복지향상 내놓으라는 압박은 노사상생을 져버린 것이 아닐까요? 경영이익이 생기면 사측이 빚을 갚고 재투자하거나 안정적으로 자금을 운영해야 하는데 이익 많이 생겼으니 성과급 더 나눠달라는 요구도 지나친 처사이지요. 노사는 상생을 위해서 회사의 경영실태를 고려하여 고통분담도 할 줄 알고, 미래에 회사의 어려움이 닥칠 것을 예상하고 노사가 준비해 나가면서 모든 노동자가 함께 살아간다는 도덕성과 합리성이 지속되어야 아름다운 노동시장이 펼쳐질 것입니다.

지금의 노동조합은 중소기업 노동자나 비정규직, 일용직, 자영업자에게는 그림의 떡에 불과합니다. 정규직이 존재하는 기업과 공공기관들의 몫밖에 안되지요.

노동자가 노동자의 눈물을 닦아주는 세상
노동자가 만들어
누구나 열심히 일하면 차별 없는 인간대우를 받고 살아가는
기업하기 좋은 나라, 노동자가 일하기 좋은 나라

모든 국민이 살맛나는 세상 살아가세
정규직 양보(연봉) 있는 곳에 비정규직이 없어지고
대기업 귀족노조 양보(연봉) 있는 곳에 중소기업 노동자 간격이 없어지고
정규직 노동조합만 품고 있는 한국노총, 민주노총이
일반노동자, 일용직, 자영업 노동자까지 모두 품어야
모든 노동자 능력에 따라 대우받는다네.

노동자의 권익과 복지향상을 위해 법으로 허락된 노동조합
정부기업에 손 내밀지 말고 100% 조합비로 충당하여
무노동 무임금 법을 지키는 도덕심을 가지고
자립하는 노동조합이 되어야
존경받는 노동조합 당당하게 노동자의 권익을 찾는 것일세.
노동자가 노동자를 위하는 세상을 만들어 살아가세.

임금피크제

나는 임금피크제 도입을 환영합니다. 노인연령기준을 65살에서 70살로 올려야 한다고 몇 년 전부터 주장한 사람입니다. 나의 직업은 자영업 농사이기 때문에 나이와 정년에 대하여 관계없으나 직장을 갖게 된 근로자에게는 정년이란 꼬리표가 달려 있으니 노인연령과 관계가 깊습니다. 나의 정년은 자유직업이기 때문에 정년은 건강인 셈입니다.

2016년부터는 58세 정년에서 60세로 늘어나 공공기관부터 실시한다고 정부가 발표했습니다. 다행이라고 생각하지만 100세 시대라고 하는 마당에 미래의 장기계획을 세워야 한다는 생각이 듭니다.

나는 2003년 한국노동연구원 고 김정한 박사가 쓴 글을 읽어 본 적이 있습니다.

"조기퇴직으로 인한 부작용이 많다. 50대 중반부터 임금을 좀 깎고 일하는 피크제는 중 고령자의 노동보장은 물론 사회의 활력증대를 도모할 수 있다. 호봉제를 성과제로 바꿔야 한다."

이에 대한 반대소리도 나왔습니다.

"결과로 정년만을 늘린다. 인건비가 치솟고 이를 견디지 못하여 기업이 망하거나 해외로 이탈하고 실업자가 급증하는 부작용이 많다. 능력이나 성과가 아니라 나이를 기준으로 임금을 깎는 것은 연령차별이다."

나는 이 글 속에 찬반을 떠나서 임금피크제가 중·고령자 고용연장과 보장은 물론 사회의 활력증대에 감명을 느껴 국민수명이 늘어난다는 대책으로 직장 정년도 국민수명에 따라 적절하게 변해야 고령사회가 안정되어 사회가 안정되어야 한다는 생각에서 찬성을 하는 것입니다.

저출산으로 말미암아 100세 세상에 노인의 인구가 50%이상 넘어가게 되어 있습니다. 팔팔하게 일할 수 있는 나이를 노인으로 취급하여 일을 못하게 하면 복지제도로 대책을 세우지 않는 한 삶의 질은 떨어지고 빈곤에 빠져 국가경제가 흔들리게 됩니다. 국민의 50%가 노인인데 외국사람이 먹여줄까요. 피크제로 임금을 깎는 것은 연령차별이라고 하시는 분은 60세 정년을 끝내고 직장 떠나면 됩니다.

노동자의 정년을 100세 세상을 대비해 노인연령기준 70세의 경우 정년을 늘려 60세부터 임금을 깎고 일자리 기간을 늘리는 10년 임금피크제로 정책을 수립하는 장기계획서가 준비되어야 좋다고 생각합니다. 지금 당장 하라는 게 아닙니다. 천 리 길도 한 걸음부터 시작하는 것처럼 정부가 주도하여 기업·노동계(노·사)가 조금씩 기득권을 양보하면 못할 것도 없습니다. 노·사 자율을 실시하는 것이야말로 가장 좋은 방법이지만 노·사 자율로 실시하는 데는 기업마다 사정이 달라 이해타산으로 어렵다는 것을 말씀드립니다.

임금피크제라고 임금을 받는 아버지세대가 물러나지 않고 욕심을 부리면 청년 일자리가 없어지기 때문에 청년이 아버지와 싸워 이겨서 일자리를 끌어내려야 청년인 내가 취업을 한다는 아버지와 아들, 노인과 청년세대 갈등을 조장하는 사람은 고령화시대를 모르는 사람들입니다.

세상은 갈수록 밝아지지만
사람 수명도 일할 힘도 함께
늘어나는 것은 자연의 순리입니다.
60세 사는 세상에서 100세 사는 세상으로 늘어났으니
직장의 정년도 따라 늘어나는 것은
당연한 순리입니다.
할아버지 아버지 아들이
함께 직장에서 일하는 세상이야 말로
행복한 나눔과 기쁨입니다.
임금피크제는 경제민주화요
세대간 화목이니
수명이 늘어가는 대로 발 맞춰 나아가는 게
자연의 순리를 따라 재앙도 막는 것입니다.

경제민주화

재벌개혁이 선거공약에서 한물 가버리자 대신 경제민주화가 얼굴을 내밀었습니다.

19대 국회의원 선거철에 여당인 새누리당이 경제민주화를 내 걸어 짭짤한 재미를 보았다는 것을 나는 알고 있습니다. 이어서 18대 대통령선거철이 되자 여야를 막론하고 경제민주화를 국민 거의가 원하고 있다는 것을 알고 한 표라도 더 얻으려고 경제민주화를 내걸었습니다. 텔레비전에서 새누리당 박근혜 후보, 통일민주당 문제인 후보, 통합진보당 이정희 후보가 경제 분야에서 경제민주화로 열띤 토론을 하는 것을 지켜보았습니다.

토론 중에 재벌개혁을 역대 대통령들이 단골로 써 먹었던 것처럼 이번 선거에서도 경제전문가도 아니고 경제민주화에 대하여 관심이 없었으나 이번 대통령선거를 통해서 깊이 살펴보겠다는 생각이 들었습니다.

경제민주화의 단서가 내 머릿속에서 어렴풋이 떠올랐습니다. 헌법에 기록되어 있지 않아 법전을 떠들어 보았습니다.

'헌법34조, 모든 국민은 인간다운 생활을 할 권리를 가진다. 119조 국가는 균형 있는 국가경제의 성장 및 안정과 적정한 소득분배를 유지하고, 시장지배와 경제력의 남용을 방지하며, 경제주체간의 조화를

통한 경제민주화를 위하여, 경제에 관한 규제와 조정을 할 수 있다.'

나는 헌법 내용을 보고 역대 대통령과 18대 대통령 후보까지도 여러 가지 구체적 안을 내놓고 경제민주화를 꼭 실현하겠다는 말들을 종합해 보면 결국 헌법대로 법을 지키겠다는 것으로 판단했습니다. 경제민주화는 헌법사항이기 때문입니다.

경제민주화는 헌법대로 열심히 일한 만큼 보수를 받아 재산 많은 부자는 못 되어도 최소한 인간다운 삶(생활)을 누릴 수 있어야 하는 것이요. 한마디로 다수의 국민 가슴이 따뜻하게 되어야 한다는 것으로 나는 말하고 싶습니다.

학자들께서는 경제민주화의 근본 취지를 '사회에 뿌리내려진 부당과 불공정한 기득권을 혁파하여 그동안 소외된 집단에 제 목소리를 찾아주고 정당한 권리를 되돌려 주는 것이라고 했습니다.'

18대 대통령에 당선된 박근혜 대통령께서도 경제민주화를 통해 주민 행복을 위하여 경제적 약자들의 꿈을 다시 샘솟게 하겠다고 하였습니다. 나와 경제학자, 박근혜 대통령의 경제민주화는 정의가 동일하다고 생각합니다.

세상은 있는 자와 없는 자, 약자와 강자 사이가 갈수록 좁아져 가야 함에도 불구하고 반대로 갈수록 간격이 벌어져가고만 있으니 반드시 경제민주화가 되어야 한다는 것은 국민 모두가 바라고 있는 현실입니다. 경제민주화는 말로만 되는 것이 아닙니다. 방법이 있어야 합니다. 쉬운 일이 아니라고 봅니다. 역대 대통령들도 해 내지 못했다는 것을 나는 알고 있습니다. 왜냐하면 경제민주화는 기득권과 싸움이기 때문입니다.

나는 기득권과 싸워 이기지 못한 것에 대하여 자료와 현실에서 얻은 경험을 통해 정리해 보았습니다.

기업이란 이윤을 많이 내서 세금을 많이 내고 고용을 창출하면 되는 것이지요. 재벌구조개혁, 경제적 집중완화, 중소기업 보호 등을 위한 법과제도를 정비하는 것도 중요하지만, 사실 법과 제도가 없어서 재벌의 경제적 집중이 이토록 깊게 된 것은 아니라고 허창수 전국경제연합회장의 말씀에 나는 동의를 합니다.

오늘날 경제민주화를 내건 새누리당과 민주통합당은 경제 살리기, 국가경쟁력 키우기, 아래 재벌기업이 마음껏 활동할 수 있도록 규제완화와 감세유연화 정책을 추진하거나 인정하고 있는데, 경제민주화가 아니라 재벌을 옹호한다는 것으로 되어 버렸습니다.

허창수 회장님은 이렇게 경제민주화에 심하게 꾸짖었습니다. 꼼수로 골목시장을 장악하여 경제생태계를 망가뜨리고 중소기업에 군주처럼 군림하면서 서민들을 피눈물 나게 한 일부 대기업의 횡포에 옹호할 생각은 없지만 대기업의 이익이 곧 사회전체의 이익이라고 하면서 정치권과 관료들이 그렇게 하도록 환경을 조성해 주었다고 했습니다.

나의 경험과 전문가의 말을 종합해 볼 때 경제민주화의 방해 요소는 기업에도 있지만 환경을 조성해준 정치권과 공익을 담당하는 관료집단이 더 문제가 있다고 말하고 싶습니다.

경제의 양극화는 소득재산을 넘어서 기회의 양극화로 이어지는 민주주의 시장경제를 망치는 반경제민주화를 몰아내는 방법이 떠올랐습니다. 정책을 잘 만들어 내놓아야 관료나 위정자가 악용하면 아무 소용이 없습니다. 공익을 담당하는 관료집단이 이해관계에 휘둘리지 않고 국민을 위해 일할 공직자만이 경제민주화를 실현하는데 적합하다고 생각합니다.

기득권을 깰 사람은 사회에서 막강한 지위에 있는 관료, 언론, 금융감독원, 사법부요 정치권입니다. 사회를 지배하는 자본가(재벌)와 빈부 양극화 개혁없이는 경제민주화를 할 수 없는 게 사실입니다. 그러므로 공익의 신분을 갖춘 집단이 자신의 신분을 재벌과 유착하여 자기 보호와 반경제민주화의 재벌보호를 버리면 경제민주화는 계속 이어갈 것으로 믿습니다.

대통령과 정치권이 강한 생존력으로 정권을 넘나드는 공익집단을 발굴하여 과감히 개혁을 하게 되면 반 경제민주화를 뿌리 뽑을 수 있습니다.

경제민주화의 핵심은 노동,
경제생태계를 망가뜨리지 않고
마음껏 좋은 일자리를 많이 만들어
기업은 활발하게 사업을 할 수 있고
노동자는 기분 좋게 일하는 정책을 내세워
노·사가 가족처럼 상생하여
경제를 부흥시키는 것이 경제민주화의 기본.
노동자에게 공정하게 주어진 기회 속에
어떤 직종이던 상관없이
될 수 있는 대로 소득양극화를 줄이는 방향으로
자기능력에 따라 열심히 일한만큼 대가를 받아
최소한의 인간다운 행복한 생활을 하는 것이니
경제민주화란 말로 되는 것이 아니므로
비정규직 없는 노동개혁과
경제 생태계를 망가뜨리는 재벌개혁 없이는
경제민주화를 꿈도 꾸지 말아야 합니다.

위장된 재벌개혁

재벌총수들이 범죄를 저질러 환자복을 입고 휠체어에 의지하고 맥 빠진 초라한 모습으로 재판을 받기 위해서 법정에 나타는 것을 텔레비전을 통해서 볼 때마다 나는 종종 돌림병에 걸린 사람으로 착각할 때가 있었습니다. 이상하게도 재벌총수들이 법정에 서면 거의 다 돌림병에 걸려 환자가 되어서 나타나니 말입니다.

나름대로 대한민국과 국민을 위하여 기업을 운영해 경제적 사회적 발전에 공헌한 총수들이 무엇이 부족해서 범죄를 저지를까. 나뿐만 아니라 국민들은 환자복 입은 총수들에게 동정보다는 비난하기 일쑤입니다. “사촌이 논을 사면 배가 아프다”는 속담처럼 경제적 약자인 국민들의 눈에서는 사실 재판장으로부터 동정을 받기 위한 쇼(Show, 보다)라고 비꼬기도 하지요. 제대로 된 본래 얼굴을 내밀면 부끄럽고 창피해서 국민의 눈에는 양심이 있기에 보일 수가 없어서 법정이 돌림병에 걸리게 만들었을까요.

재벌총수들이 법정에 올 때마다 경제적인 약자인 나는 재벌총수들에게 적대적 감정이 늘어만 갑니다. 때를 맞춰 정치권에서 재벌개혁을 한다는 말만 들으면 귀가 쫑긋해 집니다.

나는 농민이기에 재벌개혁을 한다면 서민, 노동자, 농어민이 잘 살수 있다는 말에 적극적으로 환영을 했습니다. 재벌개혁이 무엇이고, 알 필요도 없고, 내가 나서서 할 수 없는 것이기에 그저 이보다 더 잘 산다 하니 좋은 말로 받아 들었으면, 어리석은 생각이지만 무턱대고 재벌들 돈벌이 때문에 농어민들이 피해를 보고 산다고 자연스럽게 빠져 버렸습니다.

내 나이 61살 때인 1997년 15대 대통령선거 때 여당인 보수 진영에 이회창 후보와 야당인 진보진영에 김대중 후보가 팽팽하게 대결했을 때 재벌개혁의 공약은 서민, 노동자, 농어민들에게 인기였습니다. 재벌개혁을 내 세운 김대중 후보가 대통령에 당선되었습니다. 헌정 사상 50년 만에 처음으로 여야 정권교체가 이뤄졌습니다. 야당인 진보세력이 사회적인 약자 시민, 노동자, 농어민의 힘에 의하여 평화적으로 정권을 잡았다고 서슴없이 말도 했습니다.

5년이 지난 후 내 나이 66살 때 역시 여당인 진보진영에 노무현 후보와 야당인 보수진영에 이회창 후보가 16대 대통령선거 대결을 했을 때도 재벌개혁을 내세운 노무현 후보가 당선되었습니다.

"내가 대통령으로 있는 한 재벌개혁을 반드시 해내겠다."고 김대중 대통령이 말했습니다.

"나는 최초로 재벌개혁에 성공한 대통령이 되겠다."고 노무현 대통령이 말했습니다.

두 대통령의 말씀을 비교해 보면 김대중 대통령께서 재벌개혁을 못했다는 것을 노무현 대통령이 지적한 것이며, 그러면 노무현 대통령께서는 개혁에 성공을 했을까요.

나는 10년 동안 진보 대통령 두 분의 정권에서 살며 경험을 했습니다. 대통령직을 걸고 추진했던 재벌개혁은 실패를 했다고 말을 합니다.

실패의 원인을 나름대로 분석한 학자들이 내놓은 것을 보았습니다. 뚜렷한 주체가 없고 목표가 없다. 대통령을 중심으로 개혁세력 구성과 무엇을 어떻게 개혁을 하겠다는 구체적 안이 없고 결과를 발표할 홍보팀도 없다 였습니다.

언론과 경제학자와 경제전문가까지도 재벌개혁이 아니라 오히려 재벌들이 덩치와 문제를 동시에 키웠다고 평을 했습니다. 진보적인 언론인 한겨레신문이 두 대통령에 대하여 "김대중 정권은 삼성이 국민세금으로 삼성자동차부실을 덜어내게 했고 최대재벌 한둘의 문제를 30대 10대 재벌하면서 문제를 희석시킴으로써 삼성의 한국사회 지배를 용인했다. 생산적 복지와 노동시장 유연화 정책은 국민의 경제적 법적지위를 약회실로에 몰아갔다.

노무현 정권은 삼성에 의한, 삼성을 위한 정권이었다. 대통령이 부산상고 선배인 삼성그룹 비서실장을 통한 삼성의 오랜 관리대상이었고, 국세청, 검찰, 사법부가 거의 삼성이 한다는 대로 움직였다. 삼성비자금에 대한 조준웅 특검은 삼성의 불법상속을 합리화하는 걸로 끝났다." 고 기록되었습니다.

나는 이런 기사를 보고 두 대통령에게 섭섭한 생각이 들었습니다. 개혁대상을 오히려 덩치를 크게 만들어 주었으니 10% 재벌과, 90% 일반백성 중 한 사람 농민인 나는 재벌과 일반국민을 갈라놓고 갈등을 하도록 선동정치에 능숙하다고 해서 말입니다. 서민, 노동자, 농어민을 위하는 것이 아니라 오히려 빈곤층을 늘어가게 만들어 재벌들을 일반국민으로 하여금 적으로 만드는데 일조한 대통령이 아닌가하는 의심을 할 정도입니다.

빈부의 양극화에 시달린 경험을 가진 빈곤층과 일반국민들을 자극시켜 상층부의 재벌기업과 부자들에 대한 불신을 최대한 이용하여 숫자가 많은 서민들의 표를 정치적으로 얻고자 비합리적인 선동정치에 나 자신이 넘어간 것에 대하여 어리석게 속아 넘어갔구나 후회를 합니다. 속고 속아서 넘어간 내 자신이 잘못이지요. 진보정권 재벌개혁을 내건 정부에서 10년 살았으나 세상은 여전히 그대로였습니다.

지금도 국민들의 재벌에 대한 감정은 많이 줄어들었지만 늘어나는 빈곤층과 경제적 약자들은 여전합니다.

"재벌회장들은 탈세, 횡령, 배임, 분식회계 부당내부거래로 징역형 선고를 받아도 최종심에서 집행유예로 끝나고, 곧장 사면 복권됩니다. 자녀와 손자까지 능력이 있건 없건 상관없이 아버지 할아버지 회사에 들어가 6~7년이 되면 임원이 됩니다. 재벌의 손자 미성년자가 몇 10억씩 주식을 보유합니다."

자본주의 사회에 아무런 관련이 없다지만 자신의 신분에 비해 감정이 자연스럽게 일어납니다. 일반 백성은 법대로 죄값 받지요. 회사에서 선택된 일반인일지라도 근무 20년이 넘어야 임원이 됩니다. 일반 백성 미성년자 억대 주식 꿈도 못 꿉니다. 사실 재벌에 대한 시기와 질투가 아니라 힘 있는 사람은 반칙을 해도 아무렇지도 않다는 것을 목격하게 되므로 억울하고 분하다는 데서 곱지 않는 눈으로 재벌들을 원망하게 되는 것입니다.

재벌은 공도 있고 과오도 있는 게 사실입니다. 재벌을 국민이 적대시하는 것은 잘못입니다. 정치권이 집권, 당선을 위해 표를 얻고자 해서 재벌개혁을 내세웠습니다. 무식한 생각으로 재벌개혁을 정치권이 만들어 낸 감정을 정치권이 풀어야 합니다. 안타깝게도 정치권과 대통령은 「경제」를 꽉 쥐고 있는 재벌총수의 몽니에 두려워 임기 동안 조용히 임기를 마칠 생각으로 칼을 빼들지 못했습니다. 그래서 위장된 재벌개혁이라고 합니다.

나는 흘러온 세월을 통해서 재벌개혁을 말대로 못하는 이유로 3가지로 봅니다. 첫째는 대기업 하나 자빠지면 대한민국 경제가 뿌리 채 흔들리기 때문인데, 이에 대한 대책이 없는 것이며, 둘째 정치자금의 골을 끊지 못하기 때문이요. 셋째는 법대로 하지 못하기 때문입니다. 그러므로 재벌 앞에서는 5년짜리 대통령이 지배구조 개혁을 할 수 없는 것입니다.

한 마디로 재벌기업들이 지나친 정경유착의 과오로
빈부차가 심하게 벌어져
주민 가슴에 박힌 대못을 뽑아 주겠다고 재벌개혁 내세워
경제적 약자들의 지지를 많이 받아 대통령이 되신 분이
경제를 쥐고 있는 재벌총수들의 몽니가 두려워
시장경제를 교란시키고 반사회적 기업 총수들을
법대로 처벌커녕 벌금 환수조치로 시늉만 내고
경제발전에 공이 크다고, 앞으로 경제발전에 노력해 달라며
대통령이 사면 복권으로 막을 내렸으니
앞으로는 더 이상 국민과 재벌이 적대관계로 갈라지지 않고
경제적 강자 약자가 서로 상생하는 세상을 향해
공정한 법으로 재벌개혁 못하면
도덕성을 갖춘 노동자가 힘을 모아
재벌개혁 할 수밖에 없습니다.

제6부

대통령 하늘의 몫

대통령 아무나 할 수 없습니다. 하늘이 정해준 사람만이 선택됩니다. 선한 대통령도 악한 대통령도 더욱 좋은 세상 만들어 가도록 하고자입니다.

• 아름다운 대통령 •

• 3김 시대 •

• 가장 욕 많이 먹고 탄생한 여성대통령 •

• 우상 안철수 •

• 꺼진 불도 다시 보자 •

• 전라도의 한, 전라도 사람이 풀어야 •

• 쓴 약이 보약 •

아름다운 대통령

왜 대한민국 대통령님들은 아름답지 못한 대통령이 되어 버렸을까 아쉬운 생각을 하지만 좋은 대통령 나쁜 대통령일지라도 하늘이 정한 대통령으로 나는 생각하기에 미우나 고우나 우리 대한민국의 운명으로 보아야 하는 것 같습니다.

나는 대한민국 건국이후 80평생 살면서 1대부터 18대까지 11분의 대통령을 맞이하였으니 9분이 아름답지 못한 대통령이 되었기에 아쉬운 점보다는 슬픈 대통령들이 아닌가 생각됩니다. 나뿐만 아니라 국가 원수로 최고의 지도자가 되면 임기동안 99가지를 잘했다고 한 가지 잘못을 덮어버릴 수는 없다고 합니다. 반대로 한 가지 잘못으로 99가지 잘한 점을 덮어버리는 것이 최고지도자에 대한 국민의 심판입니다.

초대 대통령 이승만 박사는 3선을 하고 4선을 하려다가 부정선거로 4·19혁명에 의하여 하야하셨고,

4대 윤보선 대통령과 장면 총리(내각제)는 무능 · 부패로 5 · 16 군사쿠데타에 밀려났고,

5대부터 10대 18년 집권한 박정희 대통령은 부하게 의해 시해당

하셨고,

11대 최규하 대통령은 힘이 없어서 12·12신군부 쿠데타로 자리를 밀려났고,

12대 전두환 대통령은 광주시민학살과 부정축재로 귀양 · 감옥생활을 하셨고 재산을 몰수당하고,

13대 노태우 대통령은 부정축제로 감옥생활 하셨고, 재산을 몰수당하고

14대 김영삼 15대 김대중 대통령은 자녀들의 권력남용과 부정축재로로 고개를 숙였고,

1대 노무현 대통령은 가족의 부정축재로 깨끗한 자신을 자살로 보여주셨습니다.

17대 이명박 18대 박근혜 두 분 대통령 아직은 조용합니다.

최고지도자가 양심적인 행동을 해야 국민들도 양심적인 행동을 하는 게 순리라 할 수 있습니다. 국민들에게는 양심적인 행동을 하라면서 최고지도라고 양심적으로 행동하지 않으면 국가와 국민에게 어떻게 보여지겠습니까. 법이 부정에 짓밟는 세상으로, 앞으로는 아름다운 대통령이 계속 되면 좋겠습니다.

자기 자서전에 부정축제 등 자기 나쁜 행동을 기록할까요. 양심있는 최고지도자는 뉘우치고 기록하지요.

선한 대통령 악한 대통령을
하늘이 정해줄지라도
아름다운 대통령이 되겠다 마음만 먹으면
아름다운 대통령이 되리라.

3김 시대

우리 역사에 마한·진한·변한의 3한(三韓) 시대가 있었고, 고구려·신라·백제의 3국(三國) 시대가 있었습니다. 최근의 현대사(1987~2006)는 짧은 기간이지만 김종필, 김영삼, 김대중이 우리의 정치를 좌지우지하던 시대가 있었습니다. 3김(三金) 시대라고도 합니다. 나는 이들을 충청도왕·전라도왕·경상도왕이라고 기록해 놓았습니다. 3김 시대에 살아오면서 세 분이 모두 대통령이 될 것이라고 생각했으나 두 분만 대통령이 되어 아쉬움을 느꼈습니다.

나는 10대 후반 고등학교 때 27살로 최연소 국회의원에 당선되었다는 김영삼을 신문을 통해서 알았고, 20대 중반에 1961년 5·16 혁명을 통해 박정희 다음 2인자 김종필을 알게 되었고, 20대 후반 1968년 6대 국회의원으로 목포에서 유세할 때 직접 김대중을 눈으로 보아 이름을 머리 속에 새겨 놓았습니다. 1971년 30대 중반 3김이 대통령의 꿈이 있다는 것도, 김종필은 군사혁명주역 2인자요, 40대 기수론을 내건 김대중, 김영삼이 대통령 후보 경선에 대결하여, 김대중이 선출되었다는 것도 나는 알고 있었습니다.

박정희와 대결에 낙선한 김대중과 김대중을 도운 김영삼은 동지가 되어 군사정부를 향해 민주화 투쟁에 몸을 던지기 시작했습니다.

내 나이 40대에 군사정권의 핵심인 김종필은 중앙정보부장, 공화당총재, 국회의원 국무총리로 화려한 요직에 있었지만, 두 김은 탄압, 감시, 주택연금, 정치활동금지, 단식투쟁, 납치와 사형선고(김대중)를 받는 등 목숨을 걸고 동지로서 고난의 길을 걸었습니다. 김종필에게 김영삼, 김대중은 적이었습니다.

박정희 대통령이 집권 18년에 시해되고(1979.10.26.) 전두환, 노태우 신군부세력이 12.12 쿠데타를 일으켜 정권을 잡게 되자 김종필, 김대중, 김영삼 3김은 정치활동금지법에 묶여 같은 신세가 되었습니다. 전두환, 노태우 대 3김이 적이 되었습니다. 전두환 임기 7년 만에 1년을 남기고 1987년 6월 10일 민주항쟁으로 노태우가 6.29선언을 하여 26년만에 대통령직선제 헌법개정에 나도 한 표를 던졌습니다.

13대 대통령선거(1987.12.16.)을 앞두고 노태우와 3김이 각각 출마선언을 합니다. 나는 민주화 동지 두 김 중이 단일화를 하면 민주정권이 들어선다고 장담했습니다. 그러나 보나마나 신군부세력 노태우가 당선되었습니다. 13대 대통령선거를 기해 충청도 김종필, 경상도 김영삼, 전라도 김대중 3김 시대가 활짝 열리기 시작했습니다. 3김은 각각 적이 된 셈입니다.

노태우 대통령 취임 후 13대 총선은 여소야대로 정국안정이 불안해지자 노태우는 1당인 김대중에게 합당을 권유했으나 단칼에 거절당합니다. 제2당인 김영삼에게 합당을 요구하자 김종필과 내각제개헌을 약속하고 민주정의당, 통일민주당, 신민주공화당이 합당하여 민주자유당으로 합당을 선언했습니다.(1991년 1월) 나는 정치에는 영원한 동지 적이 없다는 것을 지켜보았습니다. 각각 적이었던 1노, 2김이 동지가 되어 김대중과 적이 되었습니다.

김영삼은 합당을 구국의 결단이라 했고, 김대중은 김영삼을 향해 민주화 배신자, 변질자로 민주화를 모욕하는 야합이라고 규탄했습니다. 나도 김영삼을 비난했습니다.

김영삼은 호랑이를 잡으려면 호랑이 굴에 들어간다는 자기 말대로 14대 대통령에 당선되었습니다. 내가 한 표를 던진 김대중은 또 낙선을 했습니다. 적과 적이 동지가 되어 대통령에 당선된 김영삼은 신한국창조의 명분을 내걸어 내각제 약속을 깨고 퇴진 압박을 받은 김종필 당대표는 탈당해 자유민주연합을 창당합니다. 놀랍게도 15대 총선에 사상 처음 52석을 차지합니다. 또 김종필과 김영삼은 적으로 변했습니다.

정계은퇴를 선언한 김대중은 영국에서 돌아와 새정치민주연합을 창당해 15대 대통령에 출마합니다. 여당인 한나라당은 이회창 후보가 출마했습니다. 충청도 왕인 김종필의 도움 없이는 당선이 불가능하다는 것을 파악한 김대중은 적이었던 김종필의 집에 찾아가 방바닥에 앉아 도움을 요청하고 16대 국회에서 내각제 개헌과 총리자리를 약속하고 공동합의문을 발표합니다.(1997년 11월) 극과 극이 동지가 되었습니다. 같은 보수인, 이회창 후보는 자심감이 넘쳐 김종필에게 손을 내밀지 않아 39만표로 패하고 말았습니다.

김대중과 약속대로 김종필은 총리가 되었으나 내각제 약속은 깨지고 맙니다. 2004년 17대 총선에 비례대표 1번으로 나왔으나 정당득표가 미달되어 최장수 10선에 오르지 못하고 대통령의 희망이 사라지므로 정계은퇴와 함께 3김 시대가 막을 내렸습니다. 김영삼 · 김대중은 대통령이 되었고, 김종필은 김영삼 · 김대중을 대통령 만드는데 1등 공신으로 운명을 끝냈습니다.

나는 54살부터 68살까지 약 15년 동안 3김 시대에 살면서 경상도, 전라도, 충청도 지역기반을 튼튼히 하여 각각 정당을 만들어 정치적 제왕총재가 되어 몰표로 선거직 벼슬자리를 독식하고 세상을 거머진 것을 보았습니다. 돈만 있다면 국회의원 시장, 군수, 광역기초의원 쯤이 식은 죽 먹기였습니다.

충청도왕 김종필, 경상도왕 김영삼, 전라도왕 김대중은
대통령 꿈 세상에 알리므로
주민들은 내 지역 인물에 욕심이 일어나게 되니
지역기반을 튼튼하게 닦아
공천이면 당선이라는 등식(等式. 같은 표)을 만들어
절대복종, 절대충성, 절대돈에 둘러싸인 제왕(帝王) 총재들
화려한 3김 시대지요.

목적달성을 위해서는
적과 적이 동지가 되고
동지와 동지가 적이 되는 것을 밥 먹듯이 하여
양심으로 생각 않고는
다른 사람이 합방하면 야합이고
자기가 합방하면 옳다 하면서
대통령 자리에 올라가면

철석같이

약속한 합방동지를

차갑게 버리는 권모술수(權謀術數)에

3왕 메이커(Maker.만듦)로 김종필 만이 옥새를 쥐지 못하였다네.

1980년부터 2004년까지 336개월 동안

지역제왕활거로 3김 시대가 우리역사에 나타났다가 사라졌습니다.

가장 욕 많이 먹고 탄생한 여왕대통령

2012년은 우리나라에서 18대 대통령(12.19)과 국회의원(4.11)을 뽑는 해이고, 외국에서는 미국을 비롯한 60여 개국이 정상을 뽑는다고 했습니다. 여론에서는 야당인 민주통합당이 국회의원과 대통령 모두 차지한다고 서슴없이 말하고 있었습니다. 경제를 살려 달라고 한나라당 이명박 대통령을 뽑아 주었더니 잘 사는 사람은 더 잘 살게 해주고 못사는 사람은 더 못살게 했으며, 숫자로 1:99로 만들었으므로 노무현 대통령보다 더 못했기 때문이라고 말합니다.

내가 살고 있는 함평에서도 한나라당이 100석을 차지하면 다행이라고 하였습니다. 민주당의 총선 승리가 대통령선거까지 이어진다는 말까지 서슴 없었습니다.

4월 11일, 국회의원 선거 결과는 한나라당을 새누리당으로 당명을 바꿔 박근혜 의원이 선거대책위원장이 되어 국회의원 과반수를 당선시켜 제1당에 올려놓았습니다. 절망에 빠진 여당 새누리당이 잘한 것도 있지만, 야당인 민주당은 차려준 밥상을 스스로 발로 차 버렸다고들 언론에서 떠들어댔습니다.

쉽게 제1당이 되리라 믿었던 민주당이 패한 것은 말 바꾸기 때문이라고 언론들은 지적을 했습니다. 한·미 자유무역협정 말 바꾸기입니다. 민주당 선거대책위원장인 한명숙 전 총리는 총리시절(노무현 때) 참여정부가 추진해 온 균형외교와 실리외교 결실이므로 우리경제가 도약시킬 수 있는 기회라며, 한 · 미 자유무역협정(FTA)을 맺었습니다. 선거가 닥쳐오자, 내용과 상황이 바뀔 뿐만 아니라 애초에는 이익균형이 맞지만 이제는 굴욕외교요. 실익 없는 협상이라고 반대했습니다.

또한 제주강정마을 해군기지 말 바꾸기입니다. 제주 해군기지 건설을 발표하면서 대양해군육성과 남방항로를 위해 기지가 불가피 하다고 해놓고는, 선거철에 현지를 방문해 공사 반대를 하자, 진보 · 시민단체 일부가 환경오염 해적기지 등 주장과 천막농성으로 건설 공사를 반대하는 모습이 전 국민에게 보여 졌습니다. 이로 말미암아 국민들이 민주당에게 등을 돌렸습니다. 말 바꾸기가 선거에 교훈으로 남았습니다.

여성 대통령을 꿈꾸는 박근혜 선거대책위원장에게 민주당은 말 바꾸기로 하늘을 향해 훨훨 날아다닐 수 있는 양 날개 달아주었습니다.

18대 대통령 선거가 막이 올랐습니다. 새누리당 박근혜 후보가 국회의원선거 승리를 몰아가기 시작했습니다. 민주당 문재인 후보는 국민의 신망을 받고 있는 안철수 교수(안철수 현상)와 단일화에 집중하고 있었지요. 나는 선거판을 유심히 지켜보았습니다. 처음부터 선거가 정책(政策) 대결이 아니라 민주당 쪽은 일방적으로 박근혜 후보에게 양심도 도덕성도 인륜도 저버렸다고 인식공격을 하는 것을 피부로 느꼈습니다.

대한민국 땅에 여성대통령이 탄생하려면 무지막지한 진통이 있겠구나 생각하여 재미삼아 인신공격에 대한 말들을 모아 보기 시작했습니다. 선거가 끝날 때까지 나름대로 열심히 모아 왔지만 빠진 것도 많았습니다. 다 정리하고 보니 1948년 초대 대통령 선거 이후 18대 대통령 선거가 가장 더러운 인식공격을 했다는 결론을 냈습니다.

박근혜 후보를 공격한 말 잔칫상을 걸게 차려 보겠습니다. 나에게는 배를 채워주는 음식은 없고, 입맛에 맞지 않는 음식들뿐이었습니다.

• 유신시대 24살부터 2인자. 독재자의 딸이기에 독재자. 그 아버지의 딸. 유신행위 주체. 유신체제 장본인. 세습(유신) 정치. 독재자의 딸. 조정능력 부족. 비밀주의. 소통 없는 리더십. 박정희식 권위주의 통치스타일. 문고리 권력. 궁정정치. 공적인 의사결정 부재. 비서 4인방에 의한 비선정치. 나홀로 정치. 민주주의적 소양부족. 물러서지 않는 고집. 베일에 가린 사생활. 민생기초 경제식견부족. 역사인식부족. 시대정신 부족. 권위주의의 공주. 19대 총선 공천장사. TV토론 컨닝. 환관정치. 박근혜 사생아전격공개. 도적 아비의 잘못을 인식조차 못하는 딸이 어찌 한나라의 대통령에 출마한단 말인가. 과거 잘못을 인정 않고 대통령이 되면 일본과 북한에 죄 값을 말 할 수 있나.

• 정수장학회 강탈 장물로 선거운동. 정수장학회 장물을 관리한 장본인. 정수장학회 해결위해 1억 5000만원 굿판. 강탈한 정수장학회 사회에 환원해야. 정수장학회 환원 촛불시위.

• 미국직계 대통령 중 두 번째 대통령은 실패한 대통령(아버지와 딸). 히틀러의 딸이 민주통일대통령이 된다면 세계가 얼마나 놀랄까. NNL(북방한계선) 대선 병기로 사용. 그릇된 역사관이 그릇된 미래를

낳는다. 전두환 대통령으로부터 6억 받아 (야당 김대중 전 총재도 노태우 대통령으로부터 20억 받은 말은 없음.) 대통령 당선 안 되게 하기 위해 토론장에 나왔다.(대통령 후보 TV토론장에서 통합진보당 후보가). 민생경제 실패한 이명박, 박근혜 정권의 공동책임자. 박근혜 당선되면 18년(박정희 정권) 면제부 준 셈. 박 당선되면 역사인식과 민주주의를 한 단계 퇴보시킨다. 유신독재 미화는 경제민주화 불가능. 이승만, 박정희, 김대중, 노무현 분소 방문은 진정성 없는 정치쇼. 박근혜 당선되면 밤 10시까지 학교에 남는다. 박 당선되면 여론회사에 5억 주기로 했다. 부산저축은행 로비리스트 박태규와 여러 차례 만났는데 어떤 역할을 했는지 의혹 밝혀라.(박지원의원) 국정원 여직원이 문재인 후보 비방 댓글 올렸다.(대선 후 검찰조사)

• 박근혜 후보에게 여성평등하며 민주주의를 제창하는 사람들이 오히려 인권을 짓밟는데 서슴이 없었다. 생물학적으로 여성. 염색체 여성 박근혜 성별 문제가 아니라 일본관동군 딸이라는 것. 아이를 낳지 못한 사람이 육아를 말 할 수 있나. 여성의 진보를 위한 행보에 무임승차. 여성을 비롯한 약자들을 살리고 포용하는 삶을 살지 않았음. 여성인권을 탄압한 유신정치 퍼스트레이디. 박근혜적 여성성과 여성리더십은 다른 보통여성을 만들어 낼 수 없는 종류. 분단시대여성 리더십은 시기상조(같은 소속 한나라당 의원). 그년(민주통합당최고위원 이종걸 말, 그녀인데 오타로 변명)

• 박근혜 후보가 분만대에서 아버지 박정희 대통령을 상징하는 아이 낳는 그림(만화). 이명박 대통령이 삽을 악기 삼아 첼로 활로 음악을 연주하고, 박근혜 후보가 허수아비 형상으로 서 있는 모습 담긴 그림(194 × 400cm. 작가 홍성담)이 광주시립미술관. 특별전

초대작품. 말썽이 나자 교체함.

(신문광고) 기억되지 않는 역사는 반복됩니다.
안철수님의 눈물과 함께하는 분들에게
(영화) 백년전쟁(이승만의 두 얼굴). 유신의 추억 26년(전두환). 남영동 1985. MB의 추억. 2012. 12. 5 유신 독재부활 저지를 위한 민주네트워크 26개 민주동우회
(강부자, 고소영) 등 내용은 불법 구금, 고문, 용공조작 투옥 학살 내용임.

• 5.16 쿠데타. 민주헌정질서 파괴. 유신헌법독재. 18년 독재 장기 집권. 독재자. 살인자. 남노당세포를 거느리고 정부 전복을 시도하려다 체포되어 사형이 구형되자 살기 위해 동료(남로당원)을 밀고한 배신자. 18년 철권으로 옥좌에 앉아 애매한 사람을 빨갱이로 몰아 죽임. 인혁당사건은 유신의 존재. 민주정부 짓밟은 만주군 장교. 일본의 불법지배는 따지지 않고 미국에 떠밀려 일본과 국교재개. 일본장교로 복무한 친일부역 특A급. 만주군관학교와 일본 육사를 졸업하고 천황에게 혈서로 충성맹세한 민족 반역자. 장준하 두개골 구멍은 유신독재증거. 이명박 정부 민간사찰은 박정희 유전자. 정수장학회(부일장학회. 김기태 사업가) 강탈.

• 여성대통령 갈 길이 멀다. 공주의 위엄을 지키면서 밀실정치에 능한 가족승계형 정치가일까. 남녀는 대립적 존재가 아니라 다음세대를 키워내는 동반자임을 아는 여성일까.

비 인륜적(非 人倫的) 밥상을 상다리가 부러지도록 거하게 차려

놓았으나 박근혜 후보의 다리는 끄떡없었습니다. 역대 대통령 중 51.6%라는 과반수 최고 득표로 18대 대통령에 박근혜 후보가 당선되었습니다. 2013년 2월 25일 대통령에 취임하였습니다.

나는 태어나서부터 80살 넘도록 농사꾼이지만 국민의 한 사람으로써 여성대통령을 탄생하지 못하도록 말핵탄을 쏟아 부었다는 자체를 비열하고 더러운 저질선거 운동이라고 비난을 했습니다. 특히 연좌제(連坐制)를 부활시킨 민주세력들이 말입니다.

연좌제는 죄지은 가족. 후손까지 묶어버리는 쇠사슬입니다. 남한에서 좌익(공산당) 부역자(공산당을 도운 자 및 활동자) 가족 취직도 못하고 감시 받고 피눈물 나는 세상을 살았습니다. 나도 원고사건과 김대중 신봉자라고 해서 여동생이 서독 간호사 파견을 취소당했습니다. 김의택 국회위원 덕택으로 다행히 서독에 갔습니다. 피눈물 나는 연좌제가 1980년에 폐지되었는데 32년 만에 민주세력이 박근혜에게 부활시킨 공격의 주 무기였습니다.

대한민국 역사상 가장 심한 말 핵포탄을 맞으며 헌정사상 첫 여성 대통령 처녀대통령. 아버지와 딸이 대통령으로 탄생하는 역사적인 기록을 세웠습니다. 나의 나이 77살로 최초 박근혜 여성 대통령 취임식을 텔레비전을 보면서 박수를 보냈습니다.

5·16혁명은 박정희, 김종필씨 작품으로
김종필 없는 5·16은 있을 수도 성공할 수 없었던 역사에
헌정사상 여야 정권교체 김대중 김종필 작품으로
김종필 없는 김대중 대통령 당선은
있을 수도 성공할 수 없었던 역사가 분명한 사실속에

킹메이커(왕 만든 자. King Maker) 김종필 찾아가
읍소하여 당선된 김대중 대통령에게
대통령 못 되었으면 못 되었지

5.16 주역을 끌어들인 자체가
행동하는 양심을 벗어났다고
김대중 민주당 후예들이 당당하게 말해야
행동하는 양심이거늘
박정희와 딸 박근혜에게만 욕한 것은 행동하는 양심이 아니라
달면 삼키고 쓰면 뱉는 이중인격 소유자로
박정희를 욕하는 것을
김대중에게도 욕질하는 줄 모르는
아첨자에 속하는 인생들.

대한민국 수립이후 남한에서
연좌제로 5백만 이상 국민들이 쇠사슬에 묶여
피눈물 나는 세상에서 수십 년 살다가
다행히 폐지되었는데 앞장서서 지워야 할 민주세력들이
32년만에 부활시켜
대통령이 딸을 대통령 못 되게
그년
여성에게 가장 치욕적인
입에 담지 못할 인신공격 등 쏟아 부었으나
최초로 여성, 처녀, 부녀 대통령으로
18대 대통령이 된 박근혜
헌정사상 가장 심한 욕을 많이 먹고 당선된 역사를 기록합니다.

우상 안철수

18대 대통령선거 1년 전에 서울시장 재·보궐선거가 있을 무렵에 정치권에서 한 번도 알려지지 않은 안철수 서울대학교 융합과학기술대학원장이 슬그머니 몸을 내밀어 시민단체들이 시장후보로 박원순 변호사를 내세우므로 박 변호사에게 양보를 했습니다. 나는 이 사실을 방송과 신문을 통해서 보고 아무렇지 않게 생각했습니다. 정치 한 번 해보려고 이름을 내미는구나 그 정도로만 보았습니다.

며칠 후 신문을 보고 깜짝 놀랐습니다. 인터넷 매체가 한 인터뷰에서 안철수 원장이 말한 내용을 보고 말입니다.

"법령이 별거 아니더라. 중소기업 해봤으면 어떻게(서울시장) 저렇게 큰 행정을 하느냐 한다. 나처럼 조직 관리를 해본 사람은 그런 말 들으면 픽 웃는다. 직원 300명이면 대기업이고, 500명 이상을 거느려 본 나의 경험으로 보아 조직관리가 안 될 리 없다. 난 무(無)에서 유(有)를 만들었고, 여러 난관을 극복했다. 대학교에 있던 분이나 정치만 하는 분보다는 (내) 능력이 뛰어나다. 정치한 분, 변호사 하다가 시정(市政)하는 분에 비하면 실력 차이가 하늘과 땅이다."

나는 이 글 내용을 접하면서 처음에 보통정치인 정도로 생각했으나 정치 욕심을 갖고 있구나 생각을 하게 되었습니다.

안철수 원장의 이름이 알려진지 6개월 반년도 안 되었습니다. 내 생각을 뛰어 넘어 시간이 갈수록 검증 한 번 받지 못한 안철수 원장은 국민으로부터 구세주(救世主)로 떠 오르기 시작했습니다. 나는 박근혜 후보를 재미삼아 인신공격한 내용을 기록한 것처럼 예사스런 인물이 아닌 것 같아 안철수에 대한 국민의 소리를 모아 기록하기 시작했습니다.

무서운 안철수 태풍은 거침없이 기존 정치권을 강타했습니다. 개혁과 쇄신의 안철수 현상에 부패하고 낡은 권력의 정치권은 속수무책이었습니다. 각계각층의 지식인, 특히 교수 300여명이 까마귀 떼처럼 지지하거나 몰려들었습니다. 젊은 주부층과 30대 젊은이들이 안철수 원장을 대통령 만들겠다는 중심역할로 떠올랐습니다. 당장 대통령선거를 하면 압도적으로 당선할 기세였습니다.

나는 태어나서 80살을 먹도록 국민우상화로 인기를 얻은 분은 김대중, 김영삼 민주화지도자쯤으로 생각해왔는데, 안철수 원장 앞에서는 반에도 못 미친다고 생각했습니다. 안철수 원장은 유복한 집안 출신으로 수재, 의사, 교수, 컴퓨터그래머, 벤처사업가로 간판을 내걸었을 뿐인데 국민들은 안철수의 자질문제 등 검증은 전혀 없으니 너무 성급한 칭찬이라고 했으나 안철수 현상을 막는 것은 역부족이었습니다.

하도 어이가 없어서 안철수 원장을 우상(偶像)으로 만드는 말을 거리에서 주워 모았습니다. 오죽했으면 기존정치권이 국민으로부터 외면 불신 당했을까요.

국민의 선택이요, 시대의 요구요. 역사의 부름이요, 정권교체의 새로운 우리사회의 소명이요.

• 자식이 안철수 같으면 좋겠다. 안철수 같은 자식을 낳고 싶다. 좋은 집안에서 태어나 서울대 졸업. 의사, 교수, 정보기술 프로그래머, 경영자, 교수로 모든 것을 성공한 실패 없이 좋은 여건 속에 성공한 운 좋은 자식.

• 안철수 국민으로부터 살아보겠다. 우리민족 위기 때 기회가 찾아왔다. 2012년 대통령으로 출마하게끔 하신 분은 신(神)일 것이다. 국민의 편에서 국민과 함께 하면 무엇이든지 바꿀 수 있다. 원칙과 철학을 지키고 성공한 경영자(CEO). 도덕적 결함이 기성 정치인보다 덜해서 좋다.

• 안철수 삶을 통해 된 사람, 정직성, 순수성. 진정성, 현실성, 개혁성, 청렴성, 신뢰성, 자기희생, 올바른 기업가, 변화의 신지식인, 멘토(스승).

• 새로운 변화를 가져올 인물, 도전정신이 가득 찬 사업가, 기존 정치와 다른 인물, 세대 교체할 인물, 진보와 보수 아닌 중도인물, 기득권을 포기하며 이 사회문제 점을 해결할 개혁지도자, 기업가로 훌륭한 능력을 봤다. 기존 정치와 차별화 된 비전을 제시한 인물, 정치인으로 신선한 인물이 필요할 때 나타난 인물, 고질적 당파정치에 얽매이지 않는 정치인, 사회에 공익적인 일을 많이 한 인물, 도덕적 자격이 갖춘 인물.

안철수 현상은 이상한 현상이요. 이상한 민심이라고 생각한 나는 인물검증 없는 사람을 신(神)으로 만들어 버린 국민들까지도 이상하다고 말합니다. 따져보면 안철수 원장이 똑똑해서가 아니라 기존 정치권의 민심과 동떨어진 낡은 정치에 진절머리가 나서 나타난 현상을 안철수 현상이라고 말들을 많이 하기도 합니다.

안철수 현상은 1차 검증에 스스로 낙제점을 만들어 냈습니다. 대통령후보 직전에 우상화는 산산조각이 나버렸습니다. 낡은 정치를 청산하고 새 정치하려면 독자적으로 새로운 당을 만들어 대통령에 출마했어야 했습니다. 안 했습니다. 낡은 체제, 낡은 정치라고 비난한 민주당 문재인 후보와 단일화에 뛰어든 것 자체가 새 정치를 버린 낙제점이요. 결과에 대한 위로와 축하를 외면한 채 투표만 하고 미국으로 떠난 것이 도덕성에 낙제점이요. 무에서 유를 만든다는 장담이 단일화 실패가 낙제점이라고 점잔하게 평가도 나왔습니다.

나는 대통령후보도 되기 전에 낙제점을 받은 안철수 원장을 안타깝게 생각한 사람입니다. 교수, 의사, 벤처기업가가 대통령자리 다음 서울시장 자리를 양보하고 단번에 대통령 되겠다고 나선 것은 불가능하고 지나친 욕심을 부린 안철수 원장이기 때문입니다. 서울시장자리에서 지도력, 정치력, 도덕성을 우등생으로 검증 받으면 대통령후보에서 당선 가능이 49%가 넘는다고 봅니다. 대통령을 향한 쉬운 길을 버리고 힘든 가시밭을 택한 안철수 원장은 깨끗한 새 정치 새 인물과 함께 나가야만 꿈이 보일 것입니다.

대통령 감을 뽑는데 일시적인 감성(感性)이나
검증 안 된 인물에 대해선 신중을 기해야 함이요.
자기의 확실한 주장을 내세우지 않고
실행도 못한 원론적(原論的)인 달콤한 이상주의로
국민 뜻이라고 방식을 가진 인물은
볼일 없는 쭉정이라 하지요.

서울시장에 재보궐선거 양보한 바람을 타고
유복한 집안 수재, 의사, 교수, 벤처기업가로 성공한 간판만을 보고
국민들은 묻지마 헌정사상 정치구세주로 우상화시켜
당장 대통령선거를 실시하면 묻지마 당선 되는데
낡은 정치 정치교체가 우리사회의 사명이요.
시대의 요구요
역사의 부름이라고
기존정치권을 강타한 것이
안철수 현상이란 단언을 국민들이 만들어 냈습니다.
어리석은 국민의 해동으로.

2012년 18대 대통령 선거를 앞두고
시대가 영웅을 만들어 나는 것처럼
기존정치권이 너무나 민심과 동떨어진
낡은 정치에 진절머리가 나 안철수 현상이 된 것을
헌정사상 성인 충신 효자 정치인보다 우상화에 오른 인물로.

꺼진 불도 다시 보자

민주화의 길을 함께해온 김대중 후보와 김영삼 후보가 14대 대통령선거에 출마하여 여당인 김영삼 후보가 승리하고 야당인 김대중 후보가 낙선하여 영국으로 떠나면서 정계은퇴를 선언하였습니다. 이때 나는 농담말로 김대중 선생님께서 대통령 욕망을 절대 버릴 수 없는 분이라고 믿고 '꺼진 불도 다시 보자고 했습니다.' 내가 집필한 『전라도 왕』이란 책의 한 부분 제목으로도 기록을 한 적이 있습니다. 15대대통령 선거에 출마하기 위하여 영국에서 돌아와 정계복귀를 선언하였습니다. 기자들이 거짓말을 하였다고 질문을 했을 때 거짓말이 아니고 약속을 안 지켰을 뿐이라고 애매하게 답변한 걸로 나는 기억하고 있습니다. 15대 대통령에 당선되었지요.

25년 만에 '꺼진 불도 다시 보자'는 말을 하게 된 발자취를 따라가 볼까 합니다. 18대 대통령선거에 여당인 새누리당 박근혜 후보가 51.6% 지지를 얻어 첫 여성대통령으로 당선되었고, 야당인 문재인 후보가 48% 지지를 얻어 차점자가 되었습니다. 나는 경험을 통해 3번이나 대통령 도전해 실패한 후 네 번째 도전하여 대통령에 당선 하였음을 볼 때 문재인 전 후보도 한번은 더 도전 할 것으로 믿습니다.

대통령 후보 단일화에 포기한 안철수 의원은 지방선거를 앞두고 야권분열로 실패하면 책임질 수밖에 없다는 민주통합당의 작전에 말려 합당을 선언하여 새정치민주연합으로 당명을 바꿔 김한길, 안철수가 공동대표가 됩니다. 문재인 의원은 평당원으로서 안철수 대표와 함께 한 집안 사람이 되었습니다. 공동대표가 지방선거 패배로 196일만에 물러나므로 비상대책위원장 체제로 가다가 문재인의원이 당대표(2015. 2. 8)가 됩니다. 안철수 대표는 평당원으로 서로 위치가 바뀌졌습니다.

나는 안철수 전 대표가 문재인 대표를 가만히 두지 않을 것으로 알고 있었지요. 대권을 향해서는 총선의 주도권을 잡아야 한다는 생각에 대표가 두 달 만에 두 차례 보궐선거(4. 29, 10. 28)에 패배하자 안철수 전 대표가 공격할 기회를 잡았습니다. 대표직에서 패배에 책임지지도 사퇴를 않는 문대표에게 사퇴하라고 흔들기 시작했습니다. 비노계 주류층은 총선을 치를 수 없다고 사퇴를 주장하고, 친노계(노무현 대통령계) 주류층은 총선이 가까워졌으니 당이 단결해야 한다고 맞섰습니다.

문재인 대표에게 전라도를 홀대(忽待)했다고 광주·전남에서 사퇴 압력을 가하기 시작했습니다. 반대로 안철수 전 대표는 마음속으로 대환영을 합니다. 2015년 9월 중순에 더불어민주당을 탈당한 박준영 전 전남지사에 이어 무소속 천정배와 탈당한 박주선의원 등이 신당 창당을 선언 했습니다. 기초의원, 도의원 등 무더기 탈당이 이어져 가는 것을 나는 지켜보았습니다.

대표직에서 물러나면 대통령의 꿈이 사라진다는 것을 알고 문재인 대표는 정면 돌파했습니다. '재신임을 묻겠다.' 안철수 전 대표는 동의하지 않는다 하고 '내년 1월에 혁신전당대화'를 열자고 역제안 했습니다. 문대표 물러나라는 말을 바보가 아닌 친노세력은 '총선을 앞둔 전당대회는 사생결단 대회가 될 수밖에 없다.'고 받아쳤습니다. 불가능한 안철수 전 대표의 제안은 탈당을 하기 위한 수준에 불가한 것으로 생각되었지요. 눈치 챈 혁신위원장은 '당인(黨人)이라면 절차에 따라 당헌 당규로 확정한 만큼은 지켜라. 싫으면 탈당하여 신당을 만들어라.' 안철수 전 대표에게 공격을 했습니다.

나는 처음부터 안철수 의원이 문재인 의원과는 대통령 욕망 때문에 함께 할 수 없다는 것을 짐작했지요. 한 집안사람이 되면서부터 죽느냐 사느냐 당권싸움에 안철수 전대표는 친노계와 운동권 의원들에게 버티지 못하고 탈당을 할 수 밖에 없었습니다. 대통령을 향한 길을 찾아 안철수 전 대표는 탈당했습니다.(2015. 11. 13) 기다렸다는 듯이 문대표는 김한길, 안철수 합당으로 새정치민주연합 당명을 '더불어민주당'으로 바꿔 안철수의 흔적을 완전히 지워 버렸습니다. 대권을 향한 걸림돌이 제거되자 자기 계획대로 문대표는 대표직을 354일 만에 자연스럽게 내려놓았습니다.(2016. 2. 27) 20대 국회의원 출마도 내려놓았습니다.

문 전대표 작품대로 당 외 인물인 경제통 김종인을 영입하여 비상대책 위원장으로 20대 총선을 전적으로 맡겼습니다. 선거판이 1여 2야로 경쟁하게 되므로 김종인 위원장은 여당인 새누리당에게 독식할 수 없게끔 야권이 연합해야 한다고 외쳤고, 안철수의 국민의당은 죽었으면 죽었지 연합할 수 없다고 반대했습니다.

전라도를 기반으로 국민의당을 창당하자 신당을 창당했던 군웅(群雄)들이 자기 살길(국회의원)을 찾아 국민의당으로 합류했습니다. 전라도 땅에서는 야당끼리 국민의당과 더불어민주당이 목숨을 건 싸움을 벌였습니다. 역시 국민의당 바람에 더불어민주당은 맥을 추지 못하므로「미워도 다시 한 번」이란 호소로 문전대표가 전라도를 찾아 왔습니다. 더불어민주당 후보들 거의 다 문전대표 방문을 거절했으나 용기 있게 표를 달라고 호소했습니다.

"호남지지 없으면 정계를 은퇴 하겠습니다."고 약속했습니다. 총선이 끝났습니다. 총선을 치룰 수 없는 당. 사망선고 받은 당. 희망 없는 당. 정권교체 할 수 없는 당이라고 더불어민주당을 탈당하여 국민의당(안철수 대표)에 입당한 국회의원들의 코를 납작하게 만들어 버렸습니다. 더불어민주당이 김종인, 문재인 작품으로 123석을 차지해 제1당이 되어 여당인 새누리당의 122석을 1석으로 따돌려 놓았습니다. 국민의당도 놀랍게 38석을 차지했습니다.

더불어민주당은 전라도에서 28석 중 3명밖에 못 건지고 참패하여 국민의당에게 전라도를 내 주고 말았습니다. 전라도를 빼앗긴 문재인 전 대표가 정계를 은퇴할까 입소문이 궁금하게 나돌았습니다. 당연히 호남지지를 얻지 못했으니 정계를 은퇴하는 것은 대장부답다고 말했습니다.

"총선에서 정권교체를 마련하지 못하면 정계은퇴 하겠다." 2016년 신년기자 회견에서 말한 그대로 수도권, 충청권, 경상도에서 압도적 승리가 호남참패를 완전히 잠재워 버렸습니다.

'꺼진 불도 다시보자.' 내 나이 57살 때 14대 대통령 선거에 낙선한 김대중 선생님을 향해 말했는데, 81살에 또 다시 18대 대통령

선거에서 낙선한 문재인에게 말 할 줄이야 꿈에도 생각지 못했습니다. 45년전 내 나이 38살 때부터 김영삼 · 김대중 두 분께서 대통령 욕망에 한 치도 양보 없는 경쟁을 경험한 바 있는데, 81살에 문재인 · 안철수 두 분이 양김과 같은 모양새로 보입니다. 문재인 전대표는 전라도를 빼앗겼지만 전국을 장악하여 19대 대권을 향해 순조로운 출발을 하고, 단숨에 야권의 심장부 전라도를 장악하여 제3당이 된 안철수 대표도 승자로서 경쟁이 볼만해진 것 같습니다.

총선을 치룰 수 없는 당, 사망선고 당이라고 새정치연합을 탈당하여 안철수 의원과 함께 국민의당을 창당한 전라도 · 광주 국회의원들이 전라도와 광주를 장악했으나 단독정당으로 정권교체가 불가능해진 대신, 더불어민주당은 총선에 제1당이 되어 전라도 광주를 죄외하고 전국을 장악하여 단독정당으로 정권교체의 기틀을 마련했습니다. 여기에다 새누리당은 정권을 내주지 않으려고 정치와 선거에 전혀 경험이 없는 당외 인물인 반기문 유엔사무총장을 영입하여 대통령을 만들어 주겠다는 소문이 사실이라면 낙선이 되었을 때 세계적인 인물로 유엔사무총장의 명예뿐만 아니라 평생 명예까지도 대통령 욕망에 물거품이 된다는 각오로 본인이 선택할지 두고 볼 일입니다.

김대중 전 대통령처럼 문재인 전 대통령 후보도 꺼진불도 다시 볼 수 있는 것은 하느님만이 알고 계십니다.

꺼진 불도 다시보자.
전라도 한을 풀려고 인생역경으로 몸을 던진 김대중 선생님
민주화 지도자 노란깃발로 전라도를 장악하여

낙서의 고배를 이겨내

꺼진 불도 다시 보자 국민들의 구호에 15대 대통령에 당선되었습니다.

희망 없는 당,
총선을 치를 수 없는 당,
미래도 없는 정당,
사망선고 당, 정권교체 못할 당 폭풍이
정계은퇴를 토해 낸 더불어민주당 문재인을
전국을 장악하여 제1당에 오른 20대 총선이
정계은퇴를 자연스럽게 막아준 시운(時運)을 타
꺼진 불도 다시보자
행운을 잡아주는 글귀가 될 것인가.

전라도의 한, 전라도 사람이 풀어야

나는 해병대 생활을 경상남도 진해와 포항 두 곳에서 보냈습니다. 경상도·전라도 구별 없이 서로가 차별이나 학대 없이 영원한 해병답게 상급자 하급자가 일치단결이란 한 마음으로 복무를 마쳤습니다. 31살에 제대를 하고 나와서야 1년 후인 1967년 6월 8일 7대 국회의원선거가 시작되면서 경상도 박정희 정권이 전라도를 차별하고 있다는 야당 후보들의 목소리를 통해 처음 들었습니다.

나는 처음으로 국회의원 선거를 고향 함평에서 하게 되어 관심이 많았고 전라도의 애정에 깊이 빠져 있었지요. 3, 4, 5, 6대 김의택 국회의원 보좌관인 이진연 (후에 9.10 대 국회의원)씨와 자주 만나게 되어 전라도 차별이란 말에 완전히 빠져버렸습니다. 무조건이었습니다. 야당인 신민당에 경찰의 감시가 심했지만 해병대 출신이라 한 가닥 하는 줄 알고 함부로 대하지는 않았습니다.

묘하게도 함평군과 영광군이 합쳐 전남 제18지구당을 선거구 확정되어 같은 신민당 소속이라 김의택 의원이 출마하지 않고 영광의 조영규 의사가 출마하여 선거운동에 참여했습니다. 선거운동 중에 놀라운 사실을 알았습니다. 김의택 의원과 이진연 보좌관이 나 같은 사람에게 목포에 출마한 김대중 후보를 대통령 감으로 알고 박정희 대통령이 어떻게든 때려잡으려고 낙선을 위해 별별 행동을 하고 있다는 것입니다.

나는 성질이 급한 편이라 이진연 보좌관에게 김대중 후보의 얼굴을 한 번이라도 봐야 하겠다고 졸랐습니다. 나하고 약속하면 목포를 같이 가자고 하더군요. 대뜸 지킨다고 했습니다. 나를 도와주면 된다는 말로 싱겁게 끝났습니다. 나중에 알았지만 국회의원에 출마하면 도와달라는 뜻이었습니다. 나는 후에 약속을 지켰습니다.

1967년 5월 31일 오후 5시, 목포북교초등학교 합동 정견발표에 이진연 보좌관과 나는 참석했습니다. 김대중 후보를 처음 봤습니다. 감동 했습니다. 우렁찬 웅변가요. 들어도 지루하지 않는 연설에 나는 그 자리에서 김대중이 대통령 감이라는 생각이 마음에서 우러났습니다. 죽음을 건 필사의 투쟁이었습니다. 연설 내용을 지금도 기억하고 있습니다.

내 얼굴을 똑똑히 보십쇼. 나는 내 장래에 대해서 큰 포부가 있습니다. 내가 돈 몇 푼 받고 장래를 망칠 사람이 아닙니다.

공화당 김병삼 후보가 한일조약 국회심의 때 김대중도 돈을 받았다는 악선전에 반박하면서 꿈을 말한 것이었습니다.

김대중 후보가 당선되었고 함평, 영광에 조영규 후보가 당선되어 선거운동의 보람이 짜릿했습니다. 김의택, 조영규 국회의원과 이진연 보좌관과 인연이 되어 김대중 대통령 만들기에 몸을 던지기 시작했습니다.

전라도의 한. 전라도 한을 풀기 위해 김대중 선생님은 몸을 던졌고 전라도 사람은 하나로 뭉쳐 김대중을 15대 대통령으로 당선시켰습니다. 임기 5년을 마쳤습니다. 김대중의 뿌리를 이은 경상도 출신 노무현을 16대 대통령에 당선시켰고, 18대도 경상도 문재인 후보에게 표를 몰아주었습니다. 5.16 군사혁명 이후부터 김대중 5년 임기만 제외하고 81살 먹은 지금까지 56년 동안 반세기가 넘도록 귀 아프게 듣고 있어서 이제 진절머리가 납니다.

나는 죽기 전에 전라도의 한. 지역차별. 홀대를 그만 외치라고 부탁합니다.

"자기 출세를 위해 전라도 한을 그만 팔아먹고 이용 마십쇼."

무슨 말인지 알겠지요.

전라도 지역행사장, 토론장, 선거 유세장, 국정감사장 등 가는 곳마다 정치인·학자들 할 것 없이 통계자료를 내 세워 인사, 예산 국체사업 등 차별과 홀대를 포장해 여론 몰이로 정치적 개인적 이득을 얻어 대단한 인물로 자신의 입지를 넓혀 출세하고 계속해서 특권 누리고자 목을 걸었다는 것을 따끔하게 전라도 국회의원님께 말합니다. 특히 국회의원 나리님들 내가 지켜보았지만 전라도의 한을 팔아 잡수시는 속임수 장사꾼이어요 하니 화가 날것입니다.

전라도의 한, 전라도를 팔아 국회의원이 되어서 한을 풀어주었느냔 말입니다. 양심 있으면 이제 그만 팔아 잡수십쇼. 제발. 국회의원 당선시켜 주니까 한 못 풀었지 않느냐 질문하면 정권교체를 위해서 하겠다는 꼼수에 불과합니다.

전라도의 한을 김대중 대통령 당선으로 한 가지는 풀었습니다. 그 외는 김대중 대통령도 못 풀었습니다. 전라도 차별이 계속 되고 있습니다.

전라도의 한, 누가 풀까요. 나는 전라도 사람만이 전라도의 한을 풀 수밖에 없다고 생각합니다. 그러기 위해서는 전라도의 일당 싹쓸이 선거를 끝내야 한다고 봅니다. 1985년 2월 12대 국회의원 선거부터 지방선거를 포함해 김대중의 황색 깃발로 싹쓸이 31년만에 2016년 4월 13일 20대 국회의원선거를 계기로 막을 내리고 안철수 국민의당 녹색 깃발로 거의 싹쓸이 했습니다. 싹쓸이로 전라도의 한을 풀었습니까. 덕 본 사람은 당선자와 정당정치인들 뿐입니다.

선거 혁명을 해야 합니다. 여야, 여여, 야야 정당이라도 한쪽으로 기울지 않는 의원과 단체장, 그리고 대통령까지 당당한 선거를요. 서로 경쟁하는 선거 풍토를 만들어야 차별 없는 전라도가 됩니다. 충청도처럼 말입니다. 보수 대통령도 진보 대통령도 보수 국회의원도 진보국회의원도 당선시키는 혁명을 해야 합니다.

또 호남정치를 망친 장본인들이 20대 총선에서 호남정치를 복원하겠다고 합니다. 대통령 당대표 키우기는 커녕 당지도부 조차 중심 역할도 못하면서 당 지도부를 향해도 미운털 박힐까, 공천에 불이익 당할까 쓴 소리 바른말조차 내지 못하는 주제에 자기만 잘난 체 거수기 역할로 지도부 눈치만 보여 온 전남·광주국회의원님들 호남정치 웬말이요. 내 눈에는 꼴불견 같네요.

예를 보여드리겠습니다. 공천권을 시민에게 돌려준다고 큰소리 치고는 광주시장에 윤장현과 광산을 보궐선거에 권은희씨를 공천을 해도 민심을 외면한 채 침묵만 하였습니다. 광주의 대다수 주민의 뜻을 어겨도 지도부에 항의 못하고 지도부나 나팔수 노릇 한 것이 호남정치를 실종시킨 장본인들이 문재인 전 대표에게 호남 홀대했다고 비난할 자격이 있나요.

이제 전라도 정치인들은 달라져야 합니다. 전라도끼리 뭉쳐 당지도부 눈치 보지 말고 중심역할로 당을 이끌고 갈 능력을 키우고 인재 발탁해 주력해야 합니다. 자기가 똑똑하다는 생각까지도 버려야 합니다. 본인이 능력과 자질이 없기에 정부와 각 부처를 상대로 전라도 홀대 실상과 균형의 필요성을 제대로 설득하는 실력을 발휘해야 합니다. 입으로만 전라도 홀대, 시늉만 내지 말고요.

5.16 군사혁명을 통해
대통령을 놓고 경상도 박정희와 전라도 김대중을 중심으로
지역감정이 노골화되어
전라도 차별 홀대가 나타나
민주화 동지 경상도 김영삼과 전라도 김대중이 대통령을 놓고
지역감정을 이어가
두 김씨 대통령이 되어도
지역감정 풀지 못하는 전라도 한(恨).
올해로 전라도 한 56년이 흘러
김대중 대통령 당선 하나는 풀었지만
31년 동안 국회의원 지방의원 지방장 모두 싹쓸이 했음에도
전라도 홀대 풀지 못해 놓고도
능력 부족한 자신을 감추고
대단한 인물이란 입지를 넓히려고
훌륭한 사람처럼
전라도 홀대를 풀겠다고 강조라는
입은 앵무새가 되어
금뺏지 달아 특권 누리는데 치중한 것 밖에 없는
전라도 국회의원들
전라도의 한 이용하여 덕 본 사람은 정치인 밖에 없습니다.

전라도 한 홀대를

한풀이 오기로 일당독재 싹쓸이 한 길로
정치인에게 맡기면
백년 천년 가도 못 풉니다.

정치인이 풀 수 없는 전라도차별 홀대
남의 탓 말고 전라도 유권자가
전라도 경상도 진보 보수 한쪽만 쏠림 없이
보수대통령 정치인과 진보대통령 정치인 구별 말고
충청도처럼 당당한 선거 풍토 우리 손으로 만들어
보수 대통령 진보대통령과 정치인들이
서로 경쟁하여 손을 내밀도록
개방 할 길 밖에 없습니다.
전라도 차별 홀대 푸는 길은 인물본위 반반한 선거
나의 생각 영원한 진리이니까요.

쓴 약이 보약

'대통령이 되시려면 쓴 약을 많이 잡수셔야 하겠습니다.'

나는 안철수 현상이 나타났을 때 역사상 어떤 성인지도자도 안철수 원장처럼 우상화(偶像化. 神)로 등장한 인물은 없다고 묘사했습니다. 2011년 10월 서울시 시장 재 · 보궐선거 출마설이 나오면서 박원순 변호사(재선. 현 시장)에게 양보한 후에 창당도하지 못하고 대통령 출마 선언 후에 민주당 18대 대통령후보 문재인과 단일화 한다고 경쟁을 하다가 혼자서 후보를 사퇴해 버리기에 나는 권모술수가 아니면 정치를 할 수 없다는 세상에 뛰어든 것이 애당초 잘못된 인물이라고 잘라 버렸습니다.

안철수 현상은 낡은 정치, 부패정치로 기성 정치인들이 말끔이 없어져야 한다는 국민의 원성에 때를 맞춘 듯이 검증도 받지 않는 안철수 원장을 우상화 한 것인데 자신이 훌륭해서 우상화 된 것으로 착각하고 대통령 병에 걸릴까봐 걱정을 한 나머지 본래의 자리로 돌아가 갈 것을 나는 기대했습니다.

18대 대선이 끝난 후에는 안철수 원장에 대하여 관심이 없었으나 2016년 4월 13일 총선에 전라도를 단숨에 장악한 것을 보고 관심이 되살아났습니다.

20대 총선 결과입니다. 어느 당도 과반수를 얻지 못했습니다. 노태우 대통령 당시 여소야대를 경험한 나는 박근혜 대통령 후반기에 16년 만에 여소야대를 경험하게 되었습니다. 집권여당이 제2당으로 밀렸고 야당인 더민주당이 제1당을 찾이 한 반면 관심에 들어온 국민의당 안철수 · 천정배 공동대표는 완전하게 전라도를 장악하여 제2당 새누리당과 제1당 더불어민주당 사이에서 캐스팅 보트(Casting vote. 결정투표)를 쥐게 되어 주가가 올라갔습니다.

선거결과 300석 중 제1당 더불어민주당 123석, 제2당 새누리당 122석, 국민의당 38석, 정의당 6석, 무소속 11석으로 나타났습니다.

나는 20대 총선이 끝난 후 1주일 만에 읍내로 나가 대림 자동차 서비스 지정점 광신상사 대표가 노인들을 위하여 가게 내에 마련해 놓은 휴식처에 나갔습니다. 나와 같은 또래가 자리를 꽉 메웠습니다. 내가 생각대로 역시 안철수 대표 이야기였습니다.

어떤 분이 안철수 대표를 기적의 정치인이라고 칭찬을 합니다. 나와 비슷한 생각이라 귀를 기울였습니다.

"공직경험도, 정치수업도 없이 정치에 뛰어든 5년도 안 되어 국회의원 3년으로 국민의당을 처음 창당하였습니다. 전라도의 맹주(盟主) 노릇하겠다고 정권교체다. 뉴 디제이(김대중) 발굴한다. 호남정치 복원을 하겠다고 나선 천정배당, 박주선 당, 박준영 당을 모조리 평정하여 창당(2016년 2월 2일) 한지 2개월만 양당구조 정치판을 깨고 3당 체제로 성사시킨 것은 기적이요. 또한 김대중 전 대통령을 서운하게 들릴지 몰라도 20년의 역경 속에서 전라도를 장악했는데 전라도 사람이 아닌 외지인이 2개월 만에 장악했다는 것은 놀랄 일입니다."

나도 덩달아 한 마디 했습니다. 나는 안철수 대표가 본래의 자리로 돌아가는 것을 바라는 사람인데 20대 총선에서 김대중 전 대통령을 뛰어넘는 정치력을 인정 해 줄 수밖에 없다고 했습니다. 현실이니까요. 30년 동안 김대중 전 대통령의 황색 깃발이면 공천이 곧 당선이라는 등식을 이어 받은 더불어민주당을 몰아내고 완전히 전라도를 장악했으니 말입니다.

어떤 분은 안철수를 칭찬하면서도 전라도를 걱정스럽게 말을 꺼냈습니다. 전라도 싹쓸이가 따지고 보면 전라도에게 좋은 것은 아니라고 했습니다. 과거에는 김대중 당선을 위해 전라도의 한을 풀어 보자고 싹쓸이 했지만 이제 부터는 달라져야 한다고 몇 가지를 지적했습니다.

첫째 일당독재는 민주주의가 아니다. 둘째 공천이 당선이므로 본 선거에는 관심이 없고 공천에만 열중하므로 당선되면 머슴이 아니라 주인 노릇한다. 셋째 공천선거지 주민의 선거가 아니다.

일당독재 싹쓸이 선거가 서로 잘 일하려고 인물본위로 경쟁을 하는 것이 아니라는 것을 30년 동안 전라도에서는 경험을 해 온 게 사실입니다. 나 같은 농사꾼도 20대 총선부터는 여야 당당하게 당선되어 서로 잘 하려고 경쟁하는 풍토를 바랬습니다. 누구를 탓 하겠습니까. 전라도 사람이 그렇게 만들어 버린 것을.

다행이 광주 · 전라남도에서 더불어민주당 이개호 의원 한 분만이 함평, 영광, 장성, 담양 지역구에서 당선되었습니다. 순천지역구에서 새누리당 이정현 의원이 3선에 당선되었습니다. 광주는 국민의당이 싹쓸이 했습니다. 전남은 국민의당이 두 석만 잃고 몽땅 차지한 셈입니다.

당선된 이개호 의원에게 박수를 보내고 우리는 헤어졌습니다.

집에 돌아온 나는 어떤 분이 안철수 대표도 낡은 정치에 물들었다는 말에 그냥 넘어갈 생각이 나를 자꾸 충동질을 하여 자료들을 찾아보았습니다. 안철수 본인에게 쓴 소리하면 화를 낼 줄 압니다만 대통령의 꿈을 버리지 않았다면 약이 될 수도 있지 않을까 해서입니다.

안철수가 군주형(君主形)이라 한 번에 대통령이 되려고 서두른 것이 착각 했다는 말 들어 보셨습니까.

먼저 안철수 일지입니다.

2011년 10월. 서울시장 재 보궐선거 박원순에게 양보(재선, 현시장)

2012년 9월 19일. 정치입문 1년 만에 대통령 출마 선언

2012년 11월 23일. 당도 없이 민주당 문재인 후보 단일화 중 포기

2013년 1월. 창당 추진 선언

2014년 4월. 정치입문 1년 6개월 만에 보궐선거 노원병에서 당선

2014년 2월 17일. 창당 발기인 대회

2014년 3월 26일. 국회의원 11개월 만에 새정치 연합 창당선언

만하고 당대당 민주당과 합당(민주당 127+새정치 3) 김한길, 안철수 새정치민주연합 공동대표

2014년 7월 30일. 6.4지방선거 패배로 당대표 196일 만에 사퇴

2015년 11월 13일. 친노 문재인 대표(2015. 2. 8)에 당주도권에 밀려 탈당

2016년 2월 2일. 국민의당 창당 천정배 공동대표

2016년 4월 13일. 20대 총선에 국민의당 38석 당선

2016년 6월 29일. 4월 13일 총선 홍보비 리베이트(환불하다. refund) 의혹으로 당대표직 149일 만에 사퇴

군주형입니다.

절대로 1인자 자리 외는 없습니다. 남을 섬길 줄 모르고 받을 줄만 압니다. 부유한 가정에 태어나 정계입문에서 국민의당 창당까지 5년여 동안 새정치민주연합 공동대표가 되어 지방선거 패배 책임으로 사퇴한 후 16개월 동안 권력 투쟁을 한 기간만을 제외하고 남의 밑에 있을 수 없음을 보여주었습니다.

낡은 정치를 답습하였습니다.

새 정치 새 인물로 정치개혁 하겠다는 말 뿐이었습니다. 새정치민주연합 공동 대표가 되어 당선보장지역에 공천권을 국민에게 돌려준다고 해놓고는 광산을 국회의원 재·보궐선거에 측근인 권은희와 광주시장에 윤장현을 낙하산 공천을 했고요.

새정치 새인물로 정치개혁 하겠다고 국민의당을 공동으로 창당했습니다. 재벌로 소문난 안철수가 쩨쩨하게 교섭 단체 20명을 확보해 30억 원 더 국고보조금 타려고 더불어민주당에서 공천이 불확실하여 탈당한 광주현역의원 5명을 중심으로 전남 등 탈당 의원들을 받아 국민의당이 교섭 단체가 되어 이들에게 공천까지 해준 탈당집합소가 낡은 정치모임이 아닙니까. 심지어 더불어민주당에서 공천에 탈락한 현직의원을 받아주어 국민의당이 공천까지 해주었으니 새정치 모임이란 말을 입 있으면 못할 것입니다.

또한 전라도의 맹주가 되겠다고 창당한 3명 모두 경선 없이 일방적인 공천과 당규에 위반되는 비례대표를 당장 당규를 바꿔 측근을 내 세운 일도 낡은 정치를 빰쳤습니다.

패권·독선·폭거·야합·배신정치 들어본 적 있습니까. 새정치연합 창당 발기인 멘토(Mentor. 스승·사부·조언자) 동지 등과 의사결정 없이 단독으로 민주당과 합당선언을 두고 나온 말입니다. 전 장관 의원인 윤여준, 3선의원 김효석 공동위원장까지 한 마디 없이 합당하여 거대 야당 130석(민주당 127명 + 새정치 3명) 공동대표가 된 것을 두고 말입니다. 유명한 야당 지도자 김영삼, 김대중 전 대통령도 불가능했던 정치 입문 2년 6개월과 국회의원 1년 된 인물이 거대 야당 공동대표가 된 것은 헌정사에 안철수 의원뿐이라고 부러워들 했습니다. 듣기에 민망하지만 사실인 것을.

거짓말 정치인이라고들 합니다.

대통령 출마선언 후 단일화 없이 대통령선거에 완주하겠다는 말 문재인 후보와 단일화에 경쟁했습니다. 지방선거 5개월 앞두고 서울시장 등 모든 지역 후보들이 1~2월부터 늦어도 3월말까지 후보 공개 한다는 말 지키지 않았습니다. 기초단체 무공천 약속 안 지켰다고 박근혜 대통령을 향해 거짓말 정치인이라 비난해 놓고 자신도 안 지켰습니다. 민주당은 낡은 세력 호남기득권과 연합할 수 없다 해 놓고 민주당과 합당을 해 공동대표가 된 후 탈당하여 국민의당을 창당할 때 호남기득권 세력을 모두 끌어드렸습니다.

지방선거 앞두고 창당 선언(2013년 1월) 할 때 낡은 정치는 기본이 흔들리고 낡은 풍토는 더 아무것도 담아 낼 수 없으니 새정치 세력이 나설 수밖에 없다고 외친 안철수는 거짓말 정치인이라는 말을 들었을까요.

안철수의 새정치가 한 게 무엇이 있습니까.

새정치를 외쳐 국회의원 선거에 무난히 당선되었는데 국회의원으로서 특권 내려놓기, 무노동 무입금, 세비인하, 연금폐지 등 국민이 바라는 개혁 없이 낡은 정치 속에서 함께 제왕 국회의원 생활에 즐기기만 하셨단 말 처음 들을 것입니다.

안철수, 능숙한 반사형인 것을 아십니까.

자기 혼자 힘이 부족하여 상대의 영향을 받아 뜻을 이룬다는 말 같습니다. 서울시장선거에 박원순에게 양보하므로 대권주자 1위로 떠올랐고 돈, 인물로 창당할 힘이 없으므로 기존 민주당 대권 후보와 문재인과 단일화에 뛰어들어 손 안 대고 후보가 될려고 했고, 지방선거를 앞두고 새정치연합 발기인대회를 끝냈으나 서울시장을 양보한 박원순이 탈당하고 합세를 바랬으나, 거절하는가 하면, 현 의원 한 사람도 참여 안 해 힘이 부족하여 창당을 못했습니다. 당원 투표 없이 공짜로 거대 야당 당 대표 자리를 거머쥐자 민주당과 합당을 했고 군주형이라 더불어민주당 문재인 대표 밑에는 있을 수가 없어 탈당하여 친노, 친문에 반발이 큰 전라도에 둥지를 틀어 놓아 더불어민주당으로부터 공천 탈락을 예상한 현직의원들이 국회의원 하려고 자연스럽게 합류를 하여 쉽게 국민의당을 창당하여 당 공동대표가 되어 20대 총선을 지휘하였습니다.

제3당에 올랐습니다. 이를 두고 능숙한 반사형이라고 한답니다. 틀린 말은 아닙니다. 독자생존 창당과 당대표가 된 적도 없으니까요.

안철수에 대한 쓴 소리를 하기도 하지만 사랑하고 지지하는 사람들은 아쉬움과 걱정을 많이 하고 있습니다.

서울시장 자리도 대통령자리 못지않은 자리인데 박원순에게 양보하지 않았으면 재선까지 무난하여 재직기간 국민에게 좋은 역량을 보여주었으면, 지금처럼 가시밭길을 걷지 않고 대권주자 1위로 올라갈 것을 놓친 게 아쉽다고들 합니다.

그리고 배신자 때문에 낡은 정치에 합당했다고 분노하지요. 새정치연합 창당을 선언 했을 때 박원순 시장이 합세 했으면 당을 새 인물로 창당하고 민주당과 합당도 하지 않고 지방선거의 승리로 새정치 새인물이 모인 새정치민주연합에 당당하게 깃발을 꽂을 것이라. 아쉬워하지요.

또한 서울시장 양보, 대통령, 단일후보 포기, 기초단체 무공천 포기, 새정치 포기, 공동대표 두 번 사퇴 등을 두고 돌파력 부족으로 철수 했다고 많이 하는데 대권수업을 맑은 물, 흙탕물 속에서 제대로 하였다고 걱정과 동시에 용기를 내라는 안철수 현상이 살아 있다고 합니다.

안철수 정계입문 5년 동안 국민들의 검증은 그렇게 좋지 않은 것 같습니다.

원론적인 말, 정치 감각 함량미달, 리더십부족, 돌파력 미달, 지역기반 없음, 이념이 약한 어설픈 중도 동력과 능력부족, 조직구성 부족, 군주형 반사형이 대표적인 쓴 소리만 모아 보았습니다. 안철수 전 대표를 비난하기 위해서가 아니라 대통령 꿈과 정치를 계속 할 사람으로 생각하기 때문에 대권수업에 밑바닥 민초들의 소리에 귀를 기울이면 좋은 보약이 될 것 같아서입니다. 쓴 약을 보약이라 합니다.

가장 서운한 말로 안철수를 사랑하는 사람들은 역대 탈당하여 당을 만들어 제3대통령 후보로 나와 모두 실패를 했다고 걱정을 하기도 합니다.

서울시장 자리도 대통령 자리 못지않은 자리로
대권 길을 가는데
자기능력을 검증 받아 대권수업 받는
가장 좋은 자리를 다른 사람에게 양보하고
나 홀로 새 정치 새 인물 구호라 준비도 없이 정치 감각 모르고
단숨에 대통령이 되겠다는 욕심에
시대가 주어진 기회를 내 던진 안철수 현상 독자 생존 능력 미달로
새 정치 새 인물 구호는 낡은 정치 낡은 인물에 유혹에 빠져
최고의 대우에 놀아나
새 정치를 포기하고 낡은 정치인 되어
만족을 느끼는데 맛 들어 버린 안철수 대권의 길은
낡은 정치, 낡은 세력에서 살아남는 길은,
민초들의 쓴 약을 많이 잡수셔야만
꿈을 이룰 수밖에 없습니다.
쓴 약이 보약이라는 것을

제7부

안보

안보에는 여야 진보보수 진영 논리가 따로 없고, 우리 국가 우리 국민 지켜야 한다는 힘을 길러 어느 때고 침략자를 물리칠 수 있는 완벽한 대비대세가 자주국방의 필수입니다.

• 우리도 핵무장을 해야 •

• 북한 핵 포기와 미군 철수 안 해 •

• 한미동맹 •

• 진정한 안보 •

• 인질로 잡힌 대한민국 •

• 어찌 잊으랴, 유엔군 •

우리도 핵무장을 해야

2016년 1월 6일, 새해가 시작되면서 북한의 김정은 최고 지도자가 제4차 핵실험(수소탄), 8월 잠수함 발사 탄도미사일(SLBM) 실험, 9월 9일 제5차 핵실험 성공을 하는 광경을 텔레비전을 통해서 보았습니다. 우리도 이제는 핵 무장을 해야 한다는 생각이 들었습니다. 이때 문득 떠오르는 것이 있었습니다. 자리에서 일어나 책장 꽂이에 가서 손때 묻은 메모지를 꺼내어 뒤적거렸습니다. 박정희 대통령의 핵 관련 자료였습니다.

1979년 7월 1일 한·미 정상회담 때 박대통령이 주한미군 철수를 하면 다시 핵 무장을 시도 할 수밖에 없다고 심한 말을 했다는 당시 배석한(사이런스. 벤스) 국무장관 회고록 내용입니다. 정상회담 다음날 박대통령은 측근들에게 "임자 어쩌면 내 인생의 마지막 일 듯 싶네." 하시며 어두운 얼굴이었다고 측근들이 말 한 것입니다. 정상회담 석 달 후 10월 26일 비극을 맞이했습니다. 불행을 당한 7개월 전에 1983년 10월 1일 국군의 날 행사 때 핵무기를 공개한 뒤 물러갈 생각이라고 측근들이 전한 기록들입니다.

박정희 대통령께서 핵무장을 하려다가 불행을 당했다는 소문은 나 같은 농사꾼의 귀에까지 들릴 정도였습니다. 박정희 대통령이 핵개발을 추진했다는 것을 알 수 있습니다.

핵보유국은 미국·중국·러시아·영국·프랑스와 인도·파키스탄·이스라엘 등 8개국입니다. 북한도 핵보유국이라고 스스로 말합니다. 핵을 보유한 국가들은 다른 나라에 대응하고자 핵개발을 했습니다. 세계평화를 위해서라고 말하지만 소련은 미국에, 영국·프랑스·중국은 소련에, 파키스탄은 인도에, 인도는 중국에, 이스라엘은 중동에 대응하기 위해서라고 말하고 싶습니다.

이란은 이스라엘에 대응하고자 핵개발을 하다가 13년만인 2015년 7월 미국과 협상하여 포기한 예도 있습니다. 북한 역시 남한과 미국에 대응 하고자 핵 개발을 하였다고 합니다.

남한도 핵 보유를 해야 할 명분이 있습니다. 핵을 보유한 북한에 대응하는 점도 있지만 통일국가로써 핵을 보유한 중국·러시아·일본(핵 가능국), 미국의 4개 국가 틈새에서 자유국가로 당당하게 대응하자는 것입니다.(일본은 2015년 9월 전쟁할 수 있도록 법을 통과시켰습니다.) 그러므로 남한도 비핵화만 외칠 것이 아니라 장래를 위해서 동등한 무기를 갖고 있어야 함부로 넘보지 못하게 우리 국가를 지키자는 것입니다. 힘의 균형이 이루어져야 동등한 입장에서 맞서고 살아야 당당하니까요.

사대주의(事大主義) 역사, 이제 지긋지긋합니다. 고려·조선은 물론 36년간의 일제 식민지, 해방 후에는 미국의 그늘에서 살고 있습니다. 떳떳하게 자주 국가로써 몇 백년이나 우리 민족이 살아보았는가 싶습니다.

2016년 병신년(丙申年)은 1970년대와 아주 다릅니다. 우리의 우월성은 핵을 보유한 이스라엘, 인도 파키스탄 보다 훨씬 앞서 있으며 영국·프랑스와는 차이가 없으며 중국·러시아·미국만이 우리를 앞서 있을 뿐입니다. 우리는 지금 세계에서 다섯 번째 원자력기술국가이며 공업국가입니다. 그리고 일곱 번째 수출대국, 아홉 번째 무역국, 열한 번째 인공위성을 쏘아올린 국가입니다.

우리가 핵무장을 하려면 동맹국인 미국이 도와주어야 합니다. 절대적이지요. 나는 한·미 동맹국이 아니면 대한민국은 이슬로 사라졌다고 허물없이 말하는 사람입니다. 항상 고맙게 생각하고 있지요. 처음 한·미 동맹은 적화통일을 막기 위해서 시작되어 경제부흥까지 이루어졌습니다. 70년 동맹 한국은 경제대국에 올라섰으므로 핵 보유국가 힘의 균형을 맞춰야 할 시기입니다. 미국의 핵우산 아래 한국을 붙들고 있는 것 보다는 한국 스스로 핵보유국이 되어 자주 국방을 이루어야 합니다.

북한은 핵보유국이 되었다고 스스로 말 합니다. 남북한이 1991년 비핵화 공동선언을 했습니다만 북한이 일방적으로 깨버렸습니다. 2016년 올해 초 제4차 핵실험에 성공하고 9월 9일 제5차 핵실험에 성공하였습니다. 25년 동안 북한의 핵을 포기시키려고 남한과 미국을 중심으로 한 국제사회는 협상과 유엔 안보리 제재 결의, 성명서 발표 결의문채택, 봉쇄 6자 회담(미국·일본·중국·러시아·남한·북한) 등으로 고립시켰으나 헛발질로 북한에게 웃음거리가 되었습니다.

특히 남한의 김대중, 노무현 두 대통령이 햇빛정책으로 지원해준 자금으로 핵개발 속도를 내게 하여 두 대통령을 퍼주기 대통령이라는 비난을 받고 있기도 합니다.

북한 국민의 삶을 몽땅 희생시켜 핵개발을 한 것은 살기위한 자위권이라고 당당하게 주장하는 것을 보면 죽었으면 죽었지 핵 포기를 안 한다고 봅니다.

핵 포기 시효가 이미 끝났음에도 한반도 비핵화가 한반도 평화와 동북아시아 평화라는 주장도 북 핵개발에는 입만 아픈 꼴이 되어버렸습니다. 핵보유국들은 평화가 없는가. 평화를 유지하기 위해 핵을 보유하고 있지 않는가. 지구상에 핵이 없어야 평화라 말 할 수 있습니다. 자기의 핵은 평화요. 남의 핵은 비평화입니다. 너는 활로만 싸우고 나는 기관총으로 싸워야만 힘의 균형입니까.

미국이 한반도 평화와 동북아시아 평화를 진정 바란다고 한다면 한반도 주변국가 중국 · 러시아, 미국까지 핵을 모두 버리는 것이 당연함에도 한반도만 비핵화해야만 한반도 평화, 동북아시아 평화라는 말은 사방을 둘러싼 핵 국가 사이에서 갈보짓(매춘) 하고 살라는 것 밖에 안 된다고 봅니다.

진정 미국이 한 · 미 동맹 국가로써 중국·러시아와 패권경쟁에 한반도를 기지로 삼는다는 꿍꿍이 속이 없으면 대한민국이 핵개발을 하도록 해야 합니다. 미국이 마음만 먹으면 대한민국이 국제사회의 걸림돌인 중 핵확산금지조약(NPT) 탈퇴도 무난합니다.

강대국들은 핵을 포기하지 않을 것이고, 남 · 북이 핵을 각각 보유하면, 함께 공유하던 간에 적대관계를 완화해 남북한이 사이좋게 평화통일을 향한 물꼬가 트일 것이라 생각합니다. 북한의 핵이 남과 미국을 목표로 하는 것이 아니고, 남한의 핵이 북한을 목표로 한다는 것을 벗어나 남북통일 후 자주국방을 위해서 목표를 정하는데 있기 때문입니다.

특히 내 생각으로는 북한의 핵 포기를 위해 남한과 미국, 국제사회가 죽었으면 죽었지 핵 포기를 하지 않는 북한을 고립시켜 세습체제 붕괴, 국가궤멸, 흡수통일 등에 막대한 군비와 군사력을 낭비할 필요가 없을뿐더러, 북한과 남한 미국사이에 적대적 관계가 인도주의 차원으로 완화될 가능성이 높아 남북교류에 한층 더 가까워진다고 봅니다.

강대국 중국 · 러시아 · 일본(가능) 핵 보유국 한복판에
한반도 남한 북한 분단된 지 70년이 흘렀습니다.
남북통일은 한발 한발 다가오고 있는데
북한은 핵을 보유하고 있으므로
남한은 한반도 평화를 내세워
체제유지와 생존권 차원에 목숨 건 북한의 핵 포기에
미국을 중심으로 국제사회를 총동원하여
주력을 다하고 있습니다만,
결국은 북한을 고립시켜 붕괴 궤멸로
재앙을 낳을 수 있는 흡수통일을 하자는 강경책입니다.
북한세습체제가 스스로 무너지거나
주민봉기로 정권이 바뀌어 핵을 포기한다면
좋겠다고 하지만.

통일국가가 되면 자주국방으로 당당한 국가로 존재하고자
힘이 없는 탓 때문에
5천년 역사 속에 9백 번이 이상 외침을 당했던
1천년동안 사대주의 설움에서 살아온 세상은
다시는 반복되지 않기 위해서

핵을 보유해야 된다는 것을
뼈저리게 느낄 때는 이미 늦습니다.
통일국가를 향해 북한의 핵을 인정하고
함께 공유하거나
각자 핵을 보유하던 간에
북한의 핵이 남한과 미국을, 남한의 핵이 북한을 겨냥하는 것이 아니라
4대국 핵 보유 주변국가 사이에서 동등한 국가로 존재하기 위해서입니다.

북한의 핵을 인정하고 남한도 보유하여
핵의 동반자가 되어
남북 간 대화의 문을 핵과 핵으로 열어
평화통일의 길을 닦으면 좋을 것 같은데
농사꾼 촌놈의 소리를 진실로 들을지어다.

북한 핵 포기와 미군철수 안 해

'한반도 비핵화만이 한반도 평화와 동북아 평화를 보장한다.'

나는 이 말을 들을 때마다 웃기는 소리라고 중얼댔습니다. 비핵화란 말은 북한에게 핵을 포기하라는 말과 같아서입니다. 북한은 절대로 핵을 포기하지 않을 것이기 때문입니다.

나는 핵과 연계되어 북한 세습정권이 유지되고 있는데 대하여 분석을 해보았습니다. 김일성 주석이 6·25전쟁을 일으켜 적화통일(赤化統一)을 눈앞에 두고 있는데 미국을 중심으로 한 유엔군의 반격으로 실패합니다. 김 주석은 일본이 항복한 것은 미국의 원자탄이라는 것을 생각해내어, 살아남기 위하여, 외국의 침략을 받지 않기 위하여, 미국을 상대하려면 핵을 개발해야만 하겠다는 강한 집념이 떠올랐습니다.

김일성 주석은 1962년 영변에 원자력 연구소를 설치하고 이듬해 소련에서 연구용 원자로를 도입하여 본격적으로 핵개발에 집중을 했습니다. 1993년 5월 29일 김영삼 대통령 때 김일성 주석은 한반도에서 최초로 탄도미사일을 발사하여 성공했습니다. 가장 놀란 국가는 미국이었습니다.

미국 부시 대통령은 북한 영변의 핵시설을 폭격할 계획을 세워 실행단계에 왔을 적에 김영삼 대통령의 취임사에서의 말대로 "어느 동맹국도 민족보다는 나을 수 없다"는 신념으로 북한 동포를 죽일 수는 없다고 적극 반대하여 미국이 포기했다고 합니다.

영변 핵시설 포기 후 미국 카터 전 대통령 주선으로 주석과 김 대통령이 평양에서 최초로 정상회담을 1994년 7월 25일에 약속했습니다. 그러나 김 주석이 1994년 7월 8일 사망하여 남북정상회담이 성사되지 못했습니다.

아들 김정일이 최고지도자(국방위원장)가 되어 핵확산금지조약(NPT) 탈퇴(2003.1.) 선언 후 1차 핵실험(2006.10.)과 2차 핵실험(2009.5.)을 했고, 김정일 최고지도자가 사망(2011.12.17)하자 27세의 나이로 김정일의 아들 김정은이 최고지도자(국방위원회 제1위원장)에 올라 3차 핵실험(2013. 3)과 4차 핵실험(2016.1.6), 5차 핵실험(2016.9.9)을 성공을 했습니다.

핵실험으로 세계를 놀라게 하기 전 김정은 최고지도자는 27살의 나이를 두고 대권수업 2년밖에 안되어 통치력이 부족해 쉽게 붕괴될 것이라고 평가절하 하기도 하였습니다. 심지어 미정보당국은 신체적 정신질환인 권력세습·질병세습(심혈관질환·고혈압·당뇨 등)으로 3년을 못 버틴다 했습니다. 오히려 할아버지 김일성 주석의 15살 때 중국 길림성에서 비합법지하청년조직인 「반제청년운동(反帝 · 일본)」을 결성하여 항일투쟁을 한 것과 비교하면 김정은이 12살이나 많습니다. 핏줄은 못 속인다고 하듯이 5년째 건재한 걸 보면 더 강한 통치를 예고하고 있습니다.

제4차, 제5차 핵실험 후 김정은 정권을 국제사회는 고강도 압박을 택했습니다. 육·해·공 통로를 차단하여 숨통을 조이고 있습니다. 완전 고립상태입니다. 핵을 포기하지 않으면 정권이 무너진다는 경고까지 해놓은 상태입니다. 혈맹인 중국·러시아 등 친북국가들까지 동참하고 있습니다. 한·미 동맹국은 북한이 핵 공격으로 압박하면 사전에 부숴버린다는 전략을 공개했습니다. 그 이름도 섬뜩한 김정은 「참수작전」으로 알려졌습니다.

헌법에 핵 보유국을 명시한 북한은 국제사회의 압박에 버틸 힘이 없는 것 같지만 내 생각은 핵실험 과정을 통해서 분석해보면 죽었으면 죽었지 포기 않는다고 봅니다. 이유야, 핵 포기한 이라크 후세인은 미국에 점령당하여 사형됐고, 리비아 카다피가 미국의 지원을 받는 세력에 의해 사살당한 말로를 보았기 때문입니다.

또한 남한에서 말한대로, 3대 왕조체제 유지를 위해 인권탄압, 삶의 행복을 굶주림으로 70년 동안 핵 발사에 쏟아 부은 보상이 없으니 핵 포기를 할 수 없습니다.

김정은 최고지도자가 혹시라도 핵 포기를 할 수 있는 방법이 있다고 나는 생각합니다. 남한에 주둔한 미군철수입니다. 미군철수는 북한만이 바라는 것이 아닙니다. 중국, 러시아도 바라고 있습니다. 북한 핵과 미군주둔은 남북한 똑같은 조건과 내막을 갖고 있기에 북한 핵 포기와 미군철수는 맞물려 있다는 나의 주장이 헛소리일까요?

북한이 핵을 포기하면 미국에게 세습체제가 망하고, 미군이 한반도에서 철수하면 남한이 북한의 손에 들어간다는 생사(生死)가 걸렸습니다.

만약 미군이 철수하면 북한이 핵을 포기하겠다고 나서면 철수할까요? 나는 못한다고 봅니다. 미국이 한반도에서 철수하면 남한의 군사력으로는 북한을 대항할 힘이 없다는 것을 알기 때문입니다. 반면 북한이 핵 포기하면 미군철수하겠다고 내걸면 북한이 핵을 포기합니다. 이미 답이 이미 나왔습니다.

한반도 비핵화에 북한의 핵 포기와 미군철수의 상대성은 죽기 아니면 살기로 똑같기 때문에 선제공격을 누가 먼저 하느냐에 관계없이 피해 입는 쪽은 대한민국 서울이란 것을 생각해 보았습니다.

북한이 미국과 서울을 선제공격할까요? 나는 북한이 선제 공격을 안 한다고 봅니다. 북한의 전 국토와 국민, 특히 김일성, 김정일이 안장된 「금수산 태양궁전」 등을 잿더미로 만들 수 없기 때문입니다. 북한이 불장난을 하면 미국이 이라크 전 영토를 15분 내 초토화해버린 것처럼 북한 전 영토가 최고첨단 핵무기를 가진 미군에 의해서 15분이면 초토화된다는 것을 모를 리 없으니까요. 죽음을 부르는 선제공격은 바보들이나 합니다. 그러나 알 수는 없지요.

나의 생각대로 살기 위해서 선제공격을 안한다 해도 방심은 금물입니다. 만약을 대비하는 게 국가안보입니다. 국가안보를 위해서 북한의 핵 위협과 도발에 항상 대비를 해야 소 잃고 외양간 고치는 꼴이 안 되어야 하기에 한국과 미국이 2016년 7월 13일 경상도 성산에 사드(THAAD, 고고도미사일방어체계) 배치를 전격적으로 발표했습니다.

안보에는 여야가 없어야 하는데 찬반으로 국론분열이 되고, 중국 · 러시아는 북한만 겨냥한 것이 아니라 자국을 겨냥한다고 맹비난을 쏟아내며 어떤 보복도 하겠다고 협박하고 있습니다. 사드배치에 당사국의 찬반은 다 자국을 생각하면 옳은 말들이고 정당한 주장이라고 나는 생각합니다. 특히 사드배치로 중·러·북한이 다시 동맹을 하여 북한의 핵을 통해 한반도가 더 불안하게 되어 신 냉전(패권)시대가 된다는 야당들의 반대 목소리도 틀린 것이 아닙니다.

나는 중 · 러 · 한국야당의 목소리를 잠재울 수 있다고 꿈을 꾸었습니다. 한반도에 배치한 사드를 미국 소유, 미군이 운영하지 않고 한국 소유 한국군이 미국 간섭 없이 직접 운용하면 한국 국토방위에 필요한 조치에 반대할 명분이 없을 것 같습니다. 내정간섭을 해서는 안 되니까요. 그러나 불가능하지요. 하지만 가능케 발 벗고 나서야 합니다. 나는 꿈이 아니기를 기대할 것입니다.

북한은 절대로 핵을 포기하지 않습니다. 미군 주둔과 똑같은 운명입니다. 남한에 사드배치는 필수입니다. 북한이 무너질 때만 마지막 순간에 사용가능할 것이므로 사전에 방지와 피해를 최소한 줄이는데 이 방법 밖에 없으니 반대할 것이 아니라 여야와 국민들이 지혜를 모아 부작용에 대하여 최소한 줄이는데 집중해야 합니다.

반대론자들은 나에게 정신 빠진 놈이라 할지 몰라도, 정치권에서 사드를 배치하더라도 집권하면 반드시 국익을 위해 철수시키겠다는 대선 · 총선공약 내걸겠다고 할 수 있는 정당이 있습니까? 반대가 정치적 인기몰이 정치 쇼가 아니라면 할 수 있다고 봅니다. 사실 못하지요.

핵은 북한에서는 보물이요
남한에서는 괴물이요
미군주둔은 남한에서는 보물이요

북한에서 괴물입니다.
북한은 자기 국가를 지키려고 핵을 보유한 것이요
남한은 적화통일을 막으려고 미군을 주둔시키고 있으니까요.

남한에서는 미군 철수시킬 것이니
북한에게 핵 포기하라는 말은 없고
북한에서는 핵 포기할 것이니
남한에게 미군 철수시키라는 말이 없고,
일방적으로 상대방에게만 포기, 철수만 외치는 것은
공평하지 못한 주장입니다.

생존을 위해서.
남북이 함께 살 수 있는 길은
남한이 핵 보유로 남한 북한이 평화통일을 향한
대화와 교류를 선택하면
북핵 포기 미군 철수 낭비는 사라질 것입니다.

한미동맹

'이승만 대통령은 미 제국주의 앞잡이가 아닙니다.'

6·25 전쟁으로 남한이 위기에 빠지자 미국과 유엔군의 지원에 나섰는가 하면, 북한이 위기에 빠지자 소련과 중국이 지원에 나서 참전을 하였습니다. 1년 동안 밀고 당기는 치열한 싸움을 해도 승부가 날 기색은 없고 양측 모두가 갈수록 피해만 늘어가므로 외국 땅에서 더 이상 피를 흘리지 않겠다는 생각을 낸 것이 휴전입니다.

전쟁이 1년을 넘어서자 맨 먼저 휴전을 꺼낸 쪽은 소련 유엔주재 대표 「말리크」였습니다. 유엔군으로 참가한 16개국 나라들도 외국 땅에서 자기 나라 젊은이가 더 이상 피를 흘려서는 안 되겠다는 똑같은 생각이 맞아떨어졌습니다.

결정적인 것은 유엔군은 몇 차례 중공군의 대규모 공세를 격퇴했지만, 완승은 힘들다고 판단했습니다. 중공군도 두 차례에 걸쳐 춘계공세를 펼쳤지만 참패했습니다. 1년간의 격전 끝에 전선이 원래의 38선 부근에서 원점에 머물렀습니다. 어느 쪽도 승리를 장담할 수 없기에 전쟁을 협상으로 해결해야 한다는 양측의 분위기였습니다.

1951년 7월 10일 개성에서 협상을 시작합니다. 본격적인 토의에 들어간 회담은 비무장지대(非武裝地帶) 설치를 위한 군사분계선(軍事分界線) 설정을 놓고 남한 측의 반대에도 불구하고 유엔군 측은 미국과 국제여론을 고려해 군사분계선 설정에 타협했습니다. 협상은 생각대로 순조롭게 진행되지 않았습니다. 포로협상문제를 놓고 장기화로 치닫게 되었습니다. 1953년 3월 5일, 소련의 스탈린이 사망하자 전쟁은 급격히 종결로 치닫으며 휴전협정에 집중했습니다.

남한의 민심은 달랐습니다. 이승만 대통령이 적극 휴전에 반대하였습니다. 전국에서 매일같이 휴전반대와 대중 집회가 열렸습니다. 내가 고등학교 1학년 때에 생전 처음으로 「휴전결사반대 통일 없는 정전반대」 구호를 목이 터져라 외쳤습니다. 계속해서 한 보름 동안 학교 운동장에 모여서 면 소재지 도로를 행진하며 데모를 했습니다. 평생을 두고 데모를 휴전반대를 했던 첫 경험한 데모는 기억에서 사라지지 않고 있습니다.

내가 휴전반대 데모를 할 때는 왜 휴전반대를 하는가에 대하여 자세한 내용을 알지 못하고 정부가 지시해서 따라했습니다. 세월이 지나 자세히 살펴보니 결과적으로 초대 대통령 이승만 박사가 비록 부정선거로 하야했지만 자유민주주의 대한민국이 사라지지 않도록 결단을 내렸다는 게 존경스러운 지도자로 모시게 되었습니다.

당초 휴전은 남한정부, 이승만 정권을 따돌리고 휴전협상을 진행합니다. 미국은 남한정부를 무시했습니다. 한반도 전쟁 당사국인 남한정부를 제외시키고 북한·중국과 휴전협상을 진행한 미국의 태도에 이승만 대통령뿐만 아니라 전 국민, 그리고 나같은 농사꾼까지도 미국에 대한 배신감이 듭니다.

남한의 운명이 달린 문제를 배제하니 남한을 도와준 미국인줄 알고 믿었는데 배신을 당하고보니 대한민국을 도와줄 친구가 아무도 없다는 것을 알게 되었습니다. 생각컨대 남한정부의 의사도 듣지 않고 전쟁만 일시 중단시키는 것은 대한민국에게 죽으라는 것과 마찬가지로 생각하여 「휴전은 사형집행의 연장」 같아 휴전반대를 하는 것은 국민으로 당연한 행동이었습니다.

이승만 대통령은 군사적 정치적으로 손발이 잘린 외톨이가 되지 않으려고 「휴전」이란 적과 싸우는 운명이 되었습니다. 그래서 북한 무장해제, 중공군 압록강 두만강 철수, 국토통일 완수, 영원한 안전보장 없는 휴전을 반대한다고 정면으로 돌파하였습니다.

미국은 이승만이 휴전협정을 순순히 따라올 줄 알았는데 상상 외로 강력하게 반대하므로 궁지에 몰리게 됩니다. 미국은 휴전의 빌미로 남한을 버릴 수 없는 입장이 될 수밖에 없었습니다. 남한을 버린다는 것은 북한에게 패한 국가가 되고 유엔군이 패한 첫 사례가 된다는 이승만의 작전이 적중했습니다.

이승만 대통령의 돌파력에 놀란 미국은 휴전협정에 협력하면 정치적·경제적·군사적 지원을 보장하겠다고 이승만을 달래기 시작했습니다. 미국의 계략을 잘 알아차린 이승만 대통령은 미국의 등에 칼을 꽂았습니다. 당신들(미국)은 유엔군을 철수시킬 수 있다, 누구에게도 싸워달라 하지 않는다, 처음부터 도와줄 것이라고 의존한 것 잘못이다, 이제 아이젠하워 대통령에게 협력한다는 보장을 할 수 없다, 휴전은 자살을 의미한다, 계속 싸울 것이다. 단독으로 북진할 것이다, 반공포로를 석방할 것이다 하고 미국에게 정면으로 대들었습니다.

미국에 이승만이 칼을 꽂았는데 가만히 놔둘 리 없지요. 1975년 해제된 미국정부 기밀문서의 기록입니다. 1953년 아이젠하워와 덜레스 국무장관, 합참의장 각 참모총장들은 이승만을 체포하고 남한의 정권교체나 군정하에 둔다는 계획을 세웠습니다. 이승만의 지지가 절대적이고 군과 집권세력이 똘똘 뭉쳐있기 때문에 쿠데타나 대안세력이 없어 무산되었다는 내용이 써 있답니다.

자기 무덤을 팔 줄도 모르는 이승만 대통령이 휴전을 줄기차게 반대한 이유는 정전협정 제60항(총 63개 항목)에 휴전 3개월 이내 미국 · 북한 · 중국이 정치회담을 열어 한반도에서 외국군이 모두 철수한다는 내용입니다. 이승만 대통령은 해방 후 미국이 철수하여 김일성 주석이 남침을 했다는 것을 뼈에 사무쳐 있어서, 미군 없는 남한이 하루아침에 점령하게끔 되풀이하지 않으려고 끝내 서명을 거부했습니다.

이승만 대통령은 대한민국을 얕보지 못하도록 승부수를 내걸고 다시 큰 칼을 미국에게 꽂았습니다. 1953년 6월 18일 자정에 반공포로(북한으로 송환을 거부한 포로) 2만 7천여 명을 석방시켰습니다. 미국 · 북한 · 중국 간 휴전협상에 가장 쟁점이 포로교환이었습니다. 이승만 대통령은 미군작전권 바깥에 있는 남한의 헌병대 사령관에게 명령하여 미군 초병들을 헌병대가 기습적으로 제압하고 석방시키도록 하여 성공하였습니다.

처음 포로를 석방시키겠다고 할 적에는 빈말로 알았는데 늦게나마 이승만 대통령이 행동으로 옮긴다는 것을 깨닫게 된 미국과 북한·중국이 깜짝 놀랐습니다. 북한과 중국은 미국이 한국을 통제할 수 있는가 하고 조롱까지 하였답니다. 이 소식에 놀라 미국의 「덜네스」 국무장관은 곤히 잠든 아이젠하워 대통령을 깨웠고, 영국의 「처칠」 수상은 아침에 면도하다 얼굴에 상처를 입었다는 재미있는 이야기도 있었다고 합니다.

이승만 대통령이 포로석방을 단행하자 미국·북한·중국 협상 당사자들은 물론이요, 국제사회가 이 대통령의 단독행동으로 얼마든지 휴전협정을 깰 수 있다는 것을 알게 되었습니다. 효과가 바로 나타났습니다. 미국이 생각하고 있던 이승만이 아니었습니다. 미국 아이젠하워 대통령은 이승만 대통령에게 손을 들었습니다. 6·25전쟁 3주년을 맞아 미국특사 「로버트슨」 일행이 서울 경무대(현 청와대)를 방문하였습니다. 휴전협정에 아예 빼버린 남한이었는데 특사는 휴전협정, 포로교환, 정치회담은 한국정부와 협의하러 왔다고 고개를 숙였습니다.

미국은 강대국의 자존심과 대한민국은 생존 위한 싸움이 벌어지기 시작했습니다. 2년 동안 휴전협정으로 미국과 싸운 끝에 휴전 1주일을 앞두고 「한미상호방위조약」을 합의하게 됩니다. 1951년 7월 4일부터 시작해서 754일 동안 피말리는 미국과 대한민국의 싸움이 1953년 7월 27일 휴전협정 조인과 함께 끝났습니다.

한미상호방위조약은 이승만 대통령의 요구대로 합의가 되었습니다.

① 상호방위조약 체결.

② 장기적 경제원조와 우선 2억불 제공.

③ 한국군 20개 사단 증강 및 합당한 육 · 해 · 공군 지원.

④ 정치회담 90일 경과해도 성과 없으면 한미양국 철수.
⑤ 정치회담 이전에 고위회담 개최 등

1953년 10월 1일 미국 워싱턴에서 양국 외무장관이 정식으로 서명하고, 이 해 11월 17일 비준서를 교환하여 「한미상호방위조약」이 정식으로 발효되었습니다.〈한미동맹〉

한미동맹이 체결된 지 60년이 지났습니다. 어느 신문에 북한이 더 이상 남한에 대한 군사적 위협이 못된다하고, 중국·일본도 공격을 막을 수 있는 억지력을 갖고 있고, 동맹국 미국은 남한에 자기들 군인들을 주둔시켜 자신들의 패권전략에 종속국으로 이용할 뿐만 아니라 동맹국 군인이 주둔한 비용을 부담시키는 것은 불평등한 동맹이라고 하는 기사내용을 보았습니다.

중앙지에 기사를 쓸 정도면 지식이 풍부하고 사회지도층에 가까운 인물일 것입니다. 나와 비교가 안 될 정도로 유식하지만 의견이 영 다른 것 같습니다. 기사 내용이 한미동맹이 필요 없다는 말로 나는 들립니다. 만약 이승만 대통령이 미국·북한·중국이 협정한 원안대로 휴전협정에 서명했다면 적화통일되어 김일성, 김정일, 김정은 시대에 국민으로 살고 있다는 것을 상상해보면 어떨까요. 야속하게 들릴 것이지만 남한 군사력으로는 북한 · 중국 · 일본을 해볼 수 없습니다.

이승만 대통령을 자주성 없는 친미자(親美者),
사대주의자, 미 제국주의 앞잡이라 흠집 내는 사람들
미국의 등에 칼을 꽂아
대한민국의 생존을 위해

한미동맹을 이끌어낸 용기를 인정해야 합니다.
이승만 대통령은 친미자, 사대주의자가 아닙니다.

진보는 자주를 중요시하고 보수는 동맹을 중요시한다지만
위기에 몰릴 때는 자주 동맹 다 중요함을 받아줍니다.
국제사회가 시시각각으로 변하여
내나라 보호와 발전을 위해서는
자주만으로 어려울 때 동맹에 따라야 하고
동맹으로 살아갈 수 없을 때 자주를 따라야 합니다.

자주는 영원하나 동맹은 영원하지 않습니다.
자주는 어떤 이유로도 버릴 수 없는 법이요
동맹은 이익을 따라 어느 때나 깨는 법입니다.

내 나라를 위해 우방끼리 동맹을 맺는 것은 좋지만
동맹이 우리 생존권을 영원히 책임지지 않는다는 것을
머릿속에 항상 있어야 합니다.

진정한 안보

음력 3월 20일이면 마을 뒷산 중턱에 자리 잡고 있는 선조님 묘소에 일년에 한번씩 직계자손들이 모여 시제(時祭)를 지냅니다. 오늘따라 구름 한 점 없고, 바람 기척도 없으니 날씨치고는 덥지도 않은 온화한 날씨입니다.

시제를 끝내고 나면 묘소 잔디밭에서 제사지낸 음식을 모아놓고 점심에다가 술잔을 돌리며 가정이야기에서 세상이야기를 자기 생각대로 털어놓으면서 화목한 시간으로 즐겁게 보내는 자리입니다. 한참동안 세상 이야기를 하는 동안 서울에서 내려온 동생뻘 되는 자손의 입에서 나오는 말에 나는 깜짝 놀랐습니다. 천안함 폭침사건(2010.3.26.)에 관한 말이었습니다.

각자 자기 집으로 올라간 후에 집에 돌아와 올해로 5주기가 되는 천안함 폭침사건에 대한 기록들을 펼쳐보았습니다. 승조원 104명을 태우고 서해 북방한계선(NLL)에서 경계근무를 수행하던 폭 10m, 길이 88m 초계정 천안함이 백령도 앞바다에서 북한의 어뢰에 맞아 폭침한 내용입니다.

해군 46명이 수장되었고, 해군특수부대 소속(UDT. 수중폭파) 한

주호 준위와 민간어선 금양호 선원 7명이 실종자를 수색하다가 희생된 것으로 알고 있었습니다.

천안함 사건 발생 후 폭침을 놓고 북한 소행이다, 자작극이다 하므로 정부는 우리 전문가와 외국 전문가와 공동으로 조사한 결과 북한의 소행으로 물증과 함께 종결지었습니다. 벌써 5년이 지난 후에도 동생뻘 되는 자가 한주호 준위가 죽은 것은 수중에서 그가 한국해군과 미군이 조작하여 폭침했다는 증거를 알았기에 발설을 못하도록 일부로 죽여 버렸다는 말에 내가 놀란 것입니다.

안보에는 국론분열이 없어야 하는데 천안함 폭침을 두고 볼 때 정치투쟁과 진영논리에서 분열을 서슴치 않았습니다. 정부는 북한의 소행으로 처음부터 말했으나 북한은 남한의 자작극(自作劇)이라고 발뺌을 했고, 남한의 야당 민주당 의원들과 종북(從北) 세력은 자작극이라 북한에 동조했습니다. 이 뿐이 아닙니다. 천안함 폭침 몇 년 후 무인기가 청와대 본관을 촬영하고 무사히 돌아가다가 파주에서 추락한 사건이 일어나자 일부 야당 민주당 의원은 북한의 소행을 코미디라 했는가 하면, 어느 언론매체(나꼼수)는 북한의 무기로 단정하기 어렵고, 또한 천안함 사건도 조작했는데 소형무기는 식은 죽 먹기라고 버젓이 말했습니다. 특히 일부 전교조 교사들이 친북이념교육을 학생들에게 주입시키므로 검찰이 적발하여 체포하자 공안탄압이요, 색깔공세라며 맞대응하는 꼴이 되었습니다.

내가 이 세 가지를 골라서 이야기하는 것은 분단 70년이 넘어가도 안보에도 구멍이 약간 뚫려있고, 안보를 두고 국론분열을 일삼고, 자라는 학생들에게 대한민국의 정체성을 교육시키지 못하고 있다는 점을 지적하고 싶어서입니다.

6·25를 상기해보십시오. 북한의 김일성 주석이 남한의 안보가 형편없다는 것을 꿰뚫어보고서 큰 저항 없이 38선을 돌파하여 한 달만에 부산지역과 제주도를 제외하고 점령해버렸다는 것은 정부를 이끌고 정치하는 지도자들까지도 말하는 사람을 찾아볼 수가 없었습니다.

그래서 나는 6·25 전쟁 발발에 대하여 알아보고 싶었습니다. 남한도 미국도 전혀 눈치 채지 못할 정도로 통일전쟁준비를 마친 북한이 공개적으로 남한을 침략한다는 직설적인 표현을 않고 알아듣게 목소리를 냈다는 사실을 나는 1970년대 새마을지도자 생활을 할 때쯤 알았습니다.

1965년 5월 30일 초판발행인 『실록한국전쟁』(저자 미국인 페렌바크, 안동림 번역) 첫머리에 기록된 것을 우연히 도서관에서 마주쳤습니다. 흥미가 있어 메모해 두었습니다.

1950년 6월 8일. 북한의 수도 평양의 각 신문은 조국통일 민주전선 중앙위원회의 성명서를 일제히 게재했습니다. '남북한에 총선거를 실시하고 해방 5주년이 되는 8월 15일까지에는 여하한 일이 있건 서울에서 국회를 소집하겠다.'

이 성명서는 6·25 한국전쟁 10일 전에 북한전역에 알려졌습니다. 이승만 정권하에서 이에 관한 기사내용에 어떤 반응이 있는가를 알아보기 위해 나는 그 당시의 신문이나 잡지를 뒤져보았으나 흔적이라곤 전혀 없는 것 같았습니다. 지금 생각해보니 북한 김일성 주석이 적화통일을 하겠다고 폭풍일기예보처럼 알렸는데 정보를 입수하지 못하여 준비나 대책을 세우지 못한 것은 사실이요, 남침계획을 알았더라도 단시일에 북한의 군사력에 대항하고 방어할 능력이 전혀 없으므로 당할 수밖에 없었습니다.

한국전쟁 자료를 종합해보면 김일성 주석이 남침을 하게 된 동기는 남한의 안보가 형편없기 때문에 기회를 제공해준 탓도 되게 되었습니다. 전쟁을 일으킨 김일성 주석을 비판하기 전에 남한의 지도자들도 비난에서 자유롭지 못합니다.

'소 잃고 외양간 고친다'는 속담이 우리의 안보를 말하는 것 같습니다. 공격을 당하고 공격을 하는 상대에게 비난은 당연하지만은 공격을 당한 쪽도 잘못했구나 하고 반성을 해 두 번 다시 일어나지 않도록 철저한 대비태세를 갖추는 것이 상책입니다. 천안함 폭침, 무인기 청와대 정찰사건이 안보가 튼튼했다면 전쟁은 아니지만 몸에 부스럼 같아도 당하지 않았으면 국민들이 불안하지는 않았을 것입니다. 미리 대비하면 후환이 없는 것처럼 내 몸(국가)의 건강(안보)을 지키고 병(안보위협)을 막아야만 합니다.

우리의 안보는 북한만을 대응하는 데만 필요한 것이 아니지요. 주변국가 뿐만 아니라 통일국가로 어떤 국가든 간에 대응해야 할 필요로 합니다. 솔직히 말하지만 한미동맹으로 미군이 남한에 주둔하고 있는 것을 북한만이 아니라 중국 · 러시아를 향해 주둔하고 있는 것은 사실입니다. 분명하게 말하지만 미국처럼 중국, 러시아를 향한 한미동맹은 독자 대한민국 생존을 위해서는 걱정되는 부분이기도 하고 영원할 수는 없는 법입니다.

이미 미국과 중국의 패권싸움이 시작되었습니다. 중국을 견제하는 미국과 일본, 미국과 일본을 견제하는 중국 사이에 한반도가 통일이 되면 미국이 한국에서 철수할까요? 우리는 지금부터 고민거리가 되고 있습니다. 미국에게 지나칠 정도로 안보를 의존한 게 탈입니다. 국민 스스로가 안보의 몫을 감당할 힘을 길러야 하는데, 우리의 안보와 숨통이 미국의 손에 달려있는 것 같아서 하는 말입니다.

대한민국 안보, 미군이 철수만 하면 남한은 북한의 밥이 된다고 말하는 민초의 소리가 나쁘게 들리지 않으면 좋을 것 같습니다. 우리 안보를 튼튼히 하자고 하는 말을 귀담아 들어야 합니다.

어느 국가를 막론하고
국가안보가 국익 중에 최우선이라는 것을
우리국민은 6 · 25전쟁을 통해서 뼈저리게 느꼈음에도
대한민국 건국 이후 70년이 지난 지금도 한·미 동맹으로
안보를 유지하고 있다는 것보다는 너무나 의존하고 있다는데서
새로운 안보정책을 준비할 때도 늦었지만.

우리의 안보가 북한만을 상대로 한 안보만을 생각 말고
통일국가 안보의 연장선이라는 것을
국민 모두가 알아야 합니다.

미국이 영원히 우리 안보를 지켜준다는 생각은
식민지 되자는 발상으로
자국의 이익이 없으면 언제든지 버리는 민족주의 사상에
적과 적이 동침하고 동지와 동지가 적이 되는 것은
식은 죽 먹기입니다.
때가 비록 늦었지만 지금부터라도 정치권이 앞장서서
진영논리를 떠나 국론분열 없이 일치단결하여
우리 손으로 국가를 지키겠다는
자주적인 안보태세가 진정한 안보인지 다 알지요.

인질로 잡힌 대한민국

'대한민국 국민은 북한의 동정심에 하루하루 무사히 지나가기를 바라는 인질상태 속에서 살아가고 있다.'

제18대 국회의원 조순형(7선)이 《월간조선》에 실은 글을 읽자마자 생각할 필요 없이 나는 동의했습니다. 북한의 김일성 최고지도자 46년 집권에 이어 아들 김정일 최고지도자 16년을 거쳐 2011년 12월 최고지도자에 올라 지금까지 5년차 집권하는 김정은도 앞으로도 집권하는 동안 계속 인질상태에서 살아야하는 것이 대한민국 국민의 운명이라 할까요.

최강 패권국가 미국을 중심으로 한 유엔과 국제사회까지도 북한을 두려운 국가로 인정하고 있을 정도로 함부로 대하지 못하고 있는 현실이 되었습니다.

다행이나마 남한의 인질상태의 두려움을 한·미 동맹 관계로 미국이 대한민국을 지켜주는 역할을 하고 있기 때문에 미국만 바라보는 대한민국의 운명이라 할까요.

나는 남북관계 70년 역사에 남과 북이 좌익과 우익싸움으로 시작해서 북한과 미국의 싸움을 거쳐 지금은 핵 포기와 미국철수 싸움으로 진화되었다고 생각합니다.

화해와 협력, 교류, 상호체제 인정, 평화공존 · 상호방문과 각 분야 회담통일, 내정불간섭, 공동번영, 남북불가침, 비방중상금지, 전복행위금지, 인도적 지원, 남북관계와 국제공존, 상생과 공영, 군사적 긴장완화, 민족공동체와 우리민족끼리, 이산가족 상봉, 1국가 2정부 연합체, 햇볕정책과 포용정책, 정상회담, 6자회담 등 입맛에 맞는 말은 총동원했습니다. 북한은 챙길 것은 다 챙기고는 핵실험으로 몽땅 날려버렸습니다. 괘씸한 북한에게 핵실험을 못하게 고립시키려고 압박제재를 했어도 눈 하나 깜짝 않고 자기의 길만 가고 있습니다. 2016 북한 4차 실험으로 더 강한 제재를 하고, 제5차 핵실험에 국제사회가 더욱 북한을 고립시키겠다고 하는데 북한이 핵을 포기 할까요.

통일은 상대가 있습니다. 남한이 아무리 통일이 대박이라 외쳐도 북한이 응하지 않으면 소용이 없습니다. 말로만 통일이지 통일은 위해 실질적인 통일을 놓고 구체적으로 남북 간에 실무접촉을 진실로 해오지를 아니했습니다. 중점적으로 핵만 두고 놀아났으니 우리 대한민국 국민은 인질상태에서 살아갈 수밖에 없게 되었습니다.

그 동안 북핵을 포기시키려고 6자회담(미국, 중국, 러시아, 일본, 남한, 북한)을 구성했지요. 소득도 없고 시간만 낭비되고 뒤통수만 맞고 보니 박정희 대통령 말씀이 떠오릅니다.

“통일은 언젠가는 아마도 남북한이 실력을 가지고 결판날 것이다. 대외적으로 내놓고 할 이야기가 아니지만 미·소·중·일 4대 강국이 어떻고 하는데 밤낮 그런 소리 해봤자 소용없는 이야기다.”

7·4 공동성명 후에 북한에 대해 실망하여 1976년 1월 24일 준비된 원고 없이 한 말입니다. 40년 전(2016년 기준) 말씀이 6자회담

에 대한 평가가 되었습니다.

'통일은 실력으로 결판난다.' 나는 이 말을 먹고 살기가 힘든 쪽이 스스로 망한다는 말로 해석합니다. 남북통일은 4대국 보장통일이 아니라 경제적으로 우세한 쪽이 통일을 주도한다는 것이지요. 독일 통일처럼 말입니다.

스스로 내 나라를 지키기 위해서 핵을 보유했을망정 경제적 뒷받침이 없으면 국민들이 잘 살 수 없게 되므로 체제가 스스로 무너지는 법이 아닐까요. 실력대결은 5·16 혁명부터 시작된 것입니다.

지금 국제정세와 한반도 분위기를 보아 한반도 통일은 어느 쪽이 붕괴되느냐에 따라서 결정될 것이라는 흐름이 우세한 것 같습니다. 남한이 붕괴될까요. 북한이 붕괴될까요. 핵만으로는 경제를 부흥시킬 수 없고, 경제는 핵을 보유할 수 있는 능력이 있다는 것을 염두에 두고 북한은 핵 보유와 동시에 자립경제에 기울이고 있는 반면, 남한과 미국은 북한의 핵 포기에 경제적 제재를 가해 돈줄을 잘라버리는데 온 힘을 다하고 있습니다.

북한의 생존전략은 핵 보유라는 것은 세상에 다 알려져 있습니다. 핵 포기는 북한이 항복으로 못 박아 놓았습니다. 핵 없는 북한은 망한다는 주체사상이 대한민국 국민을 인질로 삼고 있다고 해도 과언이 아닐 것입니다. 언제 핵미사일이 서울에 떨어질까. 북한의 동정심에 하루하루 무사히 넘어간다고들 생각해보지 않는 사람은 없을 것입니다.

인질극. 북한만이 아니라 따지고 보면 미국도 마찬가지입니다. 한반도 비핵화라 한반도 평화, 동북아시아 평화라는 말로 남한이 핵개발을 못하도록 강력하게 밀어붙이는데 있습니다. 바로 남한이 핵개발을 한다면 한반도에서 미군을 철수시킨다는 것이 미국이 남한을 인질극으로 잡고 있다는 것입니다.

나는 북한과 미국의 동정심에 이러지도 못하고 저러지도 못하면서 북 · 미 대화에 귀를 기울이고 있는 우리의 운명이 북한과 미국의 인질로 잡혔다고 생각하니 가슴이 아픕니다. 남한 대한민국 독립국가로서 미국의 말을 듣지 아니하면 체제가 무너질 정도까지 되어버린 70년 세월, 이대로 가면 앞으로도 더욱 더 동정심에 기대어 살아갈 것 아닌가 내다봅니다.

북한과 미국의 인질로 잡혀 동정심에 하루하루 버티고 살아가는 대한민국을 구출할 훌륭한 지도자가 빨리 나오기 바랍니다.

강대국 손에 해방이 된 한반도에
38선을 기준으로 미국과 소련이 우익과 좌익으로 갈라놓아
남과 북이 적으로 시작하여
적화통일 북진통일 한바탕 피비린내 나는 동족살인의 비극을 맞아
미국은 우익을, 중국은 좌익을 감싸더니
남북통일 결단을 뒤로 밀고 휴전을 이끌어내어
남한은 북한과 중국을 적으로
북한은 남한과 미국을 적으로 삼는 모양새가 되어가다
북한이 핵을 개발하는 바람에
중국은 남한의 적에서 빠져
한중수교 한러수교(구소련)가 되었는데
북한은 남한보다 미국을 큰 적으로 돌변하여
핵 포기와 미군철수 신경전에 몰두한 북한과 미국의 동정심에
하루하루 무사히 지나가기를 바라는 인질상태로 계속 살아갈 수

는 없습니다.

분단 70년이 넘었습니다.

하루 빨리 국민의 힘으로 지도자를 배출해야 합니다.

대한민국이 핵을 보유해야만.

어찌 잊으랴. 유엔군

7월이 되면 달력에서 7월 27일이 확 눈에 들어옵니다. 이 날은 한국전쟁(6·25동란) 기간 동안 유엔군으로 편성된 각국 군인들이 한반도 이 땅에서 북한군(인민군), 중공군과 싸우다가 피를 흘린 전사자들을 기리는 유엔참전 기념일이기 때문입니다.

나는 20년 전 전만 해도 먹고 살기에 바빠서 관심이 없었지만 나이가 들수록 어느 정도 시간의 여유가 생겨나기에 관심을 갖게 되었습니다. 환갑나이에서 시작을 했으니 벌써 20년 세월이 흘렀습니다.

한국전쟁 속에서 살아온 백성들조차 유엔군이 우리 대한민국(남한)을 지켜주었다는 것을 잊어버리는 사람이 많아지고, 또 세상을 떠나고 있습니다. 시대가 어쩔 수 없지만 내 손자들은 사실상 유엔군을 고맙게 생각조차 하지 못하고 잊혀 가는 흐름입니다. 한국전쟁 65년이 흘렀기에 세월이 그렇게 만들어주고 있는 것을 어떻게 막을 수는 없는 것 같습니다.

한국전쟁은 동족싸움으로 시작되었습니다. 전쟁 5일 만에 제3차 세계대전이라고 부를 정도로 갑자기 국제사회의 분위기가 바뀌어 가기 시작했습니다. 유엔 안보리(안전보상이사회) 결의에 따라 북한군은 즉각적인 전쟁을 중단하고 38선 이북으로 철수하라는 결의문을 채택하였으나 적화통일을 계획한 북한군의 화력 앞에는 빈말에 불과했습니다. 그래서 전쟁을 일으킨 북한을 상대로 유엔이 개입하여 국군과 함께 싸움이 크게 일어난 것입니다.

유엔은 유엔군 사령부 설치와 회원국들의 유엔군을 미국정부의 지휘 아래 둔다는 결정을 내렸습니다. 유엔군을 총지휘할 유엔군 사령관에 임명된「맥아더」장군은 가장 빨리 한국 땅에 상륙할 수 있도록 일본 규슈에 주둔하고 있는 미 제24단 소속「찰스 스미스 부대(대대장 스미스 중령 이름 땀)」를 선발대로 부산에 상륙시켰습니다. 속속 오스트레일리아, 벨기에 순으로 16개국이 참전을 했습니다.

유엔군으로 한국 땅에 맨 먼저 상륙한 미국의 스미스 부대는 북진을 하면서 경기도 오산에서 북한군과 처음으로 싸움을 하였으나 북한에게 밀리고 말았습니다. 이후부터 전쟁은 치열하게 전개되었습니다. 남한 땅 낙동강까지, 북한땅 압록강까지 뺏고, 뺏기면서 피비린내 나는 전쟁은 죽음, 공포, 굶주림, 고아, 이산가족, 파괴 등 피의 비극을 만들어냈습니다.

1950년 6월 25일 새벽에 북한군의 기습으로 남한을 침략하기 시작해서 1953년 7월 27일 휴전이 되기까지 1,129일 동안 승자도 패자도 없이 남·북한 이름 그대로 놓고, 인명피해 재산피해 등만 잿더미로 고스란히 남겨놓기만 했습니다.

그래서 나는 국가기록을 일부러 찾아보았습니다. 한국의 피해와 희생은 놔두고 이 전쟁에 참전한 유엔군 1백 7십8만 9천여 명 가운데 전사 40만 679명, 부상 1십만 4천 280명, 실종 9,931명의 대가가 겨우 휴전으로 돌아왔으니 안타까운 비극이라고밖에 볼 수 없다고 봅니다. 그러나 한편으로 생각해보면, 전쟁의 승리 통일은 못했지만 적화통일을 하지 못하게끔 자유민주주의 대한민국을 지켜주었다는 것으로 국민은 만족했습니다.

솔직히 말해서 미국을 중심으로 한 유엔군이 한국전쟁에 참전해주지 않았다면 그때부터 대한민국은 막을 내리고 조선민주주의 인민공화국 깃발이 지금도 휘날리고 있을 것입니다. 당시 우리 국군은 북한군과 대항할 무기도 없고 싸울 준비도 갖추지 못하고 있었기 때문입니다.

나는 지금도 유엔 · 미국이 대한민국을 구해주었다고 자신 있게 말하고 있습니다. 그래서 몇 년 전에 세계의 하나뿐인 부산에 위치한 유엔공원묘지에 가서 참배를 하였습니다. 우뚝 솟은 위령탑 앞에서 경건한 마음으로 짤막하게 '고맙습니다. 감사합니다'라고만 했을 뿐입니다. 한 눈에 들어오는 묘비들은 용감하게 싸우는 모습 같았습니다. 자유민주주의가 승리하고 세계평화가 펼쳐지는 꿈속에서 추모하는 참배객들에게 안장된 유해 2천 3백기는 외롭지 않다는 분위기였습니다.

부산공원묘지는 1961년 4월 개성, 인천, 대전, 대구, 밀양, 마산 등지에 가매장되었던 것을 모아 조성했습니다. 당초에는 1만 1천명의 유해가 안장되었다가 본국에서 개인의 요청에 의하여 옮겨갔습니다. 그리고 위령탑은 1978년 10월 유엔군의 고귀한 희생을 추모하기 위하여 세웠습니다.

유엔이 창설되어 첫 사업으로 유엔군을 대한민국에 지원한 상황을 살펴보았습니다. 모두 63개 국가입니다.

- 전투부대 16개국 - 미국, 영국, 태국, 필리핀, 캐나다, 프랑스,

오스트레일리아, 벨기에, 콜롬비아, 에티오피아, 그리스, 룩셈부르크, 네덜란드, 뉴질랜드, 남아프리카공화국, 터키.

• 의료지원 5개국 - 덴마크, 인도, 이탈리아, 노르웨이, 스웨덴.

• 물자 및 재정지원국 39개국 - 아르헨티나, 오스트리아, 버마, 캄보디아, 칠레, 코스타리카, 쿠바, 도미니카 공화국, 에콰도르, 이집트, 엘살바도르, 과테말라, 아이티, 온두라스, 헝가리, 아이슬란드, 인도네시아, 이란, 이스라엘, 자메이카, 일본, 레바논, 라이베리아, 리히텐슈타인, 멕시코, 모나코, 파키스탄, 파나마, 파라과이, 페루, 자유중국, 사우디아라비아, 스위스, 시리아, 우루과이, 바티칸, 베네수엘라, 베트남, 서독.

• 지원의사 표시 3개국 - 볼리비아, 브라질, 니카라과.

이렇듯 한국전쟁에 참가한 남한 · 북한 · 중국은 유엔에 가입이 안 되었습니다. 소련은 유엔에 가입되어 있었으나 유엔군이 남한을 지원한다는 유엔안전보장이사회의 결의에 불참했습니다.

남한을 지원한 국가는 63개국이었고, 북한을 지원한 국가는 중국과 소련 두 개 국가뿐입니다. 생각컨대 남한과 북한의 싸움으로 시작되었지만 민주세계와 공산세계의 이념싸움으로 몰아갔습니다. 결판은 내지 못했으나 양 진영을 지키는 것으로 휴전하고 말았습니다.

북한 인민군의 총부리에 사망 직전까지 몰린 대한민국을 태평양을 건너온 16개 나라 유엔군들이 피를 흘리고 목숨을 내놓아가며 구해주었습니다. 세계 역사상 한 국가 영토에 17개 나라(중국포함)의 영혼이 잠들고 있는 곳은 우리 땅 뿐입니다. 이는 애국가에 나오는 '하나님이 보우하사'처럼 하나님의 은총이 아닌가 생각합니다.

우리 국민들 대대손손까지 이들의 참전이 있었기에 대한민국이 당당하게 존재한다는 것을 잊지 말아야 합니다. "감사하고 고맙습니다." 하고.

어찌 잊으랴
한반도에서 동족끼리 피비린내 나는 싸움에
자유민주주의 대한민국을 지켜주기 위해
이역만리에서 태평양을 건너온 16개 나라 군인 일백 7십 9만여 명과
물자를 지원해준 47개 나라.
1,129일 동안 매일같이
1백만여 명이 북한군과 중공군과 싸우면서 희생된
1백 오십만여 명의 혼이 뿌려진 것이야말로
세계 전사에 유례없는 나라.
하늘이 선택해준 나라이기에
유엔으로부터 가장 많은 혜택을 받았는데
어찌 잊으랴.

제8부

민주주의 선거

민주주의는 선거요. 선거 없는 민주주의는 없다. 선거직에 당선된 사람은 공인(公人)으로서 자기를 떠나 국익에 우선한다는 선서대로 항상 법을 다듬고, 고치고, 가꾸는데 열심히 하는 행동이 국민을 행복하게 만드는 봉사자입니다.

• 풀뿌리 민주주의 •

• 선거직 재판 1년으로 •

• 가치없는 당원정당 •

• 합배미 지방자치 •

• 노망법이 된 선진화법 •

• 4년 중임 개헌 •

풀뿌리 민주주의

지방자치를 풀뿌리 민주주의 꽃이라고 한다지요. 나는 어려서 풀뿌리 민주주의가 시작할 때는 무엇인지조차 알지 못했습니다. 내가 중학교 다닐 때인 1952년 4월 25일에 초대 면의원과 5월 10일 초대 도의원 선거가 고등학교 다닐 때, 1954년에는 제2대 면의원 도의원 선거가 실시되었습니다. 1,2대는 자유당 정권인 제1공화국 때입니다.

제2 공화국이 출범했습니다. 이승만 정권 12년이 마감되고 민주당 장면 정권이 들어섰지요. 정권이 바뀌어도 지방자치선거는 4년 임기를 끝내고 순조롭게 진행되었습니다.

내가 해병대로 진해에 근무할 때 민주당 정권이 4개월 되는 1960년 12월 12일 3대 도의원 선거를 시작으로 3대 면의원 선거를 하고 이어서 초대면장, 초대 도지사 선거를, 12월 29일까지 4개의 선거에 부재자 투표로 지방자치 선거에 생애 처음 참여했습니다.

불행하게도 민주당 정권 9개월 만에 무능과 부패로 1961년 5 · 16 혁명에 의하여 지방자치 선거 시작 3대 8년 4개월 만에 풀뿌리 민주주의는 잠들어버렸습니다.

나는 대한민국 운명에 따라 1960년 5월부터 1993년 2월까지 박정희, 전두환, 노태우 대통령이 군 장성 출신으로 5 · 16과 12 · 12 신군부세력이 정권을 잡았기에 군사정부(무관) 속에서 30년간 살았습니다. 13대 노태우 집권 때 1991년 민주화 지도자 김대중 민주당 대표가 단식투쟁을 하여 지방자치를 부활시켰다는 것은 군사정부가 끝났다는 것과 같았다고 봅니다.

1.

군대생활을 하면서 나는 처음으로 지방자치 선거를 하고 나서 30년이 지난 55살 때 처음으로 민간인 입장에서 1991년 3월 26일 기초지방단체 의원 선거와 광역의원 선거를 치렀고, 4년 후인 1995년 기초의원, 광역의원과 기초단체장, 광역단체장 동시 선거를 처음으로 치렀습니다. 동시선거 첫 번째 실시하였을 때 나는 민자당 공천으로 광역단체 도의원에 출마하여 7.6%로 낮은 득표를 해 낙선을 경험했습니다. 나보고 미쳤다고 했지요. 전라도 땅에서는 김대중의 황색 깃발이 싹쓸이하는 시대에 가상 원수로 몰아 전라도 땅에서 떠나라고 했던 민자당 후보였기 때문입니다. 나는 떳떳하게 행동했습니다. 일당독재는 지방발전을 할 수 없다고 당당하게 일당독재에 빠진 전라도를 향해서 외쳤으니까요.

지방자치 20년 동안을 살다보니 80살이 넘어가는 세월이 섭섭하기만 하는 기분이 듭니다. 비록 농사꾼이지만 지방자치가 잘 되어야 농사꾼도 보다 더 좋은 세상에서 살아가는게 아닐까요. 내가 뽑아준 의원과 단체장들이 무보수 명예직으로 청렴의무를 다 하겠다는 초심이 세월이 갈수록 권력, 명예, 돈에 빠진 제왕국회의원처럼 일 않고 편안하게 폼 내고 살려고 몸부림치는 꼴이 내 눈에서 불이 났습니다.

지방의원들이 무보수 명예직으로 봉사하겠다는 초심은 사라지고 국회의원을 따라가는 시늉을 내기 시작을 합니다. 명예직이 아니라 명예, 권력, 돈을 챙기는 직업으로 월급쟁이가 되어가고, 의정비 인상부터 보좌관 신설, 의회인사권 독립, 행정감사로 공무원 골탕 먹이기와 도정질문에 고성지르기, 20년 30년 국장 과장급 등 인신공격, 관광성 해외연수 등 시늉내고 있었습니다.

앞으로가 문제입니다. 광역·기초의원들이 보좌관 신설, 의원 연금, 가족수당, 전략공천, 의원직으로 공직선거 후보경선, 사무실 제공, 차량 운전수 제공 등 국회의원만 누릴 것이 아니라 의원은 국회의원과 마찬가지이니 예우해 달라는 요구가 커지고 있습니다.

무보수 명예직으로 봉사하겠다는 지방의원님들 초심에
국민으로부터 박수와 존경을 받아보니
시간이 갈수록 형(국회의원)들이 제왕 노릇하는 것을 보고
서서히 셈이 나서
작은 우물 안에서 권력, 명예, 돈 한꺼번에 쥐고
군림(君臨)하는 월급쟁이로 발전해가고 있으니
지방의회가 특정인 한몫 챙기는
취직자리 같아 안타깝게 보입니다.

윗물이 맑아야 아랫물이 맑은 것처럼
선량한 지방의원들에게 전염하는 국회의원이 원망스럽습니다.
의원이란 형제 항렬(行列) 같은데
형이 잘하면 동생 따라가는 법입니다.
다 같은 의원으로 우물과 저수지 같습니다.

주민 위해 열심히 의정활동 한다는 칭찬보다
공천 받으려고 국회의원 심부름꾼
하수인이란 비난소리가 더 많이 나오는 것은
국민보다 국회의원에게 더 충성하여
한 몫 챙기는 나쁜 말 들어서는 안 되지 않아요.

무보수 명예직으로 봉사하겠다는 말 그대로
처음부터 끝까지 초심 변치 말고
내 가정 내 살림에 보탤 꿈 버리고
새마을 지도처럼 근면, 자조, 협동, 새마을 정신으로
무보수 명예직 낮은 자세로
국민(주민)을 위해 열심히 의정활동으로
풀뿌리 민주주의 꽃향기 풍기는
세상 만드는 아름다운 의원이 되면
얼마나 좋겠습니까?

해외 연수기회가 있으면
한번쯤 스위스 스웨덴 나라에 가서
무보수 명예직 배워보도록 하세요.
의정활동비 내 돈 아까워하면
처음부터 의원 꿈 깨야 합니다.

2.

나는 전라남도 함평군에서 살기 때문에 우리 대한민국 국가수반인 대통령을 비유해서 전남지사는 전남도 대통령, 함평군수는 함평대통령이라고 농담으로 간혹 지껄입니다. 모든 분이 자기 구역 내에서 선거로 주민들이 뽑아 최고 자리에 모셨기 때문입니다. 대통령이라고 부르기 전에는 군수 영감(令監, 대감 다음 정3품 벼슬로 높여 부름)으로 부른 적이 많이 있었습니다. 벼슬 단계로는 낮지만 지역의 제일 높고 존경스런 어른으로 만들고자 해서입니다.

지방자치 실시하기 전에 임명제 군수 시절에는 군수님에게 영감이라 부르면 기분 좋은 얼굴이었으나, 직선 후에는 영감이라고 부르면 쑥스럽게 사양하는 눈치를 겪었습니다.

나는 민선군수 시작 후 지금까지 20여 년 간에 세 분의 군수님 아래 살았습니다. 두 분은 공직 출신이고 지금 세 번째 군수님은 나와 같이 천직인 농사꾼으로 두 번(2000, 2014년) 당선되어 군정을 이끌고 가는 「안병호」 촌놈입니다. 나는 공직자 출신 군수보다 같은 촌놈이기에 더 높이 평가합니다. 뭐니 뭐니 해도 군수는 주민소득 돈벌이가 최대의 군정목표라고 주장합니다.

함평군수 안병호는 소(牛)로 높은 소득을 올리게 했으며 군수가 되어 노인 일자리로 양봉 다섯 통, 축협조합장 12년 동안 한우 다섯 마리 기르기 희망자에게 지원해주는 사업을 펼쳤습니다. 내 욕심 같았으면, 나비축제로 자리잡은 우리 함평에 미래의 식량산업인 곤충산업에도 집중하여 대한민국의 중심지가 되어 미래 소득산업으로 이끌어 갔으면 좋지 않나 생각이 듭니다. 지금은 곤충산업이 타지역에 밀려있어 아쉽습니다.

이 글을 보는 사람이면 군수에게 칭찬하거나 아부하는구나 할 것 같아 독자에게 일러두고 싶습니다. 안 군수님은 군정 전반에 갖가지 의혹들로 신문 등에서 기사화하여 잠 못 잘 정도로 괴롭힘 당하고 있으나 감옥에 안 가는 이상은 두고 볼 수밖에 없습니다. 나도 군수님에게 쓴 소리를 해댔습니다. 사회단체 보조금 불공평하다하여 주는 보조금 다른 어려운 곳에 써달라고 던져버린 사람입니다. 잘한 것은 잘했다, 못한 것은 못했다고 하는게 글쟁이 본성(本性)입니다.

나는 밑바닥에 깔려 있는 전국 단체장들에게 비꼬는 말을 새겨듣습니다. 우리의 살림이니까요. 당선되면 군 재산 모두를 자신의 것으로 생각하여 100% 결제, 보은인사, 보복인사, 내편은 자금지원, 행정지원, 반대편은 일체 지원 금지한다는 군수의 일방적인 행동에 말들이 많습니다.

또한 내 돈이 아니니 호화청사, 승용차와 책임 안 물으니 업적성 무리한 사업, 인기성 축제 남발에다가 공사에 10% 몫 챙기고, 한 번 군수하면 생전 살 것 챙기고 국회의원 밑천까지 준비한다는 말도 세상 사람들이 들을 정도입니다. 심지어 군수는 자기 마음대로 행동하며 국회의원 출신 없는 시 · 군은 군수가 더 멋대로 한다는 말이 사실이건 아니건 단체장님들은 좋은 생각으로 들어야 합니다. 쓴 약이 보약이니까요.

영감이란 말은 높여 부르는 말이니
영감님 말 들으시려면
군민과 재산이 내 손에 들었으니
몽땅 내 것으로 알고
한 몫 챙기고 내 마음대로 처리하겠다는 생각 없이
군민을 내 가족처럼
군 재산은 내 귀중한 재산처럼 여기고
아껴 쓰는 겸손하고 소박한 자세로
내 앞에 밥상 차릴 생각 않고

군민 밥상 먼저 차리는 각오로
잘 살아가게 하는 소득증대에 역점을 두고
네 편 내 편 구분 않고 공정하고 순리에 따라 결제하여
군민 · 시민 · 도민이 자립해서 살맛나는 세상 만들어
물러난 후에 박수 받고 칭찬받는 영감이 되어야.

선거직 재판 1년으로

선거직 의원이나 단체장들이 30% 이상 전과자란 말을 듣고 나는 국회의원, 지방 의원, 단체장들이 전과자 모임에 가깝구나 걱정을 해온지가 꽤 오래됩니다. 전과가 없는 인물이 선거직에 당선되어야 깨끗한 정치를 할 수 있다는 원론적인 말을 해온 사람 중 한 사람이기에 기쁜 소식을 전해준 사람이 나타나 나는 기뻤습니다.

오래 살다보니 기쁜 날을 맞이했습니다. 2015년 9월 20일경 새정치민주연합 안철수 의원이 국회의원회관에서 정계입문 3주년을 기념하는 기자회견석상에서 한 말이 나를 감동케 했습니다.

"부패 혐의로 기소돼 유죄판결을 받거나 재판에 계류 중인 당원에 대해서는 즉시 당권을 정지하고 당직은 물론 일체의 공직후보 자격 심사대상에서 배제시켜야 한다. 막말로 당을 훼손하고 기득권 갑질로 국민의 분노를 사는 저급한 의정활동은 청산해야한다. 부패 관련자는 영구히 퇴출해야 한다. 단 한번이라도 유죄가 확정되면 확정된 날로부터 즉시 제명 조치한다."

깨끗한 정치, 깨끗한 세력을 주장한 안철수 국회의원의 말에 정치가 끝날 때까지 변치 말고 깨끗한 정치 풍토를 만드는데 앞장서 주기 바란다고 부탁까지 했습니다. 그래서 안철수 현상이 돌풍처럼 세상을 뒤집었으니 말이지요.

대한민국에서 선거에 큼직한 것은 대통령에서부터 국회의원 지방자치 의원과 단체장 그리고 교육감 협동조합장 등이 있습니다. 이 중에 선거부정과 임기 중 부정부패, 그리고 선거 전에 범죄에 관련 등 구분 없이 기소된 날부터 확정판결까지 1년을 넘지 않는 기일이 필요한 것 같습니다. 깨끗한 정치, 깨끗한 사회를 만드는데 모범이 되어야하기 때문입니다.

나는 지금까지 선거직 재판을 관심있게 들여다보았습니다. 기소 후 판결까지는 구속·불구속 관계없이 급여(해당금액)를 지급하고 있는게 무노동 무임금과 법 앞에 평등을 위배하는 처사입니다. 한 예를 들어보겠습니다. 입법로비로 대법원에서 징역 4년형을 받고 의원직을 상실한 의원에게 구속된 후 확정판결 때까지 15개월간 세비 1억 7천만 원을 지급했습니다. 또한 구속된 단체장에게 경찰서, 형무소에서까지 찾아가 결제하는 일도 허다합니다. 심지어 도피중인 의원에게도 급여를 지불했다고 합니다. 이것이 깨끗한 정치라고 할까요?

그래서 나는 선거 재판은 1년 내에 끝내야 한다고 주장합니다. 어떻게든 기소되면 판결은 유죄무죄로 결정 나지요. 부정선거 당선자는 기소 후 2년, 3년 이상도 대법원 판결까지 신분 유지하고 있는 현실입니다. 선거로 당선된 사람은 선거 중 임기 중 또는 선거 전 범죄에 해당되어도 가릴 것 없이 부정·부패에 기소되면 불기소 처분을 받더라도 업무와 급여까지 중단시켜야 한다는 것입니다. 무죄는 그에 대한 부상을 해주는 방안입니다. 선거직들은 지도자급 대우를 받고 있습니다. 지도자들에 대한 부정부패가 없도록 솔선수범하는 사회를 만들 수 있습니다.

요 근래 대법원을 정치적이요, 법 앞에 평등한가 눈살을 찌푸린 국민들의 분함을 읽을 수 있었습니다. 기소된 후 이미 5년을 심리만 진행 중인 기록을 남겼다고 말입니다. H 전 총리가 건설업자로부터 9억 원을 받은 혐의로 정치자금법 위반이 되어 징역 2년을 선고받고도 현역의원이라서 법적 구속 않은 채 상고심 담당 대법원 2부가 20개월 이상 결론내지 않다가 전원합의체로 넘겨 5년 반 만에 판결을 했습니다. 전 총리는 구속되었고, 구속 전까지 3년 동안 세비는 지급됐습니다.

사법부가 정치권 눈치 보다니요. 유권무죄(有權無罪). 이러고도 하급법원에 공정한 판결을 하도록 할 자격이 있는가. 법원의 존엄과 권리를 주장하고 3권 분립을 지킬 수 있는가. 국민에게 부끄럽지 않은가 등 잡초인생의 목소리를 들으셔야 합니다.

선거직에 당선된 인물은
그래도 국민으로부터 선택된 지도층에 해당되니
어떤 법에 걸려들어도
기소에서 최종판결까지 국가와 국민에게 피해만 늘어나
공직사회가 혼탁하게 되므로
기소부터 업무와 보수 등은 모두 금지시켜
1년 내에 최종판결을 끝낸 후에
무죄에는 그에 대한 보상을
유죄에게는 대가를 치루도록 해야
정의사회 구현이 아닐까요.

가치없는 당원정당

6기 지방선거가 끝날 무렵에는 목포에서 공직에 근무하는 아들이 부모와 함께 형이 농사짓느라 고생을 한다고 하여 생선회를 골고루 푸짐하게 시골집으로 가져왔습니다. 일 년이면 몇 차례씩 햐ㅇㅎ돈 토러 항상 고맙게 여기면서 좋은 안주이기에 술자리가 됩니다. 꼭 이럴 때면 우리를 이토록 행복하게 살 수 있도록 기틀을 마련해준 아버지 어머님의 고생담을 꼭 한마디씩 해주면서 '고맙습니다' 하고 건배를 한답니다.

이번에도 나는 아들과 함께 건배를 했습니다. 한두 잔 술을 마시자 우리들 모두는 얼굴이 빨개지기 시작했습니다. 그때 이런저런 세상이야기를 하다가 말고 큰아들이 한 마디 쑥 내던집니다.

"나 탈당 했어야." 가족 술잔치에 관계없는 말에 나뿐만 아니라 술 취한 행동으로 보았습니다. 동생은 형을 향해 소주 몇 잔 하더니 "술 취했나. 벌써 형." 나도 큰아들의 행동에 동감했습니다.

"나 안 취했어야. 술잔이 들어가니 화가 나서 하는 말이야." 형은 동생을 향해 넌지시 진실감을 느끼게 하는 것 같은 행동을 나는 짐작을 했습니다. 나는 큰 아들에게 왜 화가 나느냐고 말해보라고 요구했습니다.

아들의 말입니다. 친한 친구의 권유로 XX당에 입당을 했습니다. 입당과 함께 매월 꼬박꼬박 통장에서 당비로 1천 원씩 빠져나갔습니다. 총선 · 대선 · 지방선거를 실시했지만 당원교육 한번도, 당원 모임도, 공천 관련 전화와 선거 한 번도 없기에 돈만 내는 당원 허수아비 안 되려고 탈당을 자진해서 한 다음에 입당을 권유한 친구에게 쓴 소리를 했다는 것입니다.

정당은 민주주의 기둥이라고 알고 있습니다. 기둥이 서 있는 튼튼한 받침대는 국민이라고 말하지요. 국민이 정당을 위해서 존재하는 것이 아니요, 정당이 국민을 위해서 존재하는 것이 진리라 할 수 있습니다. 정당은 국민의 이익을 위해서 정치상의 주의가 같은 사람끼리 단결하여 책임 있는 정강, 정책 등 정치적 주장을 내세워 정치이념을 실현할 목적으로 맺어진 정치단체라고 말하고 싶습니다.

국가와 국민의 현재와 미래에 대하여 정당의 역할이 막중할 뿐만 아니라 정당의 손에 흥망성쇠가 달려있다고 나는 생각합니다. 정권교체라는 것이 정당간 교체라고도 할 수 있습니다. 지금은 정권을 잡지 못할지라도 내일의 정권을 잡기 위하여 수권정당으로서 국민들에게 심판받으려고 노력하고 있는 반면에 정권을 잡고 있는 정당은 정권을 빼앗기지 않으려고 노력을 하고 있는 것입니다. 정권을 잡는 정당을 여당이라 부르고 정권을 잡으려고 노력하는 정당은 야당이라 부릅니다.

내 나이 13살 때 대한민국이 건국한 이후에 4·19 혁명, 군사혁명, 3당 합당까지 보수진영이 정권을 잡았으나 51살 되는 해인 1997년 12월 40년 만에 여야 정권교체가 이루어졌습니다. 진보정당인 김대중 대통령(1998년 2월 25일 취임)이 정권교체 첫 인물이었습니다. 진보정권이 15대 · 16대 노무현 대통령까지 10년 집권을 하다가 다시 보수정권 17대 이명박 대통령으로 정권교체가 되었습니다. 지금은 18대 여성 박근혜 대통령이 이어가고 있습니다. 정권이 바뀌는 것은 국민에 의하여 자연스럽게 계속되리라 믿습니다.

보수와 진보는 수레바퀴와 같다고 합니다. 두 바퀴가 있기에 수레가 굴러가는 것처럼 국가도 보수 진보가 튼튼하게 조화를 이루어져야 발전하고 국민들이 바라는 대로 살아가는 것이지요.

내가 평생 동안 살면서 여야 가릴 것 없이 정당이 국민으로부터 갈수록 외면당하는 것을 직접 목격했습니다.

국민이 정당을 외면할 때 변화하는 것은 국민이 아니라 정당이라고 말하고 싶습니다. 정당, 정치 개혁해야지요. 나 같으면 이렇게 하고 싶습니다.

대통령에 출마하고자, 당권을 잡고자 정당을 만들고, 분당하는 활동은 낡은 정당입니다. 기존 정당이든 새 정당이든 수권정당으로 만들어야 합니다. 국고에 의존하는 기생충 정당이 아니라 떳떳하게 당권이 100% 당비를 내어 운영하는 당원 중심 정당. 휴대폰 여론조사와 국민에게 공천권 돌리겠다는 안심번호 등 반영하는 들러리 당원제도를 버리고 순수당원이 공천하는 강한 정당. 타 지역 인물 데려다 전략공천 버리고 그 지역에서 4년 이상 거주와 당비를 낸 내 지역 공천하는 정당. 범죄, 전과자를 제외하고 깨끗한 인물, 공천하는 도덕성 갖춘 정당.

현직을 내려놓고 공식선거 후보경선에 참여시키는 정당.(국회의원으로 대통령·시도지사 등 후보경선에 등록하여 밑져봤자 본전식으로 양다리 걸치지 못하게 독식을 버리도록 하자는 것임) 당리당략을 위한 정당이 아니라 대통령이 반대당이라고 미워도 국익을 우선하는데 자유 투표하는 정당.(집권 잘못하면 정권교체 됨) 일터인 국회에서만 열심히 일하는 정당.

나의 정당 개혁에 대하여 장단점이 있는 것은 사실입니다. 이상적인 정당, 깨끗한 정치를 하는 데는 최소한의 단점 밖에 없다고 생각합니다. 특히 정당에서 당선가능성이 없다하여 외부인물을 영입하여 당선된다 하더라도 정당이 대통령 감을 만들지 못하는 무능정당으로서 국회의원 자리나 유지하겠다는 속셈밖에 없다는 길을 피해가지는 못할 것입니다. 반드시 정당에서 대통령 감을 길러내야 정당 본연의 가치가 있는 것으로 생각합니다. 다음은 공천권을 국민에게 돌려주자는 것은 당원이 필요 없고 정당 밖에서 정치하자는 것이니 아주 잘못된 것이라고 주장합니다.

민주주의를 정당정치라 하여
정당이 민주주의 기둥이라고 말하니
정당은 당원이 존재해야하고
당원은 반드시 당비를 내놓아
책임당원으로서 당규에 따라 의무와 권리를 행사하는 것은
자랑스러운 가치 있는 당원의 자존심.
정치운명은 당원중심정당에 맡겨지므로
그만큼 책임당원의 무게가 있어야 하므로
가장 핵심적인 역할은
각종 선거에 공천권 행사에 주어집니다.
싱겁게도 당 주도권을 잡으려는 욕심이나
계파간 나눠먹기를 위해
핵심당원의 역할을 빼돌려
휴대전화 여론조사 몇%다
지역연고도 없는 몇% 전략공천에 정치운명을 맡기고

한술 더 떠 국민에게 공천권 돌려준다하면서
안심공천에 정치 운명을 맡기는 나라
대한민국의 정당공천제는 웃기는 일이지요.

반쪽짜리 당원, 힘없는 당원, 들러리 당원 만들지 말고
복잡하고 말썽 많은 공천제 없애려면
각자 당 딱지 붙이고 지역에 출마시켜서
당선되면 딱지 따라 간다고 하면 되는 것을
정치운명을 국민의 손에 맡겨지니 가장 큰 명분인데
정당 공천제도 폐지 못하는가

합배미 지방자치

군대생활을 마치고 집에 돌아온 나는 1년 동안 농사를 짓다보니 농사도 기존 방식대로 짓는 것보다는 효율적이고 능률적으로 지어야 한다는 것을 직접 경험을 했습니다. 첫 번째로 바꾼 것이 논 합배미였습니다.

저수지 밑에 위치한 논 한 배미가 두 마지기(400평) 정도 밖에 안 되는데도 계단식으로 다섯 배미가 되어 있어 논둑들이 구불구불 멋대로 펼쳐져 있었습니다. 쟁기질, 논둑 풀베기, 논둑 관리, 물대고 빼기, 작물운반, 작업까지 노동력과 비용이 너무 많이 들어가고 고통스럽고 불편하다는 것을 몸소 체험을 했습니다. 안 되겠구나 해서 가족과 의논하여 한 배미로 만들자고 결론을 내렸습니다.

합배미가 쉬운 일은 아니라는 것을 의논하면서 각오를 했습니다. 우리는 세 식구와 사촌동생 등 넷이서 합배미에 달려들었습니다. 나와 사촌동생은 지게에 통발을 받치고 삽으로 흙을 떠서 담고 가득 차면 짊어지고 가 낮은 곳에 가서 부어버리고, 어머니와 아내는 조그마한 세숫대야에 흙을 담아 이고 가서 낮은 곳을 채웠습니다.

처음 시작할 때는 육체에서 느낀 땀과 고통이 다소 있었으나 포기하지 않고 참으며 계속하다보니 한 배미로 가까이 닥쳐올 때마다 힘이 솟아났습니다. 마을청년들이 동원되어 도와주었습니다. 두 달만에 끝낼 것을 한 달에 끝냈습니다.

구불구불한 논둑 다섯 배미 논이 전에는 높이가 1m이상 된 논을 하나로 평탄하게 만들어 1년 농사를 지어보니 3배 이상 모든 것이 좋아지면서 우선 편안하게 농사지을 수 있어서 좋아졌습니다. 50년 전 1960년대의 일이지만 지금은 온 들판이 경지정리를 하여 기계화로 농사를 짓고 있는 세상이 되었습니다. 「저비용 고효율」만이 가치가 높다는 것을 피부로 느꼈습니다.

나는 1960년대 합배미 경험을 통해 지금 지방자치가 실시하고 있는 지방행정 체제가 바뀌져야 한다고 생각합니다. 나는 80평생 중 60년은 관치(官治) 하에서 살았고, 20년은 지방자치 속에서 살았습니다. 풀뿌리 민주주의를 등에 업고 단체장과 의원 등 한 몫 챙기는 자리 경쟁으로 변하고 있으니 이를 막기 위하여 행정구역 합배미를 해야 진짜 민주주의 주인 세상으로 살 수 있다고 봅니다. 이제 국토가 기계화 교통, 통신 발달로 사방 50㎞ 거리가 일일 농사권과 행정권 시대가 열렸습니다. 나는 2012년에 지방신문 사설에 「지방 행정체제 개편안」이란 것을 보고 적극 찬성하면서 합배미를 생각했습니다.

이렇게 기록되었지요. '6개 광역시는 구 의회를 폐지하고, 구청장도 관선으로 선출하되, 서울은 수도라는 특수성을 감안해 구청장은 민선으로 선출하지만 구의회는 폐지한다.' 이러한 배경으로 구의회의 독자적인 과세권 등으로 구별 재정격차가 크며, 시의 종합행정계획이 일선 자치구·군 반발로 차질을 빚은 경우가 많고, 광역시 구의회의 지출되는 예산부담의 과다 등 이유를 들었습니다.

나는 도 단위도 합배미를 해야 한다고 생각합니다. 지금의 기초단체를 폐지하고 두 개의 도를 나눠 도지사와 의회를 두는 내용입니다.

기초단체와 광역단체를 없애고 합 배미하여 하나의 지방자치 단체로 하자는데 반대의 목소리가 터져 나옵니다. 기초단체의 단체장, 의원 폐지는 지방자치 본질을 훼손하는 반민주적 발상이요, 주민의 목소리가 제대로 반영되지 않고 주민생활에 밀접문제가 신속히 해결되지 않는다고 말입니다. 그 말은 기득권으로 밥그릇 챙기자는 소리이지요. 지금까지 이장, 공무원들이 주민 목소리 반영했고 해결했지, 모두 의원들이 했는가 답해보십시오.

20년 동안 지방자치 속에서 살면서 관치(官治) 때보다 더 좋다는 것을 별로 느끼지 못하였고, 다만 단체장, 의원을 선거로 뽑아 감투자리 만들어 놓고 주민에게 돌아갈 혜택을 그들의 잔칫상 차리는 것이 지방자치 본질이요 민주주의인가를 묻고 싶습니다. 그렇다고 지금의 기초자치단체가 지방자치 본질이 아니요, 반민주주의라고 하지 않습니다. 고비용 비효율보다는 저비용 고효율로 주민들이 더 혜택을 받고 골고루 더 행복하게 살자 해서 합배미 지방자치를 내세우는 것입니다.

나의 합배미 주장에 시골뜨기 촌놈이 무식한 소리 한다고 손가락질하는 사람 반드시 나타날 것입니다. 나는 알고 있습니다. 선거 때가 되면 머슴이 되겠다고 한 표를 목이 터져라 외치고는 당선되면 무보수 명예직을 차버리고 명예, 권력, 돈을 한 몫 챙기는 취직라리 정상배(情狀輩)들일 겁니다.

대한민국 국가와 국민을 위해 나오는 대권주자님과 정치인님들이 이 시골뜨기 촌놈의 소리를 참작해주면 좋겠습니다. 비효율적으로 쏟아 붓는 막대한 예산, 대학등록금, 복지, 건강보험에 알차게 쓰면 어떨까요. 지방분권시대를 열어가는 민주주의가 됩니다.

해방 후 사방 2㎞ 거리가 1일 농사권역이었으나
차차 세상이 좋아져 해방 70년이 지난 지금은
기계화, 통신, 교통, 기술 발달로 사방 50㎞ 거리 넘어도
대농(大農)이 1일 농사권역에 접어든
세상으로 좋아졌습니다.

다랑치 농사만이 지방자치요
민주주의란 말은 틀리지 않은데
이왕이면 여러 다랑치 합배미 하여
저비용 고효율로 농사짓는 것도
지방자치요 민주주의인데도,
합 배미 지방자치하면
지방자치를 훼손하는 중앙집권적 발상이요
주민 목소리가 제대로 반영되지 않고
생활에 밀접한 문제를 신속하게 해결 못하고
소외된 주민이 늘어나 혜택도 받지 못하고
불편하기 짝이 없다고 큰 목소리 내는 잘난 사람 많습니다.

관선시대건 지방자치건 주민의 목소리와 민원해결은
이장, 통장, 공무원들이 해왔는데 무슨 불편인가.
고비용 저효율 다랑치 지방자치
고집하는 사람 속내를 들여다보니
명예, 권력, 돈 한 몫 챙기는 취직자리 정상배들 아닌가요.

다랑치 자치에 들어간 막대한 비용을
주민들에게 더 많이 지원해
행복하게 살도록 하자는 생각 못하는
소인배 취급당하지 말고
진정한 주민을 위한 지방자치 민주주의 꽃피는
교통 · 통신 발달한 만큼 대단위 행정구역 개편하여
좋은 세상 만들어 봅시다.

노망법이 된 선진화법

국민의 한 사람인 나는 역사상 최초로 여성대통령 박근혜 정권이 소신 있게 국가와 국민을 위해서 일 잘하는 대통령이 되시기를 바라는 사람입니다. 역대 대통령과 똑같은 마음으로 말입니다. 18대 대통령으로 19대 국회와 맞물려 지켜본 나는 박근혜 대통령이 19대 국회를 향해 노동개혁 등 민생법안을 처리해달라고 하소연하는 것을 수차례나 보아왔습니다. 국회는 요지부동이었습니다. 나 같은 농사꾼도 하도 답답해서 꼬투리를 찾아보기로 마음먹었습니다.

헌법 제 49조를 읽어보았습니다.「국회는 헌법 또는 법률에 특별한 규정이 없는 한 재적의원 과반수 출석과 출석의원 과반수 찬성으로 의결한다.」

나는 국회가 선진화법이란 법을 만들어놓고 법안처리를 하면서 국회마비법도 있구나 오래 살다보니 보게 되었습니다. 사람도 70살이 넘으면 노망기 든다더니 국회도 70살 가까이 드니 노망기가 들었구나 짐작을 했습니다.

엄연히 헌법에 다수결인데도 국회상임위원회에서 5분지 3이상 찬성해야만 법안이 가결된다는 선진화법은 국회의원을 어느 당이든 3분지 2를 확보하지 못하면 법안통과를 어렵게 만들어 놓았습니다.

선진화법(先進化法)을 들여다보니 앞서가는 법이라는 좋은 말인데 법을 막상 써먹는 것을 지켜보니 후진화법(後進化法)으로 바뀌어서 나는 노망법(老妄法)으로 써먹는다고 생각했습니다. 왜냐하면 다수당의 일방적인 국회운영과 국회의장의 직권상정으로 날치기 법안 처리를 막고, 국회폭력과 몸싸움 예방에 좋은 법인데다가 여야가 합의에 의한 법안통과라는 점에서 둘도 없는 합의정신이 깃들어 있기 때문입니다.

18대 국회 말 법안 발의는 새누리당(한나라당) 황우여 대표, 박근혜 의원 등과 야당인 민주당 박상천 의원 등의 합의에 의해 만들어졌습니다. 다수결이 아니라 국회 상임위원회에서 5분의 3 이상 찬성을 받아 법안이 가결되고, 국회의장 직권상정은 천재지변, 전시사변 때만 하도록 되어 있습니다. 소수당의 권한을 강화하고 존중하며 대화와 타협 문화로 효율적인 국회를 운영하자는 이상적인 국회상이라고 볼 수 있다고 봅니다. 원론적인 국회 운영이지요.

대화와 타협 문화 선진화법은 한강의 기적을 일으켜 세계에서 가장 모범된 국회상이 아닐까요.

선진화법을 실시한 19대 국회가 후진법으로 둔갑되어 야당은 민생법안을 발목잡고 여당은 예산안 법안처리로 유례없이 연계해 심사기간도 없애고 법사위원장이 상임위의 처리를 거부하는 바람에 직권상정 처리로 법안 주고받기 밀실흥정을 했기에 국민들의 눈시울도 찌푸려졌지요. 이통에도 여야 각 당의 실권자들은 쪽지예산으로 한몫씩 챙겼답니다.

선진화법이 악용된다는 것을 예측한 정의화 국회의장(당시 18대 국회의장 직무대행)은 선진화법이 상정되자 "시급한 민생법안과 국익법안이 한 발짝도 나가지 못하는 식물국회가 되고 국정운영에 대혼란이 발생한다"고 호소했으나 외면당했습니다. 국회의장으로서 악용된 선진화법을 보고 생각이 많았을 것입니다.

모법적인 국회상을 만들어놓은 선진화법을 악용하니 노망법이 당연한 셈입니다. 19대 국회가 선진화법을 실시하여 헌정사상 최악의 국회로 이름을 남겼습니다. 국회마비법, 식물국회, 불량국회, 직무유기국회, 반신불구중환자국회, 공용국회, 놀고먹는 건달국회, 인질극흥정국회, 최고법안폐기국회(1만 건), 국가망치는 무능국회 등 나쁜 말은 다 듣고 싸움질만 하면서도 세비 챙기는 데는 일등가라면 서럽다는 국회라 역사에 이름을 날리고 있으니 말입니다. 야당이 협조하지 않으면 노망법이 되니까요.

선진화법에 가장 피해를 입은 쪽은 좋은 법이라고 만들었던 주역 중 한 분이신 박근혜 대통령이었고, 박근혜 정권을 발목 잡는데 잘 써먹은 쪽은 야당인 더불어민주당(새정치민주연합)이었습니다. 집권여당이 되면 선진화법은 괴롭고, 야당이 되면 좋은 법이 되는 엇갈린 극과 극이 되어 국민만 피해가 말 할 수 없게 되었습니다.

늦게나마 발의한 새누리당은 뉘우치고 헌법에 위배되었으니 고치자고 나서자 야당인 더불어민주당은 1,2년 만에 손질하느냐며 갈 때와 올 때가 다르다고 반대 입장으로 날을 세우고 있는 실정이 안타깝기만 합니다. 정권이 바뀌면 입장이 달라 또 반복하겠지요.

아무리 좋은 법이라도 악용하면 나쁜 법이 되기 마련입니다. 좋은 법 써먹지 못하면 원래 헌법대로 다수결 원칙으로 돌아갈 수밖에 없습니다.

다수당의 일방적인 국회운영에 날치기 법안처리로
국회 폭력 아우성 난장판 몸싸움 때문에
마비상태에 빠지는 국회를 미리 막기 위하여
대화와 타협 합의 정신으로 만장일치에 가까운 법안처리는
세계에서 제일가는 모범적인 이상적이 국회상이 되는
대한민국 선진화법.

가장 좋은 법을 만들어 놓고도
오히려 가장 나쁘게 써먹는 것은
맛있는 요리에 쓰는 칼을
생명을 위협하는 흉기나 무기로 챙기는 것과 무엇이 다르지요.

민주주의 다수결의 원칙도
민주주의 합의정신도
국회의원의 양심에 먹칠하는 것보다
다수결과 합의 정신이 깃들어 있는
양심적인 국회의원을 온 국민은 바랍니다.

4년 중임 개헌

개헌 말이 나오기만 하면 나와 형제와 같이 지내는 두 살 아래인 무인생(1938년생) 최종선님 생각이 납니다. 왜냐하면 1987년 민주화로 1노3김(노태우, 김종필, 김영삼, 김대중)의 계산이 똑같이 딱 맞아떨어져 대통령 단임 5년 임기 헌법을 개정하여 1노2김은 대통령이 되었으나 김종필님만은 대통령이 되지 못하여 정계를 은퇴하므로 5년 단임 시효는 끝났다고 했기 때문입니다. 나와 똑같은 생각이었습니다. 이제 4년 중임제와 대선·총선 동시 실시를 위한 개헌을 해야 정치가 잘 된다고 했습니다.

비록 최종선님은 함평 땅 시골에 살며 농사꾼으로 살지만 세상 돌아가는 이야기는 국가와 국민을 행복하게 살아가는 정치 말씀이었습니다. 나는 최종선님 말에 항상 귀를 기울입니다. 농사꾼으로 평생을 살면서 정직으로 기본으로 하여 독농가로서 바른 말과 함께 나보다 남을 위하여 베푸는 행동에서 좋은 말만 나오기 때문입니다.

지난 18대 대통령 선거에서 여야가 박근혜 · 문제인 후보가 개헌 공약을 내걸었을 때 나와 최종선님은 우리 뜻이 이루어진다는 생각에 기뻐했습니다. 그러나 당선된 박근혜 대통령이 개헌을 부정적으로 공약을 포기하여 우리는 다시 실망을 했습니다. 그러나 개헌을 끝까지 주장합니다. 13대 대통령부터 18대 대통령까지 30년 동안 5년 단임 국정운영을 경험하면서 분단국가인 우리 여건에는 4년 중임제가 좋은 점이 많다는 이유에서입니다.

나와 최종선님은 5년 단임 개헌의 장단점을 나름대로 정리해보았습니다. 5년 단임만은 장기집권을 위한 개헌이 아니라 민주화에 의하여 만들어졌습니다. 당시 7년 단임제 개헌을 통해 통일주체국민회의에서 선출된 전두환 12대 대통령이 임기 1년을 남겨둔 1987년 봄에 부천경찰서 성고문사건, 박종철 고문치사사건, 이한열 최루탄 피격사건 등 대형사건이 터지자 반독재 반군사정부 직선제 개헌 등 불길이 서울 복판을 휩쓸었습니다. 이에 놀란 전두환 대통령은 민주화의 불길을 끄려고 다음 대통령 선거도 헌법대로(통일주체국민회의 선출) 실시하겠다고 특별성명을 발표했습니다. 오히려 민주화의 불길에 기름을 붓는 꼴이 되었습니다. 열기는 서울뿐만 아니라 지역 도심까지 하늘을 덮어버렸습니다. 6월 10일 민주항쟁(民主抗爭)이란 이름으로 역사의 기록에 올랐습니다.

민주화의 함성은 민주헌법쟁취국민운동본부 주최로 시국선언 직선제 개헌 요구, 군부독재 타도가 계속되어가므로 민정당 노태우 대통령 후보가 가로막아 섰습니다. "직선제 개헌을 하겠다"며 6 · 29선언을 하셨습니다. 1년 가까이 계속되는 시위가 1972년 박정희 대통령이 유신헌법을 만들어 통일주체국민회의로 간접선거를 시작한지 16년 만에 내 나이 51살 때, 최종선 나이 49살 때 막을 내렸습니다.

현직 대통령과 정반대로 직선제를 외친 13대 대통령후보는 대통령 당선에 불리한 조건임에도 민주화의 물결에 따라준 것은 국민으로부터 떳떳하게 심판받겠다는 것이야말로 아름다운 노태우 후보라고 나와 최종선님은 칭찬을 했습니다.

개헌준비는 빠르게 진행되었습니다. 반대 같은 장애물이 없었습니다. 5년 단임제 헌법개정을 10월에 국민투표에 붙여 12월 16일(1987년) 13대 대통령 선거를 실시하기로 여야가 합의를 했습니다. 6 · 29선언 5개월 반 만에 군사정부 2인자 노태우 민정당 후보가 당선되었습니다.

이상하게도 민주화를 성공시켜 민주화의 지도자를 대통령에 선출해야 하는데 군사정부 원흉을 국민이 선택을 하였다는 것은 민주화 투쟁에 흠집이 되었다고 생각했습니다.

우리는 5년 단임제가 출발할 때는 임기 관계가 없이 직선제가 되었다는데만 기쁘게 생각을 했을 뿐인데 30년 가까이 여섯 명의 대통령을 지켜보면서 분단국가로써 4년 중임제가 국가와 국민에게 더욱 좋다는 것을 알게 되었습니다.

지금 생각해보니 5년 단임은 1노3김(노태우, 김종필, 김영삼, 김대중)들은 대통령 임기 4년은 짧고, 4년 중임제를 하면 자신들이 대통령하기가 나이 들어 힘들 것 같다는 생각들이 일치하였다는 것을 알 수가 있었습니다. 5년 단임이면 한 번은 대통령 할 것이란 욕망 때문에 4년 중임제와 대선 · 총선 동일실시 등을 알면서도 외면해버렸다고 생각합니다. 이 법으로 김종필 총재만 대통령에 오르지 못하고 한 시대의 풍운아(風雲兒)로 역사에 남았을 뿐입니다. 지나친 표현 같지만 민주화 지도자가 되었으나 민주화 투쟁은 결국 대통령 꿈만 바라본 인물로 평가하고 싶습니다.

나와 최종선님은 개헌의 찬성자로써 18대 대통령에 박근혜 후보가 당선되기에 국민과의 약속을 기대했으나 실망하고 말았습니다.

집권 11개월 만에 신년기자회견(2014.1.6.)을 통해 “개헌은 워낙 이슈(issue, 쟁점)이기 때문에 한번 시작하면 블랙홀(Black hole, 빠져나갈 수 없는 상황)처럼 되기 때문에 어렵다” 부정적인 입장을 내비쳤기 때문입니다.

개헌에 대한 발언을 종합해보면, 임기 첫 해 여야 국회의원 백여 명이 국회에 개헌특별위원회를 구성하자 했고, 새누리당 이재오 의원과 김무성 대표 등이 개헌에 대한 발언을 했으나 경제가 우선이란 박대통령의 호통에 모두 빨려 들어가고 말았습니다. 친박계 의원들이 덩달아 개헌은 시기상조라며 개헌을 내비친 쪽을 향해 정면으로 윽박지르기까지 해댔습니다. 그러나 이 시점 국민 네 명 가운데 세 명(74.8%)이 여론조사에서 필요하다고 했습니다.

우리(나, 최종선) 같은 잡초인생이 개헌을 주장할까요. 임기 첫 해는 선거불복 또는 어떤 이유로든지 발목 잡아 흔들어대고, 2년째는 일 좀 하다가 3년째부터는 차기 대권주자가 불붙기 시작하여 4년째 대권정치에 빠지고, 5년째는 대통령 후보가 등장해 대통령 중립하라, 탈당하라, 중요사업 차기정부로 넘겨라 등 권력 누수에 빠지게 합니다. 또 5년 임기동안 총선이 있게 되니 정권 심판을 내걸고 한바탕 물고 뜯는 힘겨루기를 해댑니다.

더욱이 장기사업은 임기 동안 마무리 짓지 못하고 차기 정부에 떠넘기므로 이어받은 새 정부는 부담을 짊어지고 자신의 공약사업에 애를 먹게 됩니다. 특히나 남북통일과 남북 관계 개선에도 걸림돌이 되고 있습니다. 6·15공동선언만 보더라도 내용에 대한 기틀마저도 마련하지 못하고, 다시 10·4선언이 나와서 결과 없이 선언만 내놓은 것보다는 던지는데 그쳤다고 봅니다. 남북정상회담 합의서 성명 내놓았으면 본인 당사자가 실천할 수 있도록 기반을 다져

놓지 못하고 임기 마치고 떠나버리니 효력을 발휘할 수 없이 그대로 끝나기 때문입니다. 기틀이 없기에 이산가족 상봉하다가 비위에 안 맞으면 중단하다가 말고 실시하는 것을 우리 모두 피부로 느낀 중 한 예가 됩니다. 남북통일을 위해서라도 4년 중임제 개헌이 반드시 필요하다고 봅니다.

2016년 4월 13일 20대 총선에서 여야가 국가장래와 남북통일, 북한 관계개선과 개헌공약을 내놓을 줄 알았으나 입도 벙긋 안 해 우리는 비난을 했습니다. 다행히 여소야대가 되어 개헌의 필요성을 내비쳤습니다.

개헌을 정치적 선전놀이가 안 되어 19대 대통령 선거는 개헌을 통해 치러지기를 바라는 바입니다. 10차 개헌을 어렵게 생각할 필요가 없다고 생각합니다. 5년 단임 9차 개헌처럼 4개월밖에 안 걸려 어떤 변란도 없이 잘 해냈습니다.

30년이 지난 지금 국민의 의식 수준은 몇 배나 높아져 있습니다. 혹시나 시간 촉박, 국정마비, 경제 혼란 등 여러 가지 이유를 들어 개헌을 반대할 어떤 변명도 할 수 없는 경제대국으로 변란 등은 일어날 수 없는 현실입니다.

나와 최종선, 우리는 개헌에 대하여 4년 중임제와 대선 · 총선 동시 선거 실시에 대하여 관심을 두고 있습니다. 내각제, 분권형 개헌에는 정치권이 알아서 할 일이고, 다만 국정운영을 흔들어대는 정쟁, 낭비, 지역활거주의 되풀이를 막기 위해 평생 동안 경험을 통해서 동시선거가 국민을 위해서 장점이 많다는 것을 알게 되었기 때문입니다.

대선 · 총선 동시 실시 개헌에 어려움이 많게 되었습니다. 임기 반도 소화시키지 못했는데, 어렵게 황금 제왕 취직자리 국회의원이 되었으니 그만둔다는 것은 날벼락 맞는 것처럼 당하는 심정을 국민들은 모를 바 아닙니다. 개인에게는 엄청난 손해가 막대하지요.

4 · 19와 5 · 16혁명으로 국회가 해산당하는 것보다는 나의 영광을 국민의 영광을 위하여 과감히 양보하는 자세는 나라를 위해서 목숨 바친 애국자와 같습니다.

이번 개헌에 대선 · 총선 동시 선거 없는 개헌은 정치인들의 기득권 야욕에 놀아나는 개헌에 불가합니다.

20대 국회의원님들께서는 진정 국가와 국민은 위한다면 국회 주도하에 3분의2이상이 개헌발의하여 현직 대통령도 중임제도에서 제한받지 않도록 하여 국민의 심판을 받아 만약 당선되면 4년만 하도록 토를 달아 개헌하면 될 것 같습니다. 박근혜 대통령이 욕심 없으면 쉽게 개헌되겠지요. 국민을 위해 영광의 기득권을 내려놓아 대선 · 총선 동시 선거 개헌의 애국정신은 국회의사당 앞에 영원히 빛나는 이름이 새겨질 것입니다.

대통령 4년 임기 중임과 대선 · 총선 동시 선거는
헌정사 70년 통해서
앞으로 70년 헌정사를 향하여
국가와 국민, 남북통일을 위한 가장 바람직 정치이므로
개인의 영광된 기득권을 스스로 내려놓아 개헌을 한 20대 국회의원님들은 역사의 영광을 안기를.

제9부

평화통일

통일 중 가장 좋은 방법은 평화통일인 줄 알고 있으니 말로만 외쳐온 평화통일 분단 70년 한탄만 할 것이 아니라 늦었더라도 싸우고 미워만 말고 함께하는 평화통일 자리 마련하여 대화 협력 교류 등 단계를 거쳐 이해와 양보로 발맞춰 실천하는 데서만 가능합니다.

• 좌우 세상 174일 •

• 국민동의서 없는 합의서 무효 •

• 민족끼리 통일은 개꿈 •

• 흡수통일은 재앙 •

• 평화통일 남북자매결연 •

좌우 세상 174일

1945년 8월 15일 내 나이 9살 때 해방을 맞이했습니다. 그때 나는 초등학교 일학년에 다니고 있었습니다. 아버지께서 해방되었다고 어머님과 함께 기뻐하셨습니다. 어린 나는 해방이 무슨 말인지조차 모르고 있었습니다. 그저 부모님이 기뻐하시기에 좋은 일인 것만 느꼈을 뿐입니다.

해방된 지 며칠 후에 아버지께서 아침을 먹고 나서는 하얀 보자기에서 차복차복 접은 수건 같은 것을 방바닥에 놓고는 펴면서 나에게 "이것이 우리나라 국기란다" 하며 나에게 보여주었던 기억이 납니다. 태어나서 학교에서만 보았지만 처음 만져보는 태극기였습니다. 그 후로 서툴지만 아버지께 물감을 구해주도록 하여 태극기를 직접 내 손으로 그려보기 시작했습니다.

내가 15살 때 함평중학교 입학시험에 합격을 하여 입학을 했습니다. 부모님은 처음으로 중학교를 다니는 아들이 생겼다하여 기뻐했습니다. 집에서 학교까지가 7㎞가 넘는 거리였습니다. 버스가 없는 시대라 걸어 다닐 수밖에 없었습니다. 울퉁불퉁한 신작로 길은 날씨가 좋으면 그런대로 걷기가 좋았지만 비만 내리면 발목이 빠질 정도로 질퍽질퍽했습니다. 한 달 동안은 다리가 아프고 온 몸이 피곤해 고통스러웠습니다. 그래도 어린 나이에 중학생 되었다는 걸 위안삼아 참고 이겨냈습니다.

중학교 생활 석 달째가 되었습니다. 전쟁이 터졌다는 말이 퍼지기 시작했습니다. 우리들은 어떤 전쟁인지 알 수가 없었습니다. 통신시설이 없기에 알려고 해도 알 수가 없지요. 전쟁 소문 속에서도 학교는 매일 다녔습니다. 시골 농촌에는 보리타작 모내기에 정신없이 바쁠 때를 넘기고 한숨 돌릴 때였습니다.

7월 10일경 학교에 갔더니 북한군이 38선을 넘어왔다는 사실을 선생님이 알려주면서 학교에 나오지 말라고 했습니다. 이 날은 한 시간도 공부를 하지 않고 곧바로 집으로 돌아들 갔습니다.

1950년 6월 25일 새벽 4시 일요일에 북한군이 38선을 돌파하여 남쪽을 향해 진격해 서울을 함락하고 대전을 함락했을 때까지 우리 모두는 아무것도 몰랐습니다. 통신시설이 없기에 말로만 전하고 듣는 시대이므로 알려고 해도 알 수가 없었습니다. 매일같이 하늘에서는 웅장한 소리를 내며 전투기들이 4대씩 짝지어 동에서 번쩍 서에서 번쩍 휙휙 지나가곤 했습니다. 가슴이 떨리고 금방 우리에게 폭탄을 쏠까 무서움증이 들었습니다. 이 비행기를 가리켜 쌕쌕기라고 불렀습니다. 나중에 알았지만 미국이 갖고 있는 최신 전투기로 가장 빠르고 명중률이 높은 전투기였습니다.

북한군이 남침한 지 한 달이 못되는 7월 23일 새벽 5시 영광군을 점령하고 곧바로 탱크를 앞세워 함평 땅에 들어왔습니다. 우리는 북한군이 함평에 입성했는지 알 수가 없었는데 「송장(시체)」을 찾아가라는 말에 공산주의 세상이 되었다는 것을 알게 되었습니다.

송장은 다름 아닌 7월 22일 밤 9시에 경찰들이 후퇴하면서 보도연맹(좌익 운동하다 전향한 사람으로 구성된 반공단체)에 가입한 사람들을 총살시킨 시체를 두고 전달한 말입니다.

온 동네가 울음바다가 되었습니다. 자풍리에 속하는 노송, 신풍, 금곡, 비아 4개 마을에서 13명이 총살당했고, 우리 마을에도 두 명이 포함되었습니다. 그 중 한 명이 한 동네 살고 있는 나의 고모부였습니다. 조부모, 부모, 어린 우리 형제자매는 땅을 치며 통곡을 했습니다. 마을 사람들까지 동족살인의 비극에 통곡소리가 메아리쳤습니다.

아버지께서 친구들과 함께 비극과 슬픔을 뒤에 두고 수레(소가 끌고 다니는 것)를 끌고 가 총살당한 장소에서 고모부를 찾아 점심무렵 마을로 모시고 왔습니다. 마을 우산각 앞 공터에 시체를 내려놓았습니다. 시체를 보고 온 마을 사람이 통곡하였습니다.

고모님은 고모부의 가슴을 움켜쥐고 복받쳐 오르는 설움을 쏟아내는데, 나의 눈은 고모부의 몸에 집중되었습니다. 옷은 한복 차림이었습니다. 젖가슴에 두 발의 총알자국이 있었고, 이마 한가운데에 정통으로 총구멍이 났습니다. 피가 엉겨 붙은 죽음의 총알구멍만 내 눈에서 떨어지지 않고 있었습니다. 몇 달 전만 해도 중학교에 들어갔다고 공부 잘해서 훌륭한 사람 되어야 한다고 나에게 말씀하신 고모부가 벌떡 일어날 것만 같은 착각이 들었습니다.

고모부의 장례를 치른 다음날입니다. 마을 앞 우산각으로 나오라는 함성이 골목골목에서 터져 나오자 나는 아버지를 따라 나갔습니다. 왼쪽 어깨에 붉은 완장을 찬 사람(군 인민위원회 간부)이 우산각(동각)마루에 올라선 채, 모여드는 동네사람들을 무섭게 지켜보고 있었습니다. 그의 오른쪽에는 처음 보는 인공기가 세워져 있었습니다. 그 통에도 나는 북한의 국기가 저렇게 생겼구나 생각했습니다.

“동무들” 기세당당한 자세로 마을민을 향해 첫마디에 처음 듣는 말이라 깜짝 놀랐지만 살기 위해서 죽은 듯이 듣고만 있어야했습니다. 이어서 “조선민주주의 인민공화국 만세” “위대하신 김일성 장군 만세”를 선창하면 우리 모두는 큰 목소리로 따라 외쳤습니다.(나중에 알았지만 군 인민위원회 간부가 직접 마을에 와서 조직을 만들었다)

이제 “대한민국 만세”가 아니라 “조선민주주의 인민공화국 만세”를 불러야 했고, 서로 부를 때 ‘동무’ 칭호를 써야한다는 세상에서 살아가기 시작했습니다.

북한의 당 위원장(노동당)의 지시에 의하여 마을단위에 당위원장, 부녀동맹, 청년동맹, 소년단 조직이 완료되었고, 나는 소년단에 속했습니다. 낮에 모이면 비행기 공습을 받게 되므로 저녁이면 모여서 노래, 북한식 정신교육, 남자들은 평양과 연결되는 참호파기, 노력동원 등이 계속되어갔습니다. 특히 나는 내 손으로 직접 인공기를 그렸습니다.

8월 2일 함평장날입니다. ‘인민재판을 하오니 한 집당 한사람씩은 꼭 나와야 한다’고 마을에 지시가 내려졌습니다. 나도 함평공원에서 실시되는 인민재판에 참석했습니다. 공원을 가득 메웠습니다. 뜨거운 더울 날씨였지만 그날은 어쩐지 구름이 하늘을 덮어버렸습니다. 공원 남쪽 아래 바닥에 재판받을 사람들이 뒤로 손이 묶인 채

꿇려 앉아 있었습니다. 죽은 송장같이 기운이 빠져있는 듯 보였습니다. 살기를 포기한 상태였습니다. 모두 12명이었습니다.

허리에 권총을 차고 긴 구두를 신고 인민군 복장을 한 간부가 인민재판을 시작하겠다고 하자 군중은 모두 숨을 죽이고 있었습니다. 군중 속에는 여기저기 붉은 완장을 찬 사람이 끼어있기도 했습니다. 간부의 지시에 따라 한 사람이 군중 앞에 끌려와 서 있자, 그냥 일반복장을 한 사람이 죄명에 대하여 설명하는데 3분도 안 걸렸습니다. '악질반동'이라고 하자 '죽여라' 함성이 터졌습니다. 만약에 소리를 안 내거나 약하게 지르면 반동으로 찍혀 죽기 때문에 힘차게 외칠 수밖에 없었습니다. 재판이 아니라 죽이기로 결정하고 각본에 따라 보여주는 것이었습니다. 본인에 대한 어떤 변론도 없는 재판입니다. 우리는 「인민재판」이라는 것을 공산주의 세상에서 처음 맛보았습니다. 다음 사람도 여전했습니다. 어린 학생이 "악질반동 죽여라" 외쳤습니다. 공산주의가 다 되어버렸습니다. 명당자리 자손인지 한 사람은 인민재판에서 살아남았습니다.

인민재판이 끝나자 반동분자들은 공원 아래 영수정보 밑 오른쪽 둑 안으로 끌고 가 한 줄로 세우는 것을 처음부터 끝까지 지켜보았습니다. 둑에는 사수들이 총을 사형수를 향해 겨누고 있었습니다. 인민재판을 진행하던 간부가 권총을 빼들고 하늘을 향해 쏘자 탕하는 신호와 함께 총소리가 요란해졌습니다. 총에 맞아 냇가 자갈밭에 쓰러진 시체에 간부가 한 사람씩 권총으로 확인 사살을 하는 것을 군중들이 마음속으로 눈물을 흘리며 지켜보았을 것입니다. 생애 처음 어린 나이에 공개총살 시키는 것을 경험했습니다.

들판에 벼들이 고개를 숙이고 콩 등이 여물어가기 시작했습니다. 나는 학교를 가지 않기 때문에 대신 소 먹일 풀을 매일 베어다가 햇볕에 말리는 것이 밥값이었습니다. 10월 달 어느 날 마을 우산각(동각)에 어른들이 모여서 벼 모가지를 잘라다가 한 알 두 알 세고 있었습니다. 어린 나이지만 세상에서 처음 보는 일이었습니다. 알고 보니 현물세(세금)을 받기 위해 낱알을 세어 기초자료를 조사하는 것이었습니다. 콩, 조 등 모든 작물에도 해당되었습니다. 공산주의에는 이런 법도 있구나 하고 생각했습니다.

10월 23일 오전, 국군이 함평을 탈환했습니다. 북한군이 밀려갔습니다. 나는 학교에서 등교하라는 지시가 없어 집에 있었습니다. 함평 땅에서 완전히 북한군이 물러간 것이 아니었습니다. 영광과 함평 경계에 위치한 불갑산으로 목포 · 무안 · 신안 · 함평 등지의 5만 7천여 명이 옮겨가 진지를 구축하고 있었습니다.(1만 2천 명이 무장하고 있었다 함. 함평군지)

국군이 함평에 입성한 날부터 세상은 밤낮으로 갈라졌습니다. 낮에는 경찰, 저녁은 공비(인민군, 빨치산 포함)에 입 맞추고 살아가는 세상에서 우리는 어느 편에 죽을지 모르고 살아가게 되었습니다. 더욱이 우리는 공비들의 총알받이가 되었습니다. 저녁이면 야경에 동원되어 경찰의 지시에 따라 초소에 나가 공비가 나타나는가를 살펴야 합니다. 아버지가 몸이 아파 야경에 못나가 내가 나갔습니다. 첫날에는 기산봉에 갔습니다. 북쪽 산 등에 길게 일백 미터 정도씩 떨어진 초소에서 혼자씩 자리잡고 아래 초소 이상무를 계속 연락을 주면서 하룻밤을 지냈습니다. 겨울이라 이불도 가지고 갑니다. 밤에는 공산당 세계, 낮에는 대한민국 세계에서 공비들의 총알받이에 동원되기도 했던 그날들을 생생하게 기억하고 있습니다.

특히 나는 야경에 안 나가는 날이면 아버지가 우익편이라 해서 공비들에게 죽지 않으려고 이웃집 자손없는 아저씨 집에 가서 밤마다 자고, 재산1호 소를 안 뺏기기 위해 밤마다 공동묘지 산골짜기에 피난을 시키기도 했습니다.

1951년 2월 초 군인과 경찰은 불갑산에서 저항하는 공비들을 완전히 소탕해버렸습니다.

7월 23일부터 10월 23일까지 101일 동안 조선민주주의 인민공화국 치하에 살았고, 10월 24일부터 1951년 2월 5일까지 73일간은 밤에는 공비세상 낮에는 경찰세상에서 살면서 총알받이에 동원되기도 한 우리 부모, 가정, 동네, 함평군민 후손들은 알랴.

대한민국 태극기를 흔들고 살다가
조선민주주의 인민공화국 인공 깃발이
남한 땅을 삼켜버리는 바람에
함평 땅도 101일 동안 좌익 공산주의 치하에서
인공 깃발을 흔들고 조선민주주의 인민공화국 만세 김일성 장군 만세를 외쳐야만
반동으로 안 몰려 살 수 있는 세상을 맛본
14살짜리 중학교 1학년 나

동무, 반동, 해방, 인민재판, 공개총살, 토지 · 집 분배, 곡식 알 세는 현물세 등
단어를 머리에 기억시키면서
73일 동안 낮에는 낮손님(국군·경찰), 저녁에는 밤손님(인민군·빨치산)에게
파리 목숨 안 되려고 입맛 맞춰야만 살고
살려고 입맛 맞췄다고 한쪽에게 들키면

적으로 몰려 파리 목숨이 되는
저녁은 좌익세상, 낮에는 우익세상 살아간 나

밤이 되면은 낮손님 주둔지 보호를 위해 야경에 동원되어
밤손님이 나타날까 뜬 눈으로 지키는
총알받이가 되어야 사는 세상
우익세상 좌익세상 살고 보니 태극기·인공기 직접 그려보고 흔들어 본 내 목숨 내 것이 아니었습니다.

국민동의 없는 합의서 무효

통일은 저절로 이루어지지 않습니다. 우리 민족 모두가 용기와 열망으로 강렬한 힘을 폭발할 때만이 비로소 가능하지 않나 생각합니다.

내 나이 79살, 2014 새해를 맞이하여 남북한 최고지도자들의 통일에 대한 말씀을 들었습니다. 김정은 국방위원회 제1위원장은 신년사를 통해 "올해의 조국통일 운동에서 새로운 진전을 이룩해야 하고, 백해무익한 비방중상을 끝낼 때가 되었으며, 화해와 단합에 저해하는 일을 더 이상 해서는 안 될 것"이라고 말했습니다. 그 뒤를 이어 박근혜 대통령은 "내년이면 분단된 지 70년이 되는데 우리 대한민국이 세계적으로 한단계 도약하기 위해서는 남북간 대립과 전쟁 위협에서 벗어나 한반도 통일시대를 열어가야하고, 그것을 위한 준비에 들어가야 한다."고 말했습니다.

북한의 김 위원장은 4년차 임기를 시작하는 해요, 남한의 박 대통령은 2년차 임기를 시작하면서 통일을 향해 남북 간 관계에 대하여 개선의 필요성을 강조한 것에 대해 나 개인뿐만 아니라 남북한 국민들이 환영할만한 꿈같은 현실이었습니다.

나는 분단 이후 지금까지 남한 땅에서 살면서 남북한이 서로 총을 겨누고 있으면서도 통일을 해야 한다는 말을 귀아프게 듣고 살아왔습니다. 서로가 화해, 교류, 불가침 비방 등의 내용이 포함된 합의서 성명을 남북 정상들이 채택하였습니다. 이번 두 정상이 말씀하신 것은 새로운 것이 아니라 남북이 지금까지 주장해온 합의 내용과 비슷합니다. 이 중에 새로운 것을 지적한다면 박 대통령이 통일에 대한 '준비'를 해야 한다는 것 뿐입니다.

내가 분단 70년 동안 지켜본 바 남북통일을 위하여 접촉을 해온 노력들이 있었지만 아직까지 기틀조차 잡지 못하고 있다는 안타까운 실정이 아닌가 평하고 싶습니다.

처음으로 통일에 관하여 남북이 서로 합의한 7 · 4공동성명(1972년)이 채택된 것으로 알고 있습니다. 이 시기는 말 그대로 아주 긴장상태에 있는 험악한 남북관계였습니다. 박정희 대통령은 이후락 중앙정보부장을 비밀리에 북한 김일성 주석과 접촉을 지시했습니다. 남북 두 정상은 이후락 정보부장과 김영주 조직지도부장을 각각 남북대표로 내세워 공동성명을 발표케 하였던 것입니다.

7 · 4공동성명은 자주 · 평화 · 민족대단결의 3대 통일원칙에 합의했습니다.

첫째 : 통일은 외세에 의존하거나 외세의 간섭 없이 자주적으로 해결한다.

둘째 : 통일은 서로 상대방을 반대하는 무력행사에 의하지 아니하고 평화적 방법으로 실현해야 한다.

셋째 : 사상과 이념제도의 차이를 초월하여 우선 하나의 민족으로서 민족적 대단결을 도모한다.

그 2년 후인 1974년 8월 15일 기념일에 박 대통령은 "남북한은 먼저 불가침 조약을 체결하여 한반도의 평화를 정착시키고, 남북대화를 성실히 진행시킴으로서 다각적인 교류협력을 이룩하여 상호 문호를 개방하고, 민족적 신뢰를 회복시키며, 이와 같이 상호접근과신뢰를 바탕으로 하여 공정선거 관리하에 토착인구 비례에 의한 남북한 자유총선거를 실시하여 통일을 이룩하자"고 말했습니다.

남북은 7·4공동성명 이후 남북적십자 회담, 남북조절위원회 등 통로를 두고 대화를 75회나 공식접촉을 하다가 박대통령 사망으로 전두환 대통령이 7·4공동성명을 이어갔습니다. 그러나 전두환 대통령은 1983년 10월 아웅산 사건이 터진 후 테러한 대가로 남북관계를 전면 중단하고 관계자 처벌, 재발방지 약속하라며 강경책을 썼습니다. 그 1년 후 1984년 9월 남한땅이 대홍수로 피해를 입자 대승차원에서 북한 적십자 구호 쌀을 받아 주었습니다. 일부에서는 코미디라고 난리를 쳤습니다. 1992년 2월 17일에 북한 김일성 주석과 남한 노태우 대통령은 사이좋게 유엔(UN)에 동시 가입한 분위기에 따라 서울에서 제5차 남북고위급회담에서 화해 · 불가침, 교류협력 등 남북 기본합의서를 채택하였습니다.

남북화해와 상호불가침 및 교류협력에 의한 합의서 이외도, 7·4 공동성명 재확인, 화해와 평화를 위한 협의, 자유로운 왕래와 접촉, 이산가족 상봉, 상호인정과 존중, 자원 공동개발, 물자교류 등을 내걸었습니다.

2000년 6월 15일 김대중 대통령과 김정일 위원장 두 정상이 백화원 영빈관에서 6·15공동선언을 했습니다.

① 남북통일은 주인인 우리 민족끼리 자주적으로 해결한다.

② 나라의 통일을 위한 연합제안과 북측의 낮은 단계의 연합 제안이 서로 공통점이 있다고 인정하고 이 방향으로 나간다.

③ 올해 8 · 15에 흩어진 가족 · 친지 방문단을 교환하며 비전향 장기수 문제를 해결하는 등 인도적 문제를 조속히 풀어나간다.

④ 경제협력을 통하여 민족경제를 균형적으로 발전시키고 사회, 문화, 체육, 보건 등 협력과 교류를 활성화하며 서로 신뢰를 다져나간다.

⑤ 남북은 합의사항을 조속히 실천하기 위하여 빠른 시일 안에 당국 사이의 대화를 개최하기로 하였다.

2007년 10월 4일 노무현 대통령과 김정일 국방위원장이 10 · 4 공동선언을 했습니다.

① 통일 지향적 남북관계를 위한 법 ② 남북의회를 비롯한 각 분야의 대화와 접촉 추진 ③ 남북경제협력 공동위원회 설치 ④ 사회문화 교류 확대 ⑤ 인도주의적 협력사업 확대 ⑥ 이산가족 상봉 등 남북관계 발전과 평화번영을 위한 내용이었습니다.

진보정권 10년이 끝났습니다. 보수정권이 들어섰습니다. 17대 이명박 대통령 취임 후 2008년 7월에 금강산 관광객 박왕자씨가 북한군 초소병에게 사살되었습니다. 또한 2010년 3월 백령도 근처 해상에서 해군 초계함 PCC-772 피격 침몰하여 40명이 사망하고 6명이 실종된 사건이 터졌습니다. 이로 인하여 이명박 대통령은 5·24 조치(2010년)를 단행했습니다. 이산가족 상봉, 금강산 관광, 인적 물적 교류 등 전면 중단시켰습니다.

이명박 대통령은 진보정권의 햇빛정책과 다르게 강경책을 내세워 북한 붕괴에 이은 통일이 닥쳐올 대비책 마련에 집중하여 통일기금 모금운동을 내세웠습니다. 특히 남북교류는 상호주의 원칙에 응해야 정당하다고 무조건적인 대북협력은 안 된다는 강경책을 유지한 후 임기를 마쳤습니다.

18대 박근혜 대통령은 4년차 새해를 맞고 있는 지금도 5·24조치를 계속 유지하고 있습니다. 4차 핵 실험으로 4년차에는 개성공단에 입주한 남한의 모든 기업을 철수시키기까지 했습니다.

분단 70년 동안 정상들의 공동선언과 합의서는 협상의 달인(達人) 같은 북한은 남한이 잔칫상만 차려 올리도록 이끌고 있음에도, 남한은 눈치 채지 못한 채 북한의 손바닥에서 놀아나는 신세 같았습니다. 북한은 하나같이 주체사상으로 무장하여 고려연방제를 내세워 협상에 임하고 있으나 남한은 북한처럼 하나같이 통일된 방안 없이 진보·보수 및 각 사회단체가 각각 틀린 소리를 내고 있으므로 자연스럽게 끌려갔습니다.

분단 70년 동안 남북 간 정상들과 합의한 보수의 7·4와 2·17선언은 진보의 6·15와 10·4선언이 덮어버렸고, 역시 진보의 6·15, 10·4 선언은 보수의 5·24조치가 덮어버렸습니다.

70년 동안 분단 상태에서
남북정상들의 공동성명, 합의서는
협상의 달인 북한의 손에 놀아만 난 것이
사실로 나타났습니다.

남한은 집권자 각자 행동 때문에
한 번도 보수와 진보가 정권이 바뀌어도
변하지 않는 방안을 내놓지 않아
유일한 주체사상으로 무장한 고려연방제 방안에
뾰족한 수 없이 끌려만 갈 수 밖에 없었지요.

북한은 한술 더 떠

남한의 국민동의가 불가능하다는 것을 알면서도
자기들 의중에 들어온 진보성향과
6·15, 10·4 합의서 성명을 발표한 이후에
보수정권으로 바뀌자
합의서 이행하라 목청을 높여
보수와 진보 우리 국민을 분열시키는데
선전물로 잘 써먹고 있지요.

남한의 약점,
북한에 끌려가지 않으려면
대통령 개인 생색내기 업적 쌓기 시늉없는
진보·보수가 하나로 국민 동의를 받아 통일방안을 내놓아
북한의 연방제에 끌려가지 않는 협상을 당당하게 해야 한다는 걸
우리는 갖추어야지요.

민족끼리 통일은 개꿈

자주, 평화·민족대단결, 조국통일 3대 원칙 중 외세의 간섭을 받음 없이 자주적으로 해결한다는 남북합의문을 1972년 7월 4일 이후락 정보부장이 120여명의 기자들 앞에서 발표했습니다. 나는 텔레비전으로 이 광경을 지켜보았지요. 온 국민들도 국가안보에 중대한 발표가 있다 하기에 웬만한 사람들은 거의 다 나처럼 보았을 것입니다. 놀랐습니다. 감탄했습니다. 남북 관계가 극도로 악화된 상태에서 극적으로 화해분위기가 갑자기 조성되었으니 말입니다.

공동성명이 발표되기 전까지만 해도 1968년 1월 12일 북한의 민족보위성 정찰국 소속 124 부대 무장 게릴라 31명이 청와대를 기습하려고 서울 한복판 세검정 고개까지 침투하여 29명을 사살하고 1명은 체포(김신조), 1명은 도주한 사건(1·21사건)으로 남북관계가 극도로 악화된 상태였습니다. 그래서 갑자기 남북관계가 좋아지게 되므로 환호했습니다.

남북통일 외세간섭 없이 우리민족끼리 자주적으로 통일이야말로 얼마나 좋은 말입니까. 남과 북은 3개월 후 7·4 공동성명에 근거하여 10월경 판문점에서 남북조절위공동위원장 1차 회담을 엽니다.

공동위원장은 남한에는 이후락 중앙정보부장이 맡았고, 북한은 김영주를 대리한 박성철 제2부수상이 맡았습니다.

회의는 분단 27년 만에 처음 열렸으므로 반갑게 웃으며 진행될 줄 알았는데 처음부터 단어 해석 차이로 삐걱거렸습니다. 북한의 박성철 위원장이 7·4 공동성명 3대 원칙을 내걸어 주한미군 철수를 주장하고, 국가보안법 철폐를 요구합니다. 자주(민족끼리)는 외세에 간섭 없이 자주의 원칙을, 민족대단결의 원칙으로 민족대단결을 저해하는 남한의 국가보안법 폐지를 주장합니다.

3원칙대로 하면 북한의 요구가 하나도 틀리지 않다고 나는 생각됩니다. 남한에서 3원칙에 합의한 것은 북한에 꼬투리 잡힐 빌미를 제공한 셈입니다. 똑같은 문구를 두고 남과 북의 해석은 달라졌습니다. 50년이 넘었지만 하나도 달라진 것이 없습니다.

80세가 넘어간 내 인생 속에 해방도 남의 손에 만들어졌고, 3·8선도 남의 손에 만들어졌고, 민주주의 공산주의 사상도 남의 손에 만들어졌고, 남북전쟁 휴전도 남의 손에 만들어졌고, 남한 · 북한이 지금 따로 존재하는 것도 남의 손에 만들었다는 것을 말하고 싶습니다. 그런데 분단 70년이 넘었는데 자주(민족끼리) · 민족대단결(민족끼리)로 남북통일을 한다는 것은 그림의 떡입니다.

북한에서 민족끼리 통일방안은 고려연방제라고 알고 있습니다. 남한에서 연방제를 주장한 사람은 김대중 대통령이 해당됩니다. 김정일 국방위원장과 평양에서 6·15공동성명에서도 나옵니다. 연방제는 남한정부에서 절대로 있을 수 없는 통일방안이었습니다. 김대중 선생님도 연방제 주장이 국가보안법에 해당되어 사형까지 받은 분입니다.

김대중 선생님은 일본에 체류하다가 10월 유신이 선포되자 미국으로 건너갔습니다. 1973년 6월 「한국민주회복통일촉구 국민회의(한민통)」를 조직합니다. 발기문에 다음과 같이 쓰여 있습니다.

'한반도를 중립하고 남북연방제에 의한 점진적인 통일을 실천한다. 김일성 주석과 다른 사상과 제도를 가지고 있는 북과 남의 두 지역을 하나의 연방국가로 통일하는 조건 아래서 고려연방 민주공화국이 중립국가로 되는 것이 필연적이고 현실적으로 합리적이다.'

6·15공동선언과 맥락을 같이하는 통일방안입니다. 개인적으로 아무리 좋은 방안이라도 남한의 국론이 모인 통일론이 아닙니다. 김대중 개인이 계속 정치를 하려고 내놓은 발언에 불가하다는 것으로 판단이 나왔습니다. 대통령에 당선되었으니 임기 시작부터 연방제통일방안을 내놓아 국민의 동의를 얻을 생각도 안 하고 김정일 국방위원장과 만날 욕심으로 낮은 단계 연방제를 내놓아 성명을 발표한 것 자체가 개인적이라는 것을 스스로 보여준 것이지요.

우리민족끼리(자주) 단어는 7·4 공동성명에 이어 1990년 초 대남전략전술의 도구로 심리전에 이용했고 6·15선언 제1항에 우리민족끼리가 등장합니다. 남북 간 신뢰가 없는 상태에서는 쓰레기에 비교되지요. '외세'란 말은 미국을 말합니다. 미국 철수를 우리민족끼리의 목표로 북한은 못박아놓았습니다. 남한이 적화통일의 입 속에 들어가려고 미군이 철수하겠습니까?

남한의 자유민주주의 체제와 북한의 공산주의 주체사상을 서로 인정하는 기본적인 생각도 않으면서, 대화·화해·협력을 통해서 정치적·군사적 긴장관계를 해결하지도 못하면서, 비방과 적대관계를 끊지도 못하고, 대화 자체까지 마음대로 못하고 있으니 민족끼리 통일은 개꿈만 꾸고 있다고 하지요. 더욱이 미국과 중국이 한반도를 패권경쟁의 핵심기지로 삼고 있다는 사실에 양보가 없습니다.

민족끼리.
남의 힘을 빌리지도, 간섭을 받지도 아니하고서
우리민족끼리 통일을 하면 얼마나 좋겠는가마는.
외세대로.
자기들 편으로 끌어들이려고 분단시켜 놓고
우리민족끼리 한바탕 싸움을 하므로
이쪽저쪽 우방들이 나서서 무승부로 만들어 놓았습니다.
속셈대로.
우리의 운명 우리 맘대로 안 되게 되어
체제 포기가 어려워 서로가 신뢰 구축을 하지 못하게 되고
외세들은 이 땅에 패권주의 전략적 요새로 두려는 속셈 때문에
우리민족끼리 통일은 개꿈입니다.

흡수통일은 재앙(災殃)

남북통일운동국민연합 함평군지회(회장 김휘남)에서는 창설 이후 지금까지 30년 동안 매월 한 차례씩 유명 강사를 초청해 남북통일에 관하여 좋은 말씀을 듣고 각자 나름대로 정신무장을 하는데 소홀함이 없습니다. 나도 100% 참석을 못하지만 특별한 사정이 없으면 꼭 참석하여 남북통일운동국민연합 창설 취지 대로 전쟁이나 무력을 쓰지 않고 남북통일을 달성하는데 승공으로써 민주국가의 안정과 이상적 문화세계 실현에 동참하고자 노력을 하고 있습니다.

어느덧 남북통일운동국민연합 교육에 참여한 지 29년이 되고 보니 내 나이가 81살(2016년) 되어버렸습니다. 남북통일운동국민연합이 바라는 통일은 자유통일만이 우리가 바라는 진정한 통일이요, 우리의 통일은 하나님과 자유와 민주주의를 기초로 한 통일입니다. 바로 전쟁없는 통일, 즉 평화통일입니다.

그런데 2016년 1월 6일 4차 핵실험과 2월 7일 장거리 로켓발사를 하므로 박근혜 대통령은 2월 16일 국회연설에서 북한을 붕괴시키겠다는 취지로 「북한정권이 핵개발로는 생존할 수 없으며 오히려 체제 붕괴를 재촉할 뿐이라는 사실을 뼈저리게 깨닫게 하겠다」고 단호하게 말했습니다. 그리고 개성공단 폐쇄와 사드 배치의 결단을 내렸습니다. 나는 깜짝 놀랐습니다.

북한을 붕괴시킨다는 박 대통령 말씀에 독일 흡수통일이 떠올랐습니다. 독일은 우리와 똑같은 운명으로 분단된 국가입니다. 2차 대전 후 독일은 영국·미국·프랑스는 서독으로, 소련은 동독으로 분할 점령했고, 한반도 남한은 미국이, 북한은 소련이 점령을 했습니다.

나는 독일 분단 56년 만에 동독의 붕괴로 서독이 흡수 통일했다는 독일 통일을 뉴스를 통해서 알았습니다. 궁금해서 자세히 알아보았습니다. 결정적 사건은 1989년 11월 9일 「라이프치히」에서 일어난 시위였습니다. 자유를 갈망하는 동독인 7만여 명이 탄압과 공포를 무릅쓰고 반정부 시위를 벌리며 거리로 나와 서독으로 탈출하다 수만 명 동독독인이 사살된 베를린 장벽을 무너뜨리고서 베를린으로 넘어왔습니다. 이 날은 어떠한 저항도 받지 않았다고 합니다. 어쩐지 이 날 만큼은 동독정권이 손 한번 쓰지 않고 그대로 놔두었답니다.

공산주의 치하에 살던 동독인이 스스로 베를린 장벽을 무너뜨렸지만 바로 통일이 된 것은 아닙니다.

독일 통일을 놓고 영국 「대처」 수상, 프랑스 「미테랑」 대통령은 내놓고 반대했고, 소련 「고르바초프」는 침묵했습니다. 대처는 독일이 통일되면 유럽의 일본이 된다는 두려움 때문에 반대했는데 미테랑은 대처에게 맞장구쳤다고 합니다. 미국 「부시」 대통령의 주도하에 설득을 시켜 베를린이 무너진지 1년 넘어 1990년 10월 3일 분단 56년만에 독일 통일이 시작되었습니다.

독일 통일 결과를 볼 때 미테랑은 대처를 비웃듯이 막강한 경제력을 바탕으로 프랑스와 함께 유럽연합(EU)를 출범시켜 독일이 유럽경제를 이끌고 있다는 것이 놀랄만한 역할이 아닌가 생각합니다. 전쟁을 끌고 갔던 독일이 아니라 유럽의 번영을 이끄는 독일이 바로 통일에서 가져온 축복이요, 대박이라고들 세상 사람들이 말하고 있습니다.

나는 동독이 붕괴되는 순간 남북통일운동국민연합 창설 당시 문선명님의 말씀과 예언이 떠올랐습니다.

'소련을 중심으로 한 전 공산주의 세계의 붕괴가 목전에 다가오고 있다.'

소련과 국경을 맞대고 있는 동독이 문 선생님 말씀 2년 반 만에 붕괴되었습니다. 누가 믿기나 했습니까. 세상 사람은 아무도 몰랐습니다.

나는 남북통일에 독일흡수통일의 교훈을 찾아보기로 마음먹었습니다. 분단 70년을 넘고 30년이면 100년이 되는데 아득하기만 해서 내 생각이라도 털어놓고자 해서입니다.

독일 통일은 전쟁을 해서 승자의 통일도 아니요, 어느 한쪽이 피로서 정권을 타도한 것도 아니요, 대화로 협상을 통해서도 아니요, 동·서 총선거에 의해서도 아닌 것을 알 수 있습니다. 공산세계 동독인 스스로 자유민주주의를 택한 목숨 건 시민혁명이 아닌가 생각합니다.

동독인의 자유민주주의 혁명 원동력이 어디서 나왔을까요? 주모자도 조직도 없는 자유민주주의 혁명은 서독정부가 출발부터 인내심을 가지고 동독정부에게 개방정책, 경제지원, 민간차원 지원교류, 개인 간 서신교류 왕래, 이산가족상봉 등 특히 정치범 석방까지 다

방면에서 대화·교류·지원하는 반면에 동독정부는 서독 지원을 단절하지 않고 받아주었다는데서 동독국민이 자유주의 물결에 영향을 받았기 때문이 아닌가 점쳐봅니다.

남북통일을 하자는데 독일통일의 여파는 북한이 더욱 빗장을 걸어 잠가버리게 만들었습니다. 반성 부분에 남과 북이 어느 하나 지속적 교류와 지원, 대화가 없었고, 북한의 빗장은 남한의 교류·지원·개혁·개방 정책으로 자본주의 물결에 스며들까 두려워 걸어 잠가온 빗장을 독일 흡수통일을 똑똑히 보고서 더욱 단단히 걸어버렸습니다.

북한 정권이 남한의 어떤 지원·교류라도 흡수통일로 인정하고 있는 이상 대화로 시작해서 남과 북이 평화통일로 가는 길은 없다고 생각합니다. 한 마디로 독일통일 여파는 남북 간의 인도적 지원, 교류 등을 더 못하게끔 문을 잠가버렸습니다.

독일식 통일은 내 생각에 한반도에서는 없을 것으로 생각합니다. 북한 붕괴로 흡수통일은 한반도에 재앙(災殃)이라고 봅니다. 이미 중국은 북한이 붕괴되거나 전쟁에 패망하더라도 남한에 흡수되는 것을 방지하기 위한 대책을 세우고 있다고 봅니다. 남한에 북한이 들어가면 한미동맹으로 미국의 기지가 된다는 것을 내다보고 있으니까요.

중국은 북한이 붕괴된다고 하면 구경만 할까요? 뭐니 뭐니 해도 중국과 북한은 혈맹관계에다가 6·25전쟁 시 북한을 지키기 위하여 1백만명 가까운 중국군이 희생되었는데 한·미 동맹국 입에 넣어줄 일이 없습니다. 더욱이 한·미 동맹국처럼 혈맹국을 내세우며 북한에 살고 있는 자국민을 보호한다는 명분이 충분합니다.

지금 미국과 중국은 패권경쟁을 하고 있습니다. 고구려를 중국역사로 만들려고 동북공정에 나선지 이미 오래된 일입니다. 뭐니 뭐니 해도 중국·북한은 혈맹국가라는 것을 명심해야 합니다. 중국은 자국 국민을 보호한다는 목적과 한반도를 미국 영향권에 넘길 수 없고, 직접 국경을 맞댈 수 없다는 목적으로 자기들의 영향권에 넣을 것입니다. 북한의 붕괴에 중국이 가만히 보고는 있지 않을 거라는 것을 깊히 새겨야 합니다. 흡수통일 재앙을 막아야 합니다.

남과 북이 흡수통일을 막아야 합니다. 나의 생각입니다.

첫째, 앞장에 말했듯이 남한은 북한의 핵을 인정하고, 남한도 핵을 보유하고 또는 남북이 공동으로 공유하면, 상호신뢰를 쌓아가는 것이 불가능하다 말고 문을 두드려보는 것이요.

둘째, 남한은 잘살아보자는 새마을운동 차원에서 조건없이 인도적으로 교류·지원·개혁·개방정책으로 지원하되, 북한은 두려워 말고 받아주어 경제부흥을 이르켜야 할 것이요.

셋째는 분단 70년 동안 세계에서 유일하게 헤어진 가족의 생사조차도 확인 못하는 이산가족의 아픔을 푸는데 김정은 최고지도자께서 통 큰 결단이 필요합니다. 1천만 이산가족 중 살아있는 10만여 명에게(정확한 숫자 아님) 생사확인, 서신교환, 상봉정례화, 고향방문, 자유왕래 등 하게끔 한을 풀어준단면 세계인들이 우러러 존경할 것입니다. 특히 세습이다 핵도발이란 발도 잠재울 것입니다. 1985년부터 2015년까지 이산가족상봉과 화상상봉 숫자는 1만명도 안 되는 것으로 알고 있습니다. 만약 실행하다가 이탈자가 생기면 받아주지 않으면 됩니다.

헛소리 같지요. 두드리면 됩니다. 안 하니까 그렇지요. 마태복음 7:70 "찾으라 그러면 찾을 것이요 문을 두드리라 그러면 너희에게 열릴 것이다".

만약입니다. 흡수통일 재앙 대신 평화통일로 대박을 만들 수 있는 꿈같은 이야기를 해볼까요. 평화통일 방법은 남북한 총선거밖에 없습니다. 북한 최고지도자 김정은에게 세계인들이 좋은 평가를 할 수 있도록 유엔에서 보복 없는 장치를 마련하여 통일중립국가로 정하고, 북한이 가장 불리한 인구 비례가 열세임에도 남북 총선거를 하자고 제안을 합니다. 핵도, 미군 주둔 조건 없이 북한보다 3배가 많은 인구를 가진 남한이 환영을 할까요, 안할까요? 유엔과 세계 이목에 받아줄 수밖에 없습니다.

꿈같은 남북총선거 내 생각이 아닙니다. 지금으로부터 48년 전 내 나이 33살 때 1968년 국제승공연합창설 후에 문선명님은 남북총선거 대비 방안으로 리(里), 통(統), 반(班) 교육을 전국적으로 실시했습니다. 나도 직접 교육을 받았습니다. 갑자기 북한 김일성 주석이 남북총선거를 실시하자고 제의(提議)해 올 때를 가상(假想)해서 대비하고자 반공·승공 교육을 받는 나로써 자매결연 평화통일실천대회가 그때와 관련이 있구나 생각해 보았습니다.

미국과 함께 북한동포를 멸망시킨들
중국이 자국민 보호와
미국군과 국경을 맞대지 않고자
중공군이 북한에 진군할 것이 뻔하거늘
30년이 지나면 분단 100년 되는 남한과 북한
특이하게 미국·중국의 패권경쟁에 말려들어 있어
한반도 흡수통일의 길은
재앙을 반드시 따르게 되어 있으니
꿈에서라도 생각을 말아야 합니다.

미국 믿지 마라, 중국 중흥(中興)한다,
일본 일어난다, 소련에 속지 마라,
해방 후 출처없이 떠 다니는 말씀 철든 사람은 거의 알지요.

한반도를 둘러싼 4개국이 남북통일에
영향을 주는 계시로 알고 잘 요리해
남한에서는 북한핵 도발 말 없어야 하고
북한 최고지도자 김정은께서는 무조건
이산가족 상봉 왕래 통큰 결단으로
전쟁승리 멸망 붕괴 아닌 함께 살아가는
남과 북이 함께 평화통일의 길을 찾아야만 됩니다.

평화통일 남북자매결연

국회통일미래포럼, (사)남북통일운동국민연합이 주최하는 2015년 11월 17일 오후 2시에 올림픽공원 올림픽홀에서「2015 평화통일실천국민대회」에 참석을 했습니다.

나는 분단 70년 동안 6·25전쟁 이후부터는 북진통일로 통일목표를 따랐고, 새마을운동에 빠져 있을 때인 1975 6월 7일 서울 여의도 광장에서 통일교 창시자 문선명 선생님이 주최하는 구국세계대회에 참석한 후 승공통일(勝共統一)을 따라갔습니다. 1980년대부터는 평화통일하자는 구호가 서서히 나오더니 지금에 와서는 평화통일 구호가 자리 잡았습니다. 시대에 따라 통일구호도 변하는지 북진통일, 승공통일, 평화통일로 3단계를 거쳤습니다.

북진통일, 승공통일은 사라지고 평화통일이 대세를 이루어 평화통일 실천을 위해 어떤 방안이 있는가를 알아보기 위해서 나는 꼭 참석을 해보겠다고 자진하여 남북통일운동국민연합 함평군지회(대통령직속 통일준비위원회 시민자문단체) 김휘남 회장님께 요청하여 승낙을 받았습니다. 많은 사람이 대회에 참석하려고 하였으나 시 · 군단위로 인원이 할당되어 함평군 20명과 나주시 20명이 관광버스 한 차에 함께 타고 올림픽홀에 입장하게 되었습니다.

나는 단상 정면을 향한 이층 중앙 앞자리에 함께 온 양옥남 부회장(국민연합 함평군지회)과 함께 나란히 앉았습니다. 다행히 무릎이 안 좋아 다리를 뻗을 수 있는 자리가 나를 보호하는 것 같아 기분이 좋았습니다. 계속해서 내 앞을 지나 사람들이 빈자리를 향해 꼬리를 물고 있었습니다. 얼마 지나지 않아서 6,7천명을 수용하는 좌석이 알맹이가 잘 여문 옥수수처럼 보였습니다. 자세히 보니 남녀 모두가 염원이 가득한 통일역군이었습니다. 남북통일국민연합, 국제승공연합에 참가한 평화통일지도자 일색으로 통일을 위해 다시 뭉친 열기가 가득 찼습니다.

정각 오후 2시가 되자 "국민의 힘 모아 열자! 통일시대를!" 함성과 함께 대회의 막이 올랐습니다. 대회장을 꽉 메운 전국에서 모인 7천여 명의 함성과 박수에 통일의지가 뜨겁게 타오르고 있었습니다.

대회 진행에 의한 대회사, 축사, 격려사, 기조강연 등은 다 제쳐두고 가장 중점적이고 놀랄만한 새로운 평화통일 방안, 정부도 할 수 없는 민간차원에서 통일시대 준비를 앞장선 대목입니다.

「남북 광역시도 및 시군구지역 간 통일실천 남부자매결연」

이 대회의 목적이었습니다. 나는 꽉 막힌 남북관계 상태에서 자매결연이란 말 자체를 상상해보지 못했습니다. 대한민국 땅에 반대할 사람이 있을까 문득 생각이 떠오릅니다. '사촌이 논을 사면 배가 아프다'는 속담처럼 말이죠. 통일교를 이단으로 몰아가는 종교인들이 해당됩니다. 다행히 반대가 없다면 좋겠습니다.

우리 함평군은 북한의 함경남도 「락원군」과 자매결연을 하였습니다. 서서히 여건을 조성해서 민간교류가 자유롭게 진행할 날이 반드시 오리라 믿어 볼 것입니다.

평화통일실천국민대회에서 남한의 종로구와 북한의 모란봉을 필두로 북한 208개 시·군과 남한 208개 시·군·구의 자매결연 속에서 「함평군과 락원군」이 자매결연이 되었다는 큰 선물을 안고 집으로 돌아오는 버스 속에서 가장 궁금한 자매결연에 대하여 이 내막을 잘 알고 있을 통일교 목사님에게 남북한이 동의를 얻어서 발표한 것이냐고 질문을 해보았습니다. 자세히는 알 수 없다는 답변입니다. 그래서 남북통일운동국민연합이 일방적으로 택했다면 며칠 안에 북한에서 자기네들이 불리하게 생각되면 북한방송을 통해 비난하겠지 하고 더 이상 말문을 닫고는 내 사는 동안 자매결연한 북한 주민과 만날 날은 있을까 생각하다가 잠이 들어버렸습니다.

19대 박근혜 대통령이 최초로 평화적 통일기반 구축을 국정목표로 설정하여 통일시대를 열어가고자 튼튼한 안보를 바탕으로 한반도신뢰프로세스(process, 행진, 진행하다)를 적극 전개하였습니다. 통일시대를 체계적으로 준비하고자 2014년 7월 15일 민관합동으로 통일준비 위원회를 본격 출범시켰습니다.

여기에 1987년 5월 15일 리틀엔젤스예술회관에서 남북통일국민연합을 창설하여 마을단위까지 승공통일을 위한 교육을 실시해온 남한 유일의 운동조직인 남북통일국민연합이 대통령 직속 통일준비 위원회 시민자문단체가 되었다는 점에서 나는 바람직한 일이라고 환영을 했습니다. 왜냐하면 지금까지 역대 대통령은 집권자로서만 북한과 합의해 공동성명, 정상회담, 합의서는 여야동의와 국민동의 없이 업적 쌓기 위한 생색내기로 흘려버렸기 때문입니다. 사실 말 뿐이었습니다.

나는 통일준비위원회가 통일을 위한 준비, 통일 후 준비, 북한이 들으면 서운하지만 붕괴 후 준비, 특히 중국의 야심까지도 다 포함되었다고 봅니다. 통일은 상대성이 있습니다. 통일의 상대는 남한과 북한이므로 평화통일을 위해서 남과 북이 만나 대화로 기구를 만들어 터를 다듬어 벽돌 한 장 한 장 쌓아 올려가는 것처럼 진행하지 않으면 과거처럼 말뿐인 것이 되니까요.

나는 자매결연 대회에 참석한 후에 남북자매결연에 대한 반응을 기다렸습니다. 통일교를 이단으로 몰아붙인 일부 종교인과 시민들, "하나님 말씀 전하러 왔다"고 북한 입성 첫마디를 한 문 선생님과 김일성 주석의 정상회담을 신문까지 동원하여 비난한 일부 종교단체와 시민단체들이 비난하고 나설 줄 알았는데 입을 다물고 있었습니다.

특히 문선명 선생님의 말씀을 칭찬하거나 집회에 참가하면 정치생명이 끝난다는 정치인들이었는데, 평화통일실천국민대회 석상에 손병호 남북통일국민연합 회장님 말씀에 이어 조병철 국회의원 겸 「통일미래포럼 공동대표」가 "뜻을 같이하는 국회의원들과 함께 국회의원 연구단체 통일미래포럼 공동대표를 맡아 정책연구에 힘을 쏟고 정부기관이나 여러 통일단체와 연대해 많은 프로젝트(project, 계획, 설계)를 실천했으며 이번에는 남북통일운동국민연합과 공동개최 하였습니다" 하고 말했습니다.

통일준비위원회 정종욱 부위원장님(위원장 박근혜 대통령)이 "오늘 행사를 통해 남북교류 통일연구와 통일교육 등 다양한 활동을 전국지역단위까지 확대전개한다니 통일을 앞당기는데 민간차원에서의 큰 역할을 기대합니다. 그리고 여러분과 같은 민간통일실천운동에도 적극적으로 함께 나가겠습니다."라고 말했습니다.

정부 측 홍용표 통일부 장관은 "이 대회를 통해 국민 여러분이 지지하고 함께 해주신다면 통일은 빨리 올 것이요, 남과 북의 민간 차원의 교류와 자매결연을 맺음으로서 막혔던 마음의 길이 만들어 질 것입니다."라고 말했습니다.

남북자매결연대회에 국회의원, 통일준비위원회, 정부가 함께 대회를 했다는 것은 여태까지 수십 년 동안 외면 받았던 남북통일운동국민연합이 북한과 남한에서 제자리를 잡았다는 것을 보여주었습니다.

남북통일운동국민연합 만세.

「우리의 소원」은 통일 노래 70년 동안 남과 북이 불러왔건만
더 이상 부르지 않게
좌익(左翼)도 우익(右翼)도 아닌 두익(頭翼)사상 하나님주의로
너도 살고 나도 살고 나도 잘 살고 너도 잘 사는 마음으로
자매결연을 통하여 하나된 통일방안으로 만나 대화하고 교류하여
평화통일을 하는데
남북통일운동국민연합이 앞장서서 실천하여
하루빨리 통일을 앞당기는데 속도를 내
자유 민주주의 한반도 통일국가 꼭 이루어냅시다.

남한 사람은 더 북한 사람을 사랑하고
북한 사람은 더 남한 사람을 사랑하는 마음으로.
하나된 통일 방안으로.

제10부

제왕국적

나라의 일 잘하는 머슴이 되겠다는 선량한 국회의원이 3만 5천 원짜리 금배지 달면 자기가 법으로 착각하여 특권특혜로 군림하니 제왕이요,
일하지도 않고 1인당 세비와 의정활동비 7억 원 외 수입 등 깨알 같은 혜택까지 국민혈세로 최고연봉 꼬박꼬박 챙기니 나라의 도둑이라 하여 국적이요.
법을 가장 안 지키는 국회의원을 제왕국적이라 부르니 토 달 국회의원 있을까요.

• 국가원수 예우 •

• 승복민주주의 •

• 무공천도 공천 •

• 국감 무용론 •

• 제왕국적 •

국가원수 예우

2013년 7월 12일자 중앙일보에 난 기사를 읽어보았습니다.

'박정희 전 대통령은 귀태(鬼胎, 태어나지 않았어야 할 사람)이고, 그 장녀 박근혜 대통령은 유신공화국을 꿈꾸고 있는 것 같다. 박 대통령의 행보가 군국주의 부활을 외치는 아베 신조 총리와 유사한 것 같다.'

민주당 홍익표 원내대변인이 발표한 당 공식 논평에 담긴 표현입니다. 일본제국주의가 만주에 세운 괴뢰국인 만주국의 귀태로 박정희와 노부스케가 있는데, 기이하게 귀태의 후손들이 한국과 일본의 정상에 있어 아베 총리는 노부스케의 외손자고, 박 대통령은 박정희 대통령의 장녀라며 두 분의 행보가 남달리 유사한 면이 있다고 주장했습니다.

새누리당은 대통령으로 뽑아준 국민에 대한 모독이므로 국민과 박 대통령에 사과하라고 민주당을 향해 공격을 했습니다.

민주당의 귀태 발언만 아니라 박근혜 대통령에 대한 막말들을 모아 보았습니다.

양승조 민주당 최고위원은 공개된 회의석상에서 '박정희 전 대통령은 중앙정보부 무기로 공안통치와 유신통치를 했지만 자신이 만든 무기로 인해 암살당할 것을 예상 못했고, 박근혜 대통령은 박 전 대통령의 교훈을 타산지석으로 삼아야 하는데 국정원을 무기로 신공안통치와 유신통치로 박 전 대통령의 전철을 밟을 수 있다는 경고를 새겨들어야 한다' 말했습니다.

나는 현실정치에 비판을 할 수 있으나 아버지의 비극적인 죽음에 딸도 똑같은 길을 밟으라는 것은 인간 이하의 쓰레기에 불과하다고 생각합니다. 박 대통령 가슴이 얼마나 아팠을까. 부모의 비극적 죽음으로 가슴에 못이 박힌 딸의 심정을, 평생 동안 두고 잊지 못할 아픔의 말(言)총에 맞은 박 대통령의 온 몸이 산산조각 나는 뼈아픈 심정을 헤아려봅니다. 박근혜 대통령은 어머니, 아버지에 이어 자신도 테러를 당해 목숨을 잃을 뻔한 사람입니다.

박 대통령의 심정을 잘 알고 있는 이정현 홍보수석이 울먹이며 브리핑을 했을 때 나 같은 사람도 눈물을 흘렸습니다.

'귀태와 암살 같은 막말을 내뱉는 것은 진실과 사실을 혀가 아니라 자기 몸값을 높이고 환심을 얻고 주목을 받는데 사용하려는 미치광이 노릇이다. 정치인들이 대중을 끌어 모아 상대진영을 압도하기 위하여 가장 자극적인 막말로 인기를 끄는 방식에 익숙해진 오늘날 정치판이라고 나는 지적하고 싶다. 말이 더러워지면 개인 인격도 더러워지고 정당 자체도 더러워진다는 것을 알아야 할 것이다.'

국민이 직접 뽑은 국가원수 대통령에게 예우를 해주면 안 될까요.

나는 민주화 이후 여야 정치권이 대립각을 세워 상대 대통령에게 국민의 대통령으로 생각하지 않고 극소수의 광적인 지지자들의 환심을 얻으려고, 악명을 떨쳐서라도 세상의 주목을 집중시키고자하는 정치인들을 볼 때마다 말본새는 기본이 되지 않았다고 말합니다.

맨 처음 대통령을 인정하지 않는 경험을 했습니다. 김영삼, 김대중 두 민주화 지도자 중 먼저 대통령에 김영삼 지도자가 당선되었습니다. 나는 취임식에 초청을 받았습니다. 참석을 했습니다. 전남 함평군 평화민주당 기초의원 등 군에서 비용을 대고 참석하고자 출발한 것을 나는 알고 여의도 광장 취임식 석상에서 함평기초의원들을 찾아보았습니다. 나중에 알고 보니 아무도 참석을 안했답니다. 당에서 지시해 전라도 평화민주당 기초의원, 도의원까지 모두 혈세만 낭비하고 여행으로 끝났답니다. 이 때 부터 여야 정치인들이 자기 몸값 높이려고 막말을 즐기게 된 것입니다.

대통령에게 막말한 몇 가지만 골라 보았습니다.

한나라당 의원은 김대중 대통령에게 '입을 공업용 미싱으로 꿰매야 한다.', 노무현 대통령에게 '노가리(아전)'라 했고, 민주당 의원은 이명박 대통령에게 '쥐박이, 땅박이, 가장 나쁜 대통령, 차가운 감옥에서 눈물의 참회록 쓰는 일'이라 했고, 민주당 의원은 박근혜 대통령에게 '당신, 귀태의 후손, 아버지의 죽음에 전철, 총으로 사살하듯 겨누는 홍보물'이라고 했습니다.

대한민국 대통령을 모독하는 것은 대통령을 뽑아준 국민을 모욕하는 인신공격, 언어폭력입니다. 나는 80살 넘게 살면서 세월이 갈수록 정치인들이 성숙하여 대통령을 예우할 줄 알았는데 거꾸로 가는 것을 보며 살아가다 보니 먼저 정치인들이 고운 말 운동을 벌이는 것이 바람직하다고 봅니다.

또한 노무현 대통령이 국회에서 시정연설을 할 때 한나라당 의원들은 박수는커녕 자리에서 일어나지 않았고, 이명박 대통령 연설

때도 민주당 의원들이 박수는커녕 일어나지도 않았고, 박근혜 대통령 연설 때 민주당 의원도 마찬가지였습니다. 대통령이 내 당이 아니고 내용이 마음에 안 맞아도 뽑아준 국민을 위해서 최소한의 예우를 갖추는 것이 정치인의 도리라 생각합니다.

그 뿐입니까? 전 대통령 묘소도 참배 않는 정치권의 행태를 무엇이라고 쓴 소리 들려줄까요?

나는 어느 때 신문기사를 보았습니다. '2009년 9월 미국 오바마 대통령이 의회 연설 중 야당 공화당 조 월슨 하원 의원이 「거짓말」이라고 외쳤다. 미 의회는 역사상 처음으로 비난 결의안을 채택했다. 용서를 구하고 사과성명을 발표한 후 의원직을 사퇴했다.'

우리나라도 대통령과 국민을 상대로 막말, 패륜, 억지 선동을 일삼는 국회의 품위를 떨어뜨리는 후진성과 저질성 정치인이 사라지고 선진국처럼 대통령을 존경하고 연설하면 의원 모두 일어나 박수치는 날 빨리 오면 좋겠습니다.

고운 말 문화는 고운세상 만듭니다.
남과 북 최고지도자에게 욕내기 막말 맙시다.
대한민국 국가원수 대통령에게 존경하고 예우합시다.
존경하는 대통령 묘소 차별 말고 참배합시다.

고운 말은 원수도 악인도 다 품을 수 있는 사랑이요, 화합입니다.
국회의원은 국민의 대표자로서
말과 행동이 그 어느 누구보다도 존경받도록 도덕적, 윤리적이어야 합니다.
상대방에게 뼈에 사무치는 막말로 공격하는 것은
어떤 경우라도 인신공격이요, 언어폭력이요, 언어 살인이라는 것을.

승복민주주의

나는 2012년 12월 19일 18대 대통령 선거가 끝난 후 당선자 박근혜 후보와 낙선자 문재인 후보에게 축하와 위로를 마음으로나마 멀리서 보냈습니다. 축하와 위로를 보낸 나는 마음 한 구석에 걱정이 생겼습니다. 민주화에 의하여 5년 단임 대통령 첫 임기 시작하는 해를 돌이켜보면 민주주의 땅이 아니라 난장(亂場)판 같은 세상, 반 민주주의, 연례행사처럼 치러졌기 때문입니다.

그래서 나는 이번 18대 박근혜 대통령도 어김없이 임기 시작과 함께 반 민주주의적 난장판 행사가 진행될 것이라고 예상했습니다. 선거기간 막판에 국정원 댓글사건과 북방한계선(NLL) 발언을 놓고 치열한 싸움으로 선거 불복을 할 만한 조건이 충분하다고 보았으니까요. 선거가 바로 끝난 후에 패자의 승복이 나오지 않으므로 대선 불복과 정권흔들기가 준비되어가고 있구나 짐작을 하고 있었습니다.

해가 바뀌었습니다. 2012년 1월 9일 낙선한 문재인 후보가 대선 패배 승복을 하였습니다.

"나는 역부족이었습니다. 패배를 인정합니다. 모든 것 내 책임입니다. 당선무효소송은 바람직하지 않습니다."

나는 놀라기도 했고 기뻐했습니다. 문재인 후보가 큰 그릇이구나. 대통령감이라고 혼자서 중얼거리면서 한 가지가 떠올랐습니다.

2000년 12월 13일 미국 43대 대선에 출마한 민주당「엘 고어」후보가 세계적 미국 민주주의 저력을 보여준 훌륭한 인물인 것처럼 문재인 후보를 대한민국 민주주의의 저력을 보여준 인물로 평가를 했습니다. 고어 후보는 전국적으로 33만 표 더 얻고도 플로리다 주에서 537표 차로 뒤지는 바람에 발목이 잡힌 상황이었습니다. 민주당은 재검표를 요구할 명분이 충분했습니다. 하지만 연방대법원이 5대 4로 플로리다주의 재검표를 중단시키는 결정을 내렸습니다. 고어 후보는 '정치적인 투쟁이 끝났다'며 깨끗이 승복을 했답니다.

나는 대선 불복이라는 대한민국의 부끄러운 민주주의 정치풍토를 문재인 후보가 바꿔놓아 새 정부는 선거 후유증 없이 국민통합과 함께 국정수행을 의욕적으로 펼쳐갈 수 있어서 정치사에 길이 빛나겠구나 좋아했습니다. 돌이켜볼 때 5년 단임 이후 김영삼 대통령을 제외하고는 노태우, 김대중, 노무현, 이명박 대통령까지 선거 불복과 후유증으로 부끄러운 역사로 낙인을 찍었습니다.

박근혜 대통령이 취임하기가 무섭게 문재인 후보의 아름다운 승복은 온데간데 없어졌습니다. 민주당과 재야세력 일부에서 부정선거를 내걸고 역대 가장 심한 말로 흔들어대기 시작했습니다.

한번 신문에 나온 말들을 보겠습니다. '국회 본회의장에 개표부정선거니 대통령 정통성 없다', '서울 광장에서 민주주의 회복 국정원 개혁 운동본부가 장외투쟁', '진보시민단체 촛불시위', '피켓 박근혜 아웃, 박근혜 하야, 부정선거 박근혜 물러가라', '민주당 국정원 정치개입 진상조사 특별위원회 구성', '정치공작 규탄 및 국정원 개혁 범국민 서명운동', '청계천 빗속 장외집회', '광주전남 5개

종단(진보) 100여명 등 박근혜 하야 시국선언', '박신부 컴퓨터 개표부정 백서 발표', '군산성당 시국미사 대통령 하야 요구', '민주당 여성비례대표 장의원의 즉각 사퇴 요구', '민주당 의원의 대선결과 무효다', '대통령직 도둑질했다', '대선직전 국정원 댓글 수사만 발표했으면 문재인 후보가 3백만 차이로 승리했다', '부정선거 무효투표도 검토해야 한다', 민주당 상임고문 전 총리는 '국정원 누가 만들었나? 국정원을 비호하면 당선무효 비호세력이 늘어난다', '미국 닉슨 대통령도 도청사건으로 하야했다', '선거 원천무효 투쟁을 재기할 수 있다', 대선 불복의 목소리는 국민들의 마음을 어리둥절하게 만들고 있었습니다.

민주당 의원들이 박 대통령을 향해 불법선거 퇴진과 재선거 등 헌정 중단사태 같은 유고(有故, 사고)를 만들자는 위험한 행동에 국민들은 손가락질 밖에 할 수 없었습니다. 김한길 민주당 대표는 당론으로 대선불복을 정한 바 없다고 했으며, 일부 의원들은 대선선거로 가자는 것이 아니라 유신시절로 돌아가는 것을 막자는 것이라고 해명을 하기도 했습니다. 진정 대선 불복이 아니라 박 대통령 기죽이자는 기선잡기에 불과한 몰지각한 정치인들의 행동에 국민들은 민주당을 외면했습니다.

박 대통령은 50%이상, 새누리당은 40%, 민주당은 10%, 안철수당(가상) 20%로 여론조사에 나타났습니다.

민주화 이후 최초로 대선불복을 한 사람은 김대중 전 대통령이었습니다.

13대 노태우 대통령이 취임하자 3위로 낙선한 김대중 후보는 컴퓨터 조작을 하지 않았다면 자기가 당선되었다고 반발과 대선불복을 주장했습니다. 따라서 천주교 공명선거 감시단 일부는 대통령선거 무효소송을 제기했습니다. 2위로 낙선한 김영삼 후보도 정권타도 투쟁하겠다고 나섰습니다. 중앙선거관리위원회는 컴퓨터가 한 대도 없었습니다. 모든 개표는 수작업이었습니다. 사법부에서 사실이 아니라는 것으로 밝혀졌습니다.

14대 김영삼 대통령에게는 대선불복이 없었고 15대 김대중 대통령이 취임하자 대중과 종필 연합당선에 불만을 품은 한나라당에서는 167일간 김종필 총리 후보자에 대한 인준을 거부했습니다. 지도부 패배의 충격에서 벗어나기 위해 의도적으로 발목을 잡은 것에 불과했습니다.

16대 노무현 대통령이 취임하자 한나라당에서는 전자개표 오작동으로 노무현 후보의 표로 분리된 표 사이로 이회창 후보 표가 들어갔다 하여 80개 개표소의 투표용지를 헌정사상 최초로 재검표를 손으로 직접 실시했습니다. 당락은 57만 표 차이 그대로였습니다. 그 후 탄핵 정국으로 혼돈에 빠졌습니다.

17대 이명박 대통령이 취임하자 한 · 미 소고기 협상 반대시위가 전국적으로 확산되었습니다. 광우병(미친 소) 괴담(怪談, 이상한 이야기)이 태풍처럼 몰아닥쳐 서울 복판에 촛불시위가 자리잡았습니다. 젊은 여성이 유모차에 아이까지 대동하는 장면이 눈길을 끌었습니다. 미국 쇠고기 먹으면 미친 사람 된다는 이야기 때문입니다. 광우병 괴담의 발원지인 문화방송 피디수첩의 허위사실 유포로 1년 만에 막을 내렸습니다.

박근혜 당선자에 승복했던 문재인 후보는 11개월 지난 후 '국가기관 대선개입 의혹 관련해 지금까지 드러난 사실만으로 대선은 불공정했다.' 스스로 승복을 뒤집었습니다.

1987년 내 나이 53살 때 6 · 10 항쟁으로 민주화가 꽃피었습니다. 이때부터 26년이 흘러 79살을 먹는 동안 여섯 분의 대통령이 취임했습니다. 문민정부 김영삼 대통령만 제외하고는 흔들기로 1년차 대통령 국정수행은 관행처럼 험난하기만 했습니다. 낙선의 화풀이일까. 아무도 대통령 자리에서 물러나지 않았습니다.

대통령 선거에 국민의 심판으로 승자와 패자가 당연한 것을. 내가 지지하지 않는 후보가 승리했다하여 4 · 19와 5 · 16과 6 · 10항쟁 같은 국민이 납득할만한 사건이 아닌 것으로 승복하지 않는 것은 후보 본인과 우리의 후보가 능력이 부족해서가 아니라 패배의 충격에서 벗어나기 위해 부정선거로 낙선되었다는 인상을 국민에게 보여주려는 얄팍한 행동입니다. 30년 동안 뿌리 내린 국론분열의 병폐를 대한민국 땅에서 뿌리 뽑을 수 있는 것은 오직 대선승복 민주주의 뿐입니다. 미국의 엘 고어 후보처럼 승복민주주의 하는 훌륭한 인물, 19대 대통령부터 나왔으면 좋겠습니다.

굶주림 속에는 민주주의가 뿌리를 내릴 수가 없고
배부름 속에는 민주주의가 뿌리로 내릴 수 있는 진리를
산업화 성공의 바탕 위에 민주화 꽃을 피우는데 성공한 대한민국
국민의 심판으로 승자와 패자가 당연한 것을
아름다운 승복은 국가와 국민
그리고 민주주의를 위해서
크게 한 몫을 하신 훌륭한 승복민주주의를 실천할 인물이
30년이 흘렀는데 언제나 나타날까요.

무공천도 공천

기초 자치제도를 실시할 때부터 투표에 참여해온 유권자 중 한 사람입니다. 지방자치가 처음 실시할 때는 공천제도가 없었습니다. 나는 김대중 전 대통령의 텃밭인 전라도에서 살고 있기에 공천제도가 없어도 공천 아닌 내천(당에서 천거)이란 것을 경험했습니다.

내천 받은 후보는 '당에서 나를 천거(지명)했습니다. 김대중 대통령 만들기에 몸 바치겠습니다.'가 선거구호였습니다. 내천자는 전라도 땅에서는 거의 100% 당선되는 것을 지켜보고 살아온 나였습니다.

내천이 공천에 가깝다하여 일부 후보들이 정당표기를 해서는 안 된다는 여론에 2003년 기초의원 후보자가 특정정당의지지, 추천을 표방할 수 없도록 한 선거법 조항에 기초의원 공천제도 금지에도 위헌소지가 있다는 헌법재판소의 위헌결정이 내려졌습니다. 헌법재판소의 결정에 따라 음성공천에서 양성공천제도가 실시되었습니다.

다른 지역은 알 수 없지만 전라도 땅에서는 살기가 넉넉하다보니 정치지망생이 늘어나 너도나도 공천경쟁에 뛰어들었습니다. 치열한 경쟁이었습니다. 공천이 당선이기 때문에 목숨을 건 싸움이라 해도 손색없는 말입니다.

'기초단체 공천 폐지하겠다' 18대 대통령 선거 때 여야 후보들이 공약을 내건 정치개혁 목소리였습니다. 가장 환영을 하는 사람은 국민 유권자가 아니라 기초의원, 단체장, 그리고 정치지망생들입니다. 나는 새로운 정치지망생을 제외시키고 공천으로 당선된 의원, 단체장들이 환영을 한데 대하여 이기적인 인간들이라고 꼬집었습니다.

정당공천으로 당선된 장이나 의원은 자기의 기량을 발휘하겠다는 꿈이 살아났는지는 몰라도 지역위원장(국회의원)으로부터 벗어나겠다는 자신감이 생긴 모양 같았습니다. 자기들이 국회의원에게 간섭, 지배, 의존, 협조할 것이 없다는 우월감이 솟아나 기초단체장협의회, 의장협의회 등이 힘이 되니 공천의 폐해 등을 자기들 입에서 폭로하여 공천폐지를 주장한 것입니다.

'종노릇 않겠다. 사사건건 간섭 안 받겠다. 황금알 낳는 공천, 돈 공천, 중앙정치로부터 지방자치 예속의 폐단을 막자. 비용 부담 않겠다.'

공천 받고 당선된 현직들은 공천권을 행사하는 국회의원을 몹쓸 정치인으로 몰아갔습니다. 자기들이 출세하고 싶어서 공천에 뛰어든 사람이 국회의원을 향해 돈 공천이라고 하는 것은 막가는 이기주의자라고 다시 한 번 말합니다. 자기가 깨끗하게 무소속으로 당선될 생각은 않고.

지방자치 공천 폐지한 만큼 그 부작용도 없을까요. 인물 보고 뽑으라 각종 선거에서 입버릇처럼 나옵니다. 검증되지도 않은 장밋빛 공약으로 도배질한 선거공보 보고 찍으라고. 너도나도 돈 있으면 출세하려고 입후보 난립이 뻔한데, 여성 · 장애인 배제시키자고, 단체장 예산과 지역 숙원사업 독자 가능하다고, 지방자립도 20% 미만 기초단체 자립도 독자적으로 높일까요?

나는 민주주의가 정당정치이기 때문에 나쁜 공천제도가 무공천제도보다 더 좋다고 생각합니다. 돈 장사, 돈 공천 사실이라면 법을 만들어 깨끗한 선거로 공천받는 제도를 손질하면 된다고 봅니다.

무공천 사례가 있었습니다. 박근태 대통령 임기 첫 해 단체장(경기 가평, 경남 함양)과 기초의원(경남 양산, 서울 서대문, 경기 고양)에 무공천 대선공약을 지켰습니다. 민주당은 무공천 법제화가 안 되었다고 공천을 했습니다. 무공천한 새누리당은 싹쓸이했습니다. 공천한 민주당은 전멸하는 결과를 보였습니다.

새누리당이 무공천 대선 공약을 약속대로 실시해서 싹쓸이한 것이 아닙니다. 새누리당을 탈당하고 새누리당 색깔인 붉은 옷을 입고 선거운동을 함에 따라 새누리당이 자기를 밀고(내천) 있고, 당선되면 새누리당에 입당한다는 내막을 알려주었습니다. 말만 중앙당 예속에서 벗어난다고 한 것이지, 스스로 중앙당에 기댔습니다. 무공천한다 해도 선고 공보나 외모로 특정정당 활동 끈을 나타내는 것이야말로 무공천도 공천이라는 것을 증명하고 있습니다.

무공천은 정당과 어떤 관계도, 표시도, 말도 없는 무소속만이 무공천입니다.

민주주의는 정당정치입니다.
대한민국은 민주국가이므로
중앙 · 지방 구분없이 대통령, 국회의원, 지방의원, 단체장 모두
공천제도가 필요합니다.
민주주의 국가이니까요.
중앙정부는 독자 생존 할 수 있으나
지방정부는 각각 독자생존할 수 없으므로
중앙과 지방이 상생하기 위해서는
중앙정부나 지방정부 정당정치 할 수밖에 없습니다.

국감 무용론

매년 9월이면 서울 여의도에 거대한 암시장(暗市場)이 열린다고 들었습니다. 암시장에서 거래되는 물품은 「국정감사 증인」이라고 합니다. 국정감사는 국회의원이 해마다 실시하는 것입니다. 이유야 어쨌든 암시장에서 거래되는 물품은 불법이라는 것을 천하가 다 알고 있습니다.

나는 재미삼아 궁금해서 알아보았습니다. 국회의원들이 국정감사철이 되면 피감기관장과 기업총수, 임원 등을 경쟁적으로 증인채택하니 이를 막기 위하여 기관장과 기업총수들이 수단과 방법을 가리지 않고 암거래를 버젓이 한답니다.

나는 기업총수나 기관장들이 떳떳하면 당당하게 국감장에 나와 감사받으면 되지 않나 생각했습니다. 한때 나 같은 사람도 잠시 농협의 책임자로 있으면서 정기 감사, 표적 감사 등 7번 정도 받았을 때마다 규정대로 부정부패 없이 당당하게 행동했기 때문에 떳떳했습니다. 경험을 통해서 나온 생각입니다.

나의 순진한 생각은 물정을 모르는 어리석은 사람이 되었습니다. 모르면 잠자코 있으라 말이 나를 자극했습니다.

왜냐고요? 군기 잡는 호통국감, 길들이기 망신국감, 윽박지르기, 인신공격, 창피주기, 하루 종일 눈 멀뚱멀뚱 앉았다만 오는 국감, 질문만 해놓고 답변 기회 안주는 국감, 10시간 기다리다가 10초, 30초 답변하는 국감 때문에 더러워서 피하기 위하여 암거래가 감사나 피감이나 좋은 흥정이 되기 때문이라고 한답니다.

국감장에 기업총수가 안 나가는 대신, 또한 국감장에 출석하더라도 부드럽게 넘어가는 조건 등으로 국회의원과 보좌관을 상대로 손바닥 치면서 이권, 청탁, 민원, 후원금, 향응으로 푸짐한 거래를 합니다. 피감 기관장도 예외는 아닙니다. 배짱 있는 기업총수들은 국감장에서 망신보다는 불참죄로 차라리 벌금 내는 것이 좋다는 유행어가 은근히 나오고 있는 것도 자연스러운 것 같습니다.

국점감사의 취지를 모르는 국회의원은 없을 것입니다. 기업에 대한 국감은 대기업 탐욕과 횡포로 공정한 시장경제 질서가 무너지고 있는 점을 들여다보는 것이요, 정부의 국정운용에 대한 잘못을 찾아 생산적 효율적 지도 감독으로 바로 잡는 게 국정감사라고 합니다.

국정감사는 5·16군사쿠데타로 27년간 중단되었다가 1988년부터 국정감사가 부활하여 18대, 19대 국회에 들어와 국정감사 무용론이 쏟아져 나왔습니다. 국회의원들은 국정감사가 날카로운 칼이라 못 들은 척 합니다.

국정감사 무용론 한번 들어봅시다. 암거래 시장 말고도 국정 감사는 비정상, 맹탕코미디, 수박겉핥기, 갑질 위세떨기, 질의시간 다 쓰고 증인과 피감기관장에게 단답형, 예 아니오 요구하는 국감, 보충시간 답변하라놓고는 답변하겠다고 하니 따로 보고하라는 국감, 5분 통상 호통, 똑 같은 질문, 매년 재탕 3탕, 의혹제기, 자기 생색내기, 여당은 옹호 야당은 깎기, 7초에 답변 어떻게 하느냐하니 국회 무시라고 호통치는 국감 때문에 무용론이 안 나올 수 없습니다.

국회감사 무용론 중 수박 겉핥기에 대하여 예를 들어 보겠습니다. 2013년 10월 26일입니다. 국회교육문화체육관광 위원회의 감사대상기관이 전남, 광주, 전북, 제주 교육청 4기관입니다. 장소는 전라북도교육청입니다. 감사시간은 2시간(10~12시)에 국회의원 7명에게 주어진 시간은 각자 7분과 오후시간 2분으로 정해졌습니다.

고작 15분간 감사 받으려고 한 달 이상 휴일도 없이 잠 못 자고 감사 준비하고, 감사장에 교육감 외 7,8명의 직원이 따르고 제주도는 전주에서 하룻밤 잡니다. 15분으로 1년 동안 교육청 관련 감사를 한다는 자체가 수박 겉핥기라는 것을 국회의원 스스로 더 잘 알 것입니다. 자료 한 바퀴 읽어보기나 했습니까? 보좌관 써준 대로 질문 아니하였습니까? 시간, 예산, 업무 낭비와 졸속, 부실, 효과 없는 국회의원 위신 떨어뜨리는 국정감사 무용론은 당연한 것 같습니다.

전체 국정감사 모순도 무용론에 해당됩니다. 첫째, 국정감사는 회계감사입니다. 전문성과 해박한 지식을 가지고 다양한 정책 제시나 시정에 대한 명확한 해법을 가진 국회의원이 몇 명이나 있습니까? 둘째, 정기국회감사기간 20일에서 휴일 빼면 15일간 500개 내외 기관에 15분 만에 감사한다니 웃기는 국감, 무엇을 하겠습니까?

국감을 폐지하지 않겠다면 국회의원을 위한 감사가 아니라 감사를 위한 섬기는 감사를 하면 어떨까요. 한 달 동안 감사 준비에 행정, 예산, 낭비 고통주는 감성적 자료요청보다 질문할 만큼만 자료제출 요구, 질문보다 답변을 위한 시간배려, 피감사기관과 증인에게 대기 없이 예정시간을 정하여 출석, 답변하고 바로 돌아가기, 감사 본 내용 외에 다른 질문 않기, 감사자의 편리 위주보다 피감사와 증인에게 피해 없도록 편리하게 배려와 존중하기 등 섬기는 국감을 국민들은 환영할 것입니다.

국정감사는 한국에만 있다고 들었습니다. 미국, 영국 등 선진국은 평상시 상임소위원회에서 행정부에 대한 상시 국감을 실시한다고 합니다. 우리도 상시국감을 도입하면 안 될까요? 나의 어리석은 생각 같지만 기업은 은행감독원이, 기업 · 행정 · 사법 · 국회까지도 감사원에서 회계감사를 하면 되고, 지방은 지방의회에서 행정감사를 하므로 이중감사는 생략하자는 것입니다. 큰 사고나 의심이 있으면 여야가 합의하여 청문회를 거쳐 특별감사하는 것도 좋다고 생각합니다. 특히 국회도 감사를 받아야만 법 앞에서 평등이니까요.

나는 국정감사나 대정부질문 때면 텔레비전을 통해 자주 보는 편입니다. 국회의원들이 갑질로 등장하는 장면을 볼 때 피감기관장이나 행정부 총리와 장관들이 두려워서인지, 국민의 대변자라 월등한 실력을 갖고 있어서인지 몰라도 쩔쩔매는 행동에 떳떳한 자세가 아니라고 비웃을 때가 많았습니다. 국회의원에게 총리, 장관이 기죽어 있는 듯한 저자세를 보이는 것이 바로 국회의원을 갑질하게 만들어 준 것이라고 생각합니다.

국회의원이 함부로 확실한 근거 없이 고성을 높이고 의혹제기로 윽박지르거나, 답변할 기회를 주지 않으면 당당하게 자료와 근거를 제시하여 당당하게 답변을 하고, 답변기회를 달라고 주장하는 자세가 국회의원들이 함부로 행동 못하게 하는 것입니다. 부정부패하지 않고 떳떳하고 소신있는 행동을 할 수 있는 실력을 갖추면 국회의원들이 얕보지 못합니다. 지방의회도 마찬가지입니다.

부처님 말씀.
성 안내는 그 얼굴이 참다운 공양미이구요
부드러운 말 한마디 미묘한 향이로다.

한량없이 지혜를 갖춘 의원(국회의원, 지방의원)님들
나보다 상대를 배려하고 존중하고 섬기는 행동
국가와 국민에게 향이 되시기를.

제왕국적(帝王國賊)

나는 어느 해 월간조선 잡지에서 국회의원들이 200가지 이상 특권과 특혜를 누리고 있다는 글을 읽어본 적이 있습니다. 그 때에는 국회의원들이 법에 정해준대로 활동할 수밖에 없지 않나 보통으로 생각하고 사실인가 아닌가 확인할 필요가 없다고 그냥 넘어갔습니다.

2012년에 19대 총선, 18대 대선을 앞두고 정치권에서 특권 내려놓기 경쟁이 치열한 것을 보고 사실이구나 했습니다. 갖가지 특권과 특혜를 내놓아 선거공약으로 내놓기 경쟁이 치열한 것을 보고 사실이구나 했습니다. 갖가지 특권과 특혜를 내놓아 선거 공약으로 내놓기까지 했습니다. 나는 그래도 국회의원들이 늦게나마 양심은 조금 있구나 기대를 걸었습니다.

총선과 대선이 끝났습니다. 특권 · 특혜 공약대로 내려놓는 법을 여야가 서둘러 만들 줄 알았습니다. 조용하기만 합니다. 1년이 가도 2년이 가도 캄캄합니다. 정치권은 싸움질에만 열을 올렸습니다. 19대 국회는 헌정사상 최악의 식물국회라고 불렸습니다. 국회의 지지율은 5%로 떨어졌습니다. 국회해산이 마땅하다고 국민들은 서슴없이 외쳤습니다. 국민을 봉으로 알고 특권 · 특혜 누리는 국회의원들에게 해산시킬 방법이 없어 한탄만 할 뿐이었습니다.

봉(이용해먹기 쉬운 사람)이란 말이 국회의원님들이 어떻게 했기에 나왔는지 알아야 할 것 같아 짬을 내어 대한민국 헌법과 국회법을 들춰보기 시작했습니다.

국회법에 국회의원 선서를 읽어 보았습니다.

국회법 24조(선서). 「나는 헌법을 준수하고 국민의 자유와 복리의 증진 및 조국의 평화적 통일을 위하여 노력하며, 국가 이익을 우선하여 국회의원의 직무를 양심에 따라 성실히 수행할 것을 국민 앞에 엄숙히 선언한다.」

헌법 몇 조항도 살펴보았습니다.

국민의 대표자인 국회의원들이 어떠한 권력에 의해서라도 억압과 위협을 받지 않고 국가와 국민을 위해 양심에 따라 의정활동을 하게끔 헌법 44조 불체포 특권과 45조 면책특권을 헌법이 보장하고 46조 청렴의 의무와 국가이익을 우선하여 양심에 따라 직무를 수행한다는 조항을 명시해 두었습니다.

또한 국회의원들이 어느 정도 누리고 있는가를 찾아보기로 했습니다.

연봉이 1억 5천만 원, 별도로 연간 450만원의 교통비, 차량, 사무실 유지비, 9명의 보좌진 채용, 45평의 의원실, 자녀학비 보조수당, 공무원에 준하는 가족수당, 자녀학비 보조, 건강보험 한 푼도 한 내고 본인과 가족 무료진료, 우편요금, 정책홍보물 · 정책자료 제작비, 한 푼 연금 내지 않고 하루만 국회의원 했으면 65세부터 120만 수령, 후원회를 조직해 보통 때는 1억 5천만 원과 선거 때는 3억 원까지 정치자금 모금, 출판기념회 수입 신고도 필수가 아닙니다.

국회 내 주차장, 헬스장, 목욕탕, 이발소, 미용실, 한(양)의원 무료(직계가족 포함), 예비군 훈련 면제, 연 2회 해외시찰에 공항 귀빈실과 귀빈실 주차장 이용, 공항 관계자가 출입국절차 수속과 외국 도착과 귀국까지 공관원 해외 무역관에서 모두 처리, 선박 · 항공기 · KTX 등 비즈니스석 배정.

특히 상임위원장에게 월 1천만 원 씩 관공비 제공, 특별위원회 회의수당 지급, 원내 대표 별도 관공비 지급.

이외에도 많으니 이정도 대우 받는 국회의원은 대한민국 공직자, 즉 월급쟁이로는 최고예우입니다.

나는 200가지 특권과 깨알 같은 특혜를 누리는 국회의원을 제왕이라고 생각합니다. 제왕처럼 특권 · 특혜를 누려도 국익을 우선하여 헌법을 준수하고 청렴결백하게 성실히 직무를 수행하면 감사와 위로를 국민들이 자발적으로 보낼 것입니다. 선서와 헌법을 준수하지 않으면 욕만 합니다.

내 나이 77살 2012년 18대 최초 여성 대통령 당선과 19대 국회가 시작하여 4년 동안 헌정 사상 최악의 국회로 지지율이 5%에 불과하다는 것을 보고 국회해산은 당연하다고 보나 해산할 법이 없어서 국민들은 치만 떨었습니다.

자세히 살펴보니 18대 대선과 19대 총선 무렵 여야 정치권에서 의원 연금 폐지, 영리목적 겸직 금지, 불체포특권 포기, 면책 특권 제한, 국회 특위 윤리 강화, 기초단체공천 폐지, 헌법개정(대통령 임기 4년), 무노동 무임금 적용, 세비 인하, 출판기념회 제한 등 경쟁적으로 내세웠지요. 4년 동안 여야 싸움질하다가 언제 그랬느냐는 것처럼 눈감아버리는 것 보고는 국회는 제왕들 노름판이구나 비난을 합니다.

제왕이란 말을 나는 3김 시대 김종필, 김영삼, 김대중 총재를 두고 제왕 총재라는 말 들은 후 1987년 민주화로 5년 단임 대통령을 두고 제왕적 대통령이라는 말 들었습니다. 권력이 너무나 한 사람에게 집중되어 행사하기에 제왕이라고 하는 것 같습니다.

3김의 제왕은 대통령 목적이었고, 5년 단임 대통령은 법에 정해진 권력이었지만, 국회의원들의 제왕은 제왕처럼 자기가 법인 양 행동하기에 3김 제왕과 대통령 제왕과는 하늘과 땅 차이가 납니다.

제왕국회의원님들 세상 구경 한 번 해볼까요?

나는 국회의원 각자가 헌법기관이라고 고등학교 때 선생님으로부터 배운 적이 있습니다. 법을 만드는 입법기관이기에 국민 중에서 법을 가장 잘 지켜야 될 사람은 국회의원이라 선생님은 학생들에게 가르쳤지요.

헌법기관 한 사람이 대한민국에서 법을 제일 안 지키고 돈, 명예, 권력에 눈이 어두운 제왕 국회의원의 대표적 사례 몇 가지만 들추겠습니다.

헌법 46조, 국회법 124조, 114조 등에 「국익에 우선하여 양심에 따라 직무를 수행하고 헌법을 준수하고 소속 정당에 기속되지 않고 양심에 따라 투표한다」고 되어 있으나, 종이쪽지에 불과하고, 강경파에 의한 당론 공화에 우선하는 비양심적인 국회의원들.

헌법 44조, 45조에서 보장해준 불체포 특권을 방탄 국회로 악용하고, 면책특권을 인신공격, 근거 없는 의혹제기, 막말로 악용한 국회의원님들.

헌법 54조에 따라 국회는 예산안을 회계연도 개시 30일 전까지 의결해야 하는데 국회선진화법으로 인해 12년 만에 부실한 심사와 홍정으로 벼락치기 통과시킨 국회의원님들.

국회법 32조 - 국회 출석, 상임위원회 등 각종 회의에 출석 안 해도 결석계를 안내고, 법정기일 회기 안 지키고 파탄국회, 장외투쟁, 데모 가담해도 세비, 수당 꼬박꼬박 챙기는 무노동 무임금을 지키지 않는 국회의원들.

헌법 7조에 의하면 공무원은 국민 전체의 봉사자입니다. 가족수당까지 수령하니 국회의원은 공무원과 같은 것입니다. 무노동 무임금을 지키지 않는 것이 봉사자인가요? 혈세 뜯어먹는 봉사자 국회의원님들.

그 외에도 공천장사, 출판 기념회 책장사, 감사를 통해 기업체 · 기관장 이권 챙기기, 입법장사, 쪽지예산, 해외시찰에 기업체 공관원 통해 공짜 대접, 본회의 정족수 부족해서 의원 찾아가는 국회 등 예는 많습니다. 심지어 2016년에는 몰래 세비 인상해놓고 들치자 취소시킨 후 국회사무처와 기획재정부가 상의해서 올렸기에 예결위원회에서는 알지 못해서 통과시켰다는 핑계는 얼마나 법안 심사가 부실한지를 알려주며, 청렴의 의무를 저버린 것입니다. 저질국회의원님.

국회의원님들을 칭찬해야 할 것인데 칭찬할 국회의원이 아니라서 나 자신도 민망하여 가장 모범적으로 법을 지켜야할 국회의원들이 가장 안 지키는 정기국회 파행 때문에 식물국회, 개점휴업에 대하여 몇 가지 사례를 보겠습니다.

박근혜 대통령 취임 첫 해인 2013년 국정원 대선 개입 댓글의혹 사건으로 야당인 민주당 장외투쟁을 7월 2일부터 12월 1일까지 151일간 법안처리가 없었습니다. 정기 국회 개회 후 의사당에 법안 · 예산안 안건들이 산더미같이 쌓여 있었습니다. 인사청문회를 제외하고는 8월 말 끝나야할 2012년 결산안 처리도, 10월 국정감사도 시일을 넘기고 예산안 논의 일정도 잡지 않고 있었습니다.

2014년에도 세월호 특별법 제정을 놓고 야당 민주당 장외투쟁으로 후반기 국회가 시작되면서 15일째인 9월 30일까지 정기국회 30일을 넘기면서 140일간 입법실적은 0건이었습니다. 정기국회 시작 전까지 끝내야 할 2013년 결산안 처리와 여야가 약속한 분리감사 8월 26 예정일을 넘기고 46일 만에 10월 들어 한 번에 국정감사를 했습니다. 2015년 예산안을 제출받고도 한달 늦게 예결위원회를 열어 11월 6일에 열렸으나 무상복지예산 갈등으로 파행을 거듭하다가 11월 하순에야 벼락치기로 서둘렀습니다.

눈 뜨고 볼 수 없는 국회 파행이 이어져도 당당하게 흔들리지 않고 대통령 업무 수행을 무난하게 진행하는 것을 보고 강철 대통령 박근혜님이시라고 간간히 나는 칭찬을 보내기도 했습니다.

나는 헌법을 준수하고 국익에 우선하여
양심에 따라 직무를 수행하겠다며
국민이 지켜보는 앞에서 선서는
가장 모범적으로 법을 지키고 법 앞에 평등한 선량한 국회의원님들.

일자무식이라도 국회의원이 되면
보좌진이 알아서 써 준대로만 읽으면 만사가 해결되어
끄떡없이 임기 4년 동안 특권 · 특혜 마음껏 누리며 세비 · 의정활동비 7억 등
최고의 대우를 받고

노후에 연금도 수령하여 노후가 보장되니
눈에 불을 쓰고 당선한 국회의원.

입법 · 사법 · 행정 3권 분립 되었어도
국회는 행정부 사법부 심지어 국가수반 대통령에게
호통, 막말, 인신공격, 의혹제기, 공격성 흠집 내기 발언해도
대들지 못하는 갑질 국회의원.

국회가 정부에 지원과 견제역할 한다지만
아무리 좋은 정책을 내놓아도, 아무리 국민이 대통령 정책을 환영해도
정당이 동의하지 않으면 국회를 통과할 수 없도록
국민의 뜻과 지역민의 뜻을 소신과 양심으로 행동 못하는
두목 세상에 졸개 국회의원님.

국회의사당이 국회의원의 일터이나
문만 열어 놓아도, 결석, 농성, 장외투쟁, 데모 꽁무니 따라가도 법안 기한 내 처리 안 해도, 벼락치기 부실심사가 통과해도, 100일, 150일 법안 0건도, 법안 발목잡기, 끼워 넣기, 흥정하기 등
식물국회, 파행국회로
으르렁대며 사납게 여야 짖어대도
무노동 무임금 대신 세비 꼬박꼬박 챙기는
건달정치 개판정치라 하여 건달국개(犬)
건달 국개의원.

금배지 달고 나면 제왕이 법(法)인 왕조시대로 착각하여

분리한 법에는 빠지고 유리한 쪽에는 기본법을 강화하고
모자라면 새 법을 만들어
받는 돈 명목 · 액수 알아서 정하여
권력, 명예, 돈 한 손에 움켜쥐어
국민혈세로 혜택은 모두 챙겨
멋대로 특권 · 특혜 전횡(專橫) 패악(悖惡)을 누리는데
허가난 국회의원이라 하여 제왕국적(帝王國賊)

민주주의 국가에서 제왕은 재앙(災殃)을 낳는 법이요,
재앙은 고스란히 국가와 국민에게 돌아가는 법인 줄 알고
진정한 머슴 되겠다면
특권 · 특혜 없이 헌법을 준수하는 보통사람으로
국민 혈세로 국회, 국회의원을 운영하는 365일
나라살림 머리 맞대고 꼼꼼히 심의하여
더 많은 효과가 나도록 일하는 선량한 대한민국 국회의원이 어떨까요.

정찬동 수필집

제왕국적(帝王國賊)

2016년 10월 1일 인쇄
2016년 10월 10일 발행

지은이 | 정 찬 동
펴낸이 | 강 경 호
인쇄 · 기획 | 도서출판 시와사람
등록 | 1994년 6월 10일 제 05-01-0155호
주소 | 광주시 동구 백서로 125번길 32-5(금동)
전화 | (062)224-5319
팩스 | (062)225-5319
E-mail | jcapoet@hanmail.net

ISBN978-89-5665-465-2 03810

값 20,000원